DANO MORAL COLETIVO
NAS RELAÇÕES LABORAIS

DE ACORDO COM O CÓDIGO DE PROCESSO CIVIL E AS RECENTES REFORMAS TRABALHISTAS

MARCELO FREIRE SAMPAIO COSTA

Doutor em Direito pela PUC/SP. Mestre em Direito pela UFPA.
Especialista em Direito Material e Processual do Trabalho pela UNAMA.
Professor de pós-graduação em diversas instituições.
Autor de diversos livros e dezenas de artigos.
Membro do Ministério Público do Trabalho

1ª edição — Novembro, 2009
2ª edição — Março, 2016
3ª edição — Setembro, 2020

MARCELO FREIRE SAMPAIO COSTA

DANO MORAL COLETIVO NAS RELAÇÕES LABORAIS

DE ACORDO COM O CÓDIGO DE PROCESSO CIVIL E AS RECENTES REFORMAS TRABALHISTAS

3ª EDIÇÃO

LTr®

LTr®

LTr Editora Ltda.

Rua Jaguaribe, 571
CEP 01224-003
São Paulo, SP — Brasil
Fone: (11) 2167-1101
www.ltr.com.br
Setembro, 2020

Projeto Gráfico e Editoração Eletrônica: Peter Fritz Strotbek - The Best Page
Projeto de Capa: Danilo Rebello
Impressão: Meta Brasil

Versão impressa: LTr 6269.6 — ISBN 978-85-301-0157-2
Versão digital: LTr 9746.3— ISBN 978-85-301-0208-1

Dados Internacionais de Catalogação na Publicação (CIP)
(Câmara Brasileira do Livro, SP, Brasil)

Costa, Marcelo Freire Sampaio
Dano moral coletivo nas relações laborais : de acordo com o código de processo civil e as recentes reformas trabalhistas / Marcelo Freire Sampaio Costa. — 3. ed. — São Paulo : LTr, 2020.

Bibliografia.
ISBN 978-85-301-0157-2

11. Dano moral I. Título.

20-32801 CDU-331:347.426.6

Índice para catálogo sistemático:

1. Dano moral coletivo : Direito do trabalho
331:347.426.6

Iolanda Rodrigues Biode – Bibliotecária – CRB-8/10014

SEMPRE à Dani e Pedro Augusto.
Com vocês meu caminhar se torna em algo mais doce — e possível.

Aos meus pais, responsáveis pelo que sou.

Ao meu irmão, exemplo de profissional e pai de família.

À D. Penha, Afonso Lins, Virna Lins, Daniella Rocha, pelo apoio.

Aos meus alunos de pós-graduação, que continuam instigando o meu pensar.

Sumário

Vivendo, se aprende; mas o que se aprende, mais,
é só a fazer outras maiores perguntas.

Guimarães Rosa

A arte de pensar é a manifestação mais sublime da inteligência.

Augusto Cury

Prefácio

Como sabemos, o Direito do Trabalho é movido por grande *eletricidade social*, pois sofre, diretamente, os impactos das mudanças da economia, do incremento da tecnologia e das alterações do comportamento das pessoas. Por isso, o desafio da nossa disciplina é manter a efetividade das normas do direito trabalhista e, se possível, expandí-la.

A defesa dos interesses coletivos dos trabalhadores, historicamente, foi um dos fatores que provocaram o próprio surgimento do direito do trabalho, e, ainda hoje, desafia os operadores do direito trabalhista e a própria Justiça do Trabalho.

Sem dúvida, o reconhecimento constitucional da reparação do dano moral (art. 5º, incisos V e X, da CF/88) é uma das facetas mais importantes da proteção à dignidade da pessoa humana. Mas esse dano, em muitas situações, transcende o aspecto individual para atingir um grupo ou classe determinada ou indeterminada de pessoas, ou a própria sociedade como um todo, adquirindo feição coletiva. Por isso, o reconhecimento da reparação do dano moral coletivo é uma importante conquista não só para o ser humano individualmente considerado, mas para toda a sociedade.

Apesar de certa resistência doutrinária e jurisprudencial quanto ao reconhecimento do dano moral coletivo na esfera trabalhista, felizmente, a jurisprudência, principalmente, a do Tribunal Superior do Trabalho tem enfrentado constantemente a questão e determinado a reparação dessa espécie de dano.

As ações coletivas para a defesa dos interesses coletivos, difusos e individuais homogêneos na esfera trabalhista, de nossa parte, têm várias facetas, quais sejam: a) propiciam o acesso à justiça; b) reprimem e inibem a prática do ilícito; c) potencialmente resolvem uma quantidade significativa de conflitos; d) implementam a melhoria da condição social do trabalhador, e prestigiam a efetividade do direito do trabalho. Por isso, essas ações constituem, na verdade, um autêntico "processo social", em defesa do direito social.

Nesta obra, já em sua segunda edição, o que demonstra não só sua importância acadêmica, como o reconhecimento público do trabalho, o autor, de forma agradável, enfrenta a problemática do tema, desde as questões conceituais relacionadas à dignidade da pessoa humana, dano moral, interesses transindividuais, como também os novos rumos da responsabilidade civil, a quantificação da reparação e, principalmente, sua destinação. Além disso, o autor também propõe uma teoria geral do processo coletivo, buscando operacionalizar, racionalizar e materializar a tutela coletiva.

Fruto de muito conhecimento que adquiriu nas diferentes funções que ocupou, como Advogado, Procurador da INFRAERO, Procurador do Estado e, principalmente, como membro do Ministério Público do Trabalho, além de intensa militância acadêmica no magistério superior, tanto em cursos de graduação quanto em cursos de pós-graduação tanto *"lato"*, como *"stricto sensu"*; o autor enfrentou, com inteligência e sabedoria, praticamente, todos os aspectos que envolvem o dano moral coletivo na esfera trabalhista, tanto na esfera do direito material como também no direito processual do trabalho.

Conheci o autor, Dr. Marcelo Freire Sampaio Costa, pessoalmente, nos idos de 2008, quando da prova de ingresso para o concorrido curso de Doutorado na PUC/SP, mas já o conhecia pelos trabalhos que publicou, em especial, sobre a aplicação do Código de Processo Civil na execução trabalhista, sob enfoque constitucional do princípio da subsidiariedade no processo do trabalho, leitura de referência para os que se interessam pelo tema.

Apesar de ser um processualista de mão cheia, seus conhecimentos vão muito além da seara processual. O autor transita com muita facilidade nos campos da teoria e filosofia do direito, direito público, e também no direito privado.

Marcelo foi um dos mais brilhantes alunos do Curso de Doutorado da PUC/SP. Tive a felicidade de ser seu colega de turma, e, posteriormente, ter o privilégio de sua amizade, que muito me engrandece. Suas intervenções e seus textos enriqueciam os debates em aulas e, nesse período, o autor produziu, intensamente, monografias e textos, que foram publicados em forma de livros e artigos em Revistas.

Cumprimento o autor e a editora pela publicação desta obra oportuna que continuará a contribuir para o debate e aperfeiçoamento dos institutos do dano moral e das ações coletivas na esfera trabalhista.

Boa leitura a todos.

Mauro Schiavi
Juiz Titular da 19ª Vara do Trabalho de São Paulo.
Doutor em Direito pela PUC/SP. Professor do Curso de Pós-Graduação *Lato Sensu* do Mackenzie/SP.

Nota à Terceira Edição

O instituto do dano moral coletivo nas relações trabalhistas vem sendo moldado, desde o início, pela jurisprudência pátria, principalmente por intermédio das decisões do Tribunal Superior do Trabalho.

Daí porque, após a delimitação doutrinária desse instituto na primeira edição desse livro, a partir da segunda passamos a conferir maior relevo a esse estudo, instituto considerando as decisões do Tribunal Superior do Trabalho, bem como levamos em consideração a edição do CPC de 2015.

Já a partir dessa terceira edição pelo menos dois novos grandes desafios se apresentaram: a Lei n. 13.467/2017, chamada por alguns de Reforma Trabalhista, e a Medida Provisória n. 905, de novembro de 2019.

Ao que parece, ainda que de forma não muito explícita (aliás, há muito de implícito nessa Reforma Laboral...), a pretensão talvez tenha sido extirpar tal instituto do cenário jurídico laboral. Felizmente tal intento não logrou êxito.

Essa terceira edição, além de apresentar as hipóteses de cabimento do dano moral coletivo tendo em conta as decisões mais recentes do Tribunal Superior do Trabalho, também atualizou o instituto considerando a Reforma Trabalhista de 2017.

Depois dessa explicação com viés mais acadêmico, vamos somente às alegrias.

A nova edição desse estudo já é uma grande alegria, talvez a maior delas, pois representa o reconhecimento de que esse livro ainda está vivo, talvez tendo alcançado finalmente a maioridade...

Também tivemos a alegria do que chamamos de "tripé justificador" do dano moral coletivo, aqui concebido, ter sido finalmente reconhecido e citado pela jurisprudência do Tribunal Superior do Trabalho.

Esse livro, concebido inicialmente como mero estudo acadêmico voltado à conclusão do mestrado na UFPA, também nos permitiu, e ainda vem nos permitindo, participar de diversos eventos acadêmicos em lugares tão diferentes, de Macapá a Porto Alegre, fato que nos enche de alegria e orgulho.

Enfim...

Oxalá essa nova edição ainda desperte a atenção do leitor, mantendo este estudo ainda vivo.

Introdução

Em razão das relações sociais construídas no seio de uma sociedade complexa, sob a perspectiva do que se restou chamar Estado Social[(1)] e o respeito aos chamados direitos humanos fundamentais[(2)], mostra-se imperativo o aprimoramento de um regime de responsabilidade civil apto à imediata prevenção[(3)] e, caso não seja viável tal prevenção, posterior reparação, de maneira ampla, das diversas modalidades de danos decorrentes de condutas antijurídicas que podem atingir os mais variados campos de interesses patrimoniais e extrapatrimoniais (ou morais) dos indivíduos ou de uma dada coletividade.

Aliás, apesar de pouco visualizado até a presente quadra, o regime de responsabilidade civil, no tocante aos direitos fundamentais, deve ser concebido e privilegiado, inclusive pela legislação, a partir da regra da imediata prevenção, restando à modalidade reparatória apenas uma hipótese de satisfação posterior em caso de inviabilidade de prevenção dos danos. Em singelos termos: a prioridade será sempre a prevenção, ao invés da reparação. Em termos processuais seria prevalência da tutela preventiva sobre a reparatória.

O respeito aos direitos alheios é, desde priscas eras, condição fundamental para o equilíbrio e o desenvolvimento da vida social, funcionando como uma espécie de farol a sinalizar os efeitos deletérios decorrentes dos prejuízos causados a interesses individuais, de *segmentados* grupos sociais (coletivos em sentido estrito), ou da própria sociedade (difusos).

(1) O Estado não é mais sinônimo de governo voltado apenas e tão somente à liberdade e contra a opressão da máquina oficial, assumindo a figura de governo do bem-estar social. O Estado passa a objetivar também a realização dos chamados direitos sociais. *Vide* DÍAZ, Elíaz. Estado de derecho y sociedad democrática. In: *Cuadernos para el Diálogo*. Madri, 1973.

(2) Já é conhecido por todos, e não se farão maiores prolongamentos desse tema porque escapa das linhas principais do presente estudo, a distinção que alguns autores firmam a respeito das nomenclaturas "direitos humanos" e "direitos fundamentais". Adotar-se-á, daqui por diante, a denominação direitos humanos como gênero e direitos humanos fundamentais como espécie desse gênero, estes materializados em textos constitucionais, exatamente na linha professada, dentre tantos outros, por: CANOTILHO, José Joaquim Gomes. *Estudos sobre direito fundamental*. Coimbra: Coimbra Editora, 2004; LUNO, Antonio Enrique Perez. *Derechos humanos, estado de derecho y constitución*. 5. ed. Madri: Tecnos, 1995. p. 31.

(3) Acerca da modalidade de tutela jurisdicional capaz de conferir tutela preventiva a direitos, *vide* a obra insuperável de MARINONI, Luiz Guilherme. *Tutela inibitória:* individual e coletiva. 2. ed. São Paulo: Revista dos Tribunais, 2000.

A conduta antijurídica (ato ilícito), portanto, que perpetra lesões — aquilatadas ou não economicamente (dano patrimonial ou extrapatrimonial, respectivamente)— de forma injusta a interesses individuais, individuais homogêneos(4), coletivos em sentido estrito, ou difusos(5), constituindo irrefragáveis efeitos destruidores ao equilíbrio social, merece amplo e irrestrito amparo do direito, no sentido de recompor a integridade moral e patrimonial dos indivíduos e da coletividade.

As transformações econômicas, tecnológicas e culturais pelas quais atravessou a sociedade contemporânea no breve(6) século anterior propiciaram o desabrochar, e a consequente intensificação da defesa coletiva, de interesses e direitos que ultrapassaram a figura do indivíduo, alcançando núcleos de coletividade ou, até mesmo, no caso dos chamados interesses difusos, grupos sociais maiores, tais como cidades, vários Estados, um país inteiro, ou até mesmo países estrangeiros.

A sociedade de massas inevitavelmente gera conflitos que atingem direitos que são transindividuais ou metaindividuais, não limitados, portanto, à esfera de um ou alguns indivíduos. A realização de tais direitos conduz naturalmente ao reconhecimento de instrumentos eficazes de tutela jurisdicional, de cunho coletivo, diferentes dos já reconhecidos para a resolução dos conflitos de cunho meramente individual.

O instituto do dano moral coletivo é simplesmente o resultado da mistura de todos esses elementos, com a característica bem marcante de ter sido e vir sendo construído primordialmente pela jurisprudência. Trata-se, portanto, de um instituto forjado e moldado pelas decisões dos tribunais pátrios, principalmente daquelas oriundas do Tribunal Superior do Trabalho. Neste caso, a doutrina sempre veio a reboque.

O trabalho ora apresentado, levando-se em consideração o cenário da coletivização dessa sociedade de relações massificadas, tem por objetivo desenvolver inicialmente questões que giram em derredor do conceito de dignidade da pessoa humana, inclusive a dimensão coletiva do referido princípio, além do novo posicionamento das relações privadas decorrentes do reconhecimento da superioridade do texto constitucional também para regular tais relações, buscando evidenciar a supremacia do ser humano sobre qualquer valor patrimonial, bem como a fundamental importância do princípio da dignidade da pessoa humana nesse cenário de prevalência do ser humano.

(4) "os interesses individuais homogêneos são essencialmente individuais, mas acidentalmente coletivos". MOREIRA, José Carlos Barbosa. Ações coletivas na Constituição de 1988. In: *Revista de Processo*. São Paulo, RT, n. 61, 1991, p. 189. Carlos Henrique Bezerra Leite afirma, por sua vez, que os interesses individuais homogêneos são "materialmente individuais e processualmente coletivos". In: *Ministério Público do Trabalho*. 2. ed. São Paulo: LTr, 2004. p. 163.

(5) O art. 81 da Lei n. 8.078/1990, conhecido como Código de Defesa do Consumidor, conceitua os chamados interesses ou direitos difusos, coletivos e individuais homogêneos.

(6) Segundo a célebre expressão cunhada por HOBSBAWM, Eric. *A era dos extremos*. 2. ed. São Paulo: Cia. das Letras, 1996. p. 7.

Posteriormente, serão abordados aspectos do instituto da responsabilidade civil, modalidade subjetiva e objetiva, bem como elementos caracterizadores dessas, efetuando-se, também, a devida ligação dessas categorias com a noção de solidarismo e a prevalência da promoção do ser humano.

Em seguida, serão construídas notas acerca da teoria do dano, modalidade patrimonial e extrapatrimonial, além da noção de interesse jurídico que ultrapassa a esfera da individualidade, citados anteriormente, numa sociedade de relações massificadas.

Toda a construção até o momento apresentada serve para embasar o estudo do objeto principal desse trabalho, o dano moral coletivo nas relações laborais. Sobre esse assunto, serão desenvolvidos temas, tais como características principais, questão terminológica, suporte legal, responsabilidade objetiva, elementos justificadores, vetores que auxiliam a quantificação da reparação, jurisprudências contrárias e favoráveis à configuração do instituto em apreço, convolação da condenação, direcionamento social da pecúnia, aspectos processuais relativos à jurisdição coletiva, dentre outros.

O trabalho baseou-se em consulta bibliográfica, pátria e estrangeira, pesquisa de ações civis públicas e de termos de ajustamento de condutas firmados pelo Ministério Público, notadamente o do Trabalho, além de estudo jurisprudencial.

Capítulo 1

CONSTRUINDO A NOÇÃO DE DANO MORAL COLETIVO. DO PRINCÍPIO DA DIGNIDADE DA PESSOA HUMANA E A SUA DIMENSÃO OU PROJEÇÃO COLETIVA

Este capítulo pretende desenvolver aspectos relacionados à descoberta de um novo perfil[(7)] do Direito Civil, voltado à necessária adequação constitucional (prévia), à interpretação dessa disciplina, bem como construir noção de dignidade da pessoa humana cuja dimensão ultrapasse os limites da individualidade.

Acredita-se ser o caminho pertinente para alcançar o objeto teórico principal deste ensaio, qual seja o estudo do dano moral coletivo.

Iniciar-se-á demonstrando a aproximação das categorias de direito público e privado, ocasionando novel posicionamento ou reposicionamento do ser humano no seio das relações privadas.

1. Desconstrução do paralelismo entre o público e o privado

O Direito Civil clássico foi solidificado tendo em conta a antiga *summa divisio* pertinente à delimitação estanque entre direito público e privado do *Corpus Iuris Civilis* romano, "corporificada na sentença de Ulpiano: *ius publicum est quod ad statum rei romanae spectat; privatum, quod ad singulorum utilitatem*"[(8)].

O direito público personificava unicamente as relações do Estado romano. O direito privado era a disciplina dos cidadãos[(9)]. Ambos eram estanques e afastados,

---

(7) Expressão de PERLINGIERI, Pietro. *Perfis do direito civil:* introdução ao direito civil constitucional. Trad. de Maria Cristina De Cicco. 3. ed. Rio de Janeiro: Renovar, 2002.

(8) PEREIRA, Caio Mario da Silva. *Instituições de direito civil.* Rio de Janeiro: Forense, 1993. p. 12. (o direito público corresponde às coisas do Estado; o direito privado está relacionado à disciplina dos cidadãos — tradução livre).

(9) *Idem.*

como se fossem linhas paralelas[10], tal qual a metáfora do "jardim e a praça"[11], cada um possuindo lógica completamente distinta e própria.

O ocaso do paradigma liberal[12][13] em que usualmente restaram privilegiados os valores relacionados à extremada intangibilidade da liberdade individual em detrimento dos poderes estatais com fundamento na observância do (dogma) sistema da separação de poderes ou funções, as promessas incumpridas do verdadeiro Estado Social do século anterior nas economias periféricas — como é o caso brasileiro[12] —, a leitura constitucional crítica[13] e com pretensões transformadoras do movimento chamado de neoconstitucionalista[14], entre outros fatores, acabaram por gerar a aproximação das fronteiras[15] dos campos público e privado, anteriormente, como visto, incomunicáveis e com lógicas próprias e inconciliáveis.

O modelo liberal desenvolvido no século XVIII baseou-se na total separação entre Estado e sociedade, portanto, entre o direito público e o privado. Não era função estatal cuidar das relações privadas interpessoais. Os códigos, por intermédio de um pretenso sistema sem lacunas[16], deveriam servir como uma espécie de manual de regulação sobre como as pessoas deveriam se comportar nas relações eminentemente privadas, "como poderiam realizar intercâmbios, e quais as formalidades e limites para tais relações"[17]. Tratava-se "de uma 'sociedade de Direito Privado', na qual cabia à codificação delimitar a esfera da liberdade privada dos indivíduos nas relações que estes mantinham com o mercado"[18]. Noutras palavras, a codificação

(10) Tal comparação talvez nem seja a mais correta levando-se em consideração, segundo as Ciências Exatas, que as paralelas acabam encontrando-se no infinito; já os direitos público e privado, na concepção provecta, nem no infinito se tocariam.

(11) SALDANHA, Nelson. *O jardim e a praça:* ensaio sobre o lado privado e o lado público da vida social e histórica. Porto Alegre: Sérgio Antônio Fabris, 1986.

(12) STRECK, Lenio Luiz. A hermenêutica filosófica e as possibilidades de superação do positivismo pelo (neo)constitucionalismo. In: ROCHA, Leonel Severo; STRECK, Lenio Luiz (Orgs.). *Constituição, sistemas sociais e hermenêutica.* Porto Alegre: Livraria do Advogado, 2005. p. 154.

(13) *Vide* a imperdível obra de BARROSO, Luís Roberto. *O direito constitucional e a efetividade de suas normas:* limites e possibilidades da Constituição brasileira. 6. ed. Rio de Janeiro: Renovar, 2002. p. 84-85.

(14) Acerca desse movimento, *vide*, com bastante proveito, DUARTE, Écio Oto Ramos; POZZOLO, Susanna. *Neoconstitucionalismo e positivismo jurídico:* as faces da teoria de direito em tempos de interpretação moral da Constituição. São Paulo: Landy, 2006.

(15) Sobre o assunto *vide*, com profundidade, SARMENTO, Daniel. Interesses públicos *vs.* interesses privados na perspectiva da teoria e da filosofia constitucional. In: SARMENTO, Daniel (Org.). *Interesses públicos* versus *interesses privados:* desconstruindo o princípio da supremacia do interesse público. Rio de Janeiro: Lumen Juris, 2005. p. 23-116.

(16) TEDESCHI, Sebastián Ernesto. El Waterllo del Código Civil napoleónico: una mirada crítica a los fundamentos del derecho privado moderno para la construcción de sus nuevos princípios generales. In: COURTIS, Christian (Org.). *Desde otra mirada:* textos de teoria crítica del derecho. Buenos Aires: Eudeba, 2001. p. 159-181 (tradução livre).

(17) *Ibidem*, p. 159.

(18) SARMENTO, Daniel. *Direitos fundamentais e relações privadas.* 2. ed. Rio de Janeiro: Lumen Juris, 2006. p. 69.

significava o texto maior das relações privadas, papel correspondente ao de uma Constituição da sociedade civil[19] hodierna.

Com o advento do *Welfare State*[20], no século XX, mais precisamente ao final do segundo pós-guerra, o Estado passa a "invadir espaços até então inacessíveis a ele, como certas dimensões da esfera privada"[21], fazendo implodir, via de consequência, "a antinomia entre o direito público e o privado"[22].

Esse inédito modelo de Estado Social acabou por romper diversos paradigmas, quase dogmas, do liberalismo, dentre eles[23] o fim da plenipotenciariedade[24] dos códigos na regulação das relações privadas e a inserção de uma característica inexistente no modelo liberal, qual seja a busca pelo Estado de uma "progressiva constituição de condições básicas para o alcance da igualdade social entre todos os grupos, classes e regiões"[25].

Em razão da incorporação nos textos constitucionais dos chamados direitos de segunda e terceira geração ou dimensão[26], significando o enluvamento explícito de valores e opções políticas inclusive (e principalmente) voltadas à promoção da dignidade da pessoa humana[27], representando o rompimento com o citado modelo absenteísta liberal-burguês e a assunção de uma novel faceta provedora, característica do Estado Social de Direito; agregando-se, também, outro diferencial, este característico do modelo de Estado Democrático de Direito, isto é, o direito passa

---

(19) TEPEDINO, Gustavo. Premissas metodológicas para a constitucionalização do direito civil. In: *Temas de direito civil.* Rio de Janeiro: Renovar, 1999. p. 4.

(20) Tal mudança de paradigma é bem construída (na obra mais completa sobre o tema) por BONAVIDES, Paulo. *Do Estado liberal ao Estado social.* 6. ed. São Paulo: Malheiros, 1996.

(21) VIANNA, Luiz Werneck *et al. A judicialização da política e das relações sociais no Brasil.* Rio de Janeiro: Revan, 1999. p. 15.

(22) *Ibidem*, p. 17.

(23) Outro aspecto que poderia ser abordado, contudo acabaria por ultrapassar os limites impostos ao presente estudo, refere-se ao intrigante tema da judicialização das políticas públicas. Por ora, basta afirmar que o controle judicial de políticas públicas significa perlustrar a possibilidade de o "Poder Judiciário determinar que o Estado adote determinadas políticas públicas, quando de sua omissão do cumprimento das normas constitucionais". Cf. FREIRE JÚNIOR, Américo Bedê. *O controle judicial de políticas públicas.* São Paulo: RT, 2005. p. 20. Ainda acerca do tema, dentre tantos, *vide*: COMPARATO, Fábio Konder. Ensaio sobre o juízo de constitucionalidade de políticas públicas. In: *Revista dos Tribunais,* São Paulo, v. 737, ano 86, p. 11-22, mar. 1997; LIMA, Martônio Mont'Averne. Jurisdição constitucional: um problema da teoria da democracia política. In: SOUZA NETO, Cláudio Pereira de *et al.* (Org.). *Teoria da Constituição:* estudos sobre o lugar da política no direito constitucional. Rio de Janeiro: Lumen Juris, 2003. p. 99-261.

(24) STRECK, Lenio Luiz. *Verdade e consenso:* Constituição, hermenêutica e teorias discursivas. Rio de Janeiro: Lumen Juris, 2006. p. 2.

(25) COMPARATO, Fábio Konder. *Op. cit.,* p. 16.

(26) Inobstante reconhecer-se a existência de corrente doutrinária que nega a classificação dos direitos humanos ou fundamentais em gerações ou dimensões, acompanha-se parcela da doutrina que assim o faz. Cf., dentre tantos outros, SARLET, Ingo Wolfgang. *A eficácia dos direitos fundamentais.* 5. ed. Porto Alegre: Livraria do Advogado, 2005.

(27) Aspecto que será tratado com mais vagar posteriormente.

a ser também transformador[(28)], à medida que os textos constitucionais voltam-se "a explicitar as possibilidades para o resgate das promessas incumpridas da modernidade, questão que assume relevância ímpar em países de modernidade tardia como o Brasil"[(29)], onde esse modelo estatal do bem-estar certamente acabou não fincando raízes.

Outro aspecto que merece ser apresentado, pois decorre diretamente dessas transformações apontadas, que também serviu para implodir o dogma da *summa divisio*, e terá importância fundamental ao desenvolvimento do principal objeto teórico aqui pretendido (dano moral coletivo), trata da superação da própria concepção ontológica do ser humano. No liberalismo o homem era visto como um ser abstrato, merecedor de suposto tratamento (quanto mais neutro melhor) igualitário (igualdade formal) característico dos códigos civis. O epicentro de proteção do ordenamento jurídico naquele momento das codificações não era o homem, mas a proteção do patrimônio[(30)].

O equilíbrio social decorrente desse novo modelo de Estado, estampado principalmente nos textos constitucionais do pós-guerra dos países ocidentais, tem estreita relação com o desabrochar da concepção da pessoa[(31)] humana não sendo apenas "o sujeito de direito neutro, anônimo e titular de patrimônio"[(32)], mas uma pessoa concreta (detentora de todas as mazelas e idiossincrasias ínsitas ao homem), situada em determinado grupo social, merecedora de diferenciada guarida da ordem jurídica "segundo o grau de vulnerabilidade (essa vulnerabilidade possui estreita relação, apesar de não ser o único viés que poderia ser utilizado, com a condição econômica dessa pessoa) que apresente"[(33)]. A categoria central do direito privado[(34)] transmuda-se finalmente para o ser humano.

Mas não é, repita-se, a concepção de ser humano igual a todos os outros, sendo a única possível distinção a acumulação ou não de patrimônio. Merecerá teia de proteção diferenciada em consonância com o grau de fraqueza apresentado. Trata-se de critério de justiça reposicionador do homem nas relações privadas.

---

(28) *Vide* STRECK, Lenio Luiz. *A jurisdição constitucional e hermenêutica.* 2. ed. Rio de Janeiro: Forense, 2004. p. 103.

(29) STRECK, Lenio Luiz. A hermenêutica filosófica e as possibilidades de superação do positivismo pelo (neo) constitucionalismo. In: ROCHA, Leonel Severo; STRECK, Lenio Luiz (Orgs.). *Constituição, sistemas sociais e hermenêutica.* Porto Alegre: Livraria do Advogado, 2005. p. 154.

(30) *Vide* FACHIN, Luiz Edson. *Estatuto jurídico do patrimônio mínimo:* à luz do novo Código Civil brasileiro e da Constituição Federal. 2. ed. Rio de Janeiro: Renovar, 2006. p. 46.

(31) Não se desconhece, porém desbordaria dos limites conceituais aqui empreendidos, que, além dos homens, "são também dotadas de personalidade jurídica certas organizações ou coletividades, que tendem à consecução de fins comuns". MONTEIRO, Washington de Barros. *Curso de direito civil.* 7. ed. São Paulo: Saraiva, 1993. p. 55.

(32) TEPEDINO, Gustavo. *Temas de direito civil.* Tomo II. Rio de Janeiro: Renovar, 2006. p. 342.

(33) *Idem.*

(34) *Idem.*

Justamente em razão do desabrochar dessa nova categoria de pessoa humana, começam a surgir microssistemas legislativos que "vicejam a margem do Código Civil, baseados sobre princípios muitas vezes contraditórios àqueles refletidos na codificação"[(35)]. Na raiz desse fenômeno encontra-se o surgimento do Direito do Trabalho[(36)], regido por princípios intervencionistas e protetivos dos chamados hipossuficientes, justamente por conta do reconhecimento desse novo paradigma do ser humano precisando de uma proteção potencializada, usualmente em razão de seu baixo poderio econômico, distinção essa inadmissível no ideário de igualdade formal do liberalismo.

No Brasil esse fenômeno do surgimento de microssistemas legislativos versando sobre matérias de direito privado tresmalhadas do Código Civil, conhecido como "movimento de descodificação"[(37)] do direito privado ou publicização do Direito Civil, como dito, com lógicas distintas em relação ao abstencionismo do paradigma liberal, vem cada vez mais se avolumando. Basta citar como exemplos, dentre tantos outros, o Estatuto da Terra, a Lei de Locação Urbana e a Lei dos Condomínios; talvez o mais representativo desses sistemas autônomos seja o chamado Código de Defesa do Consumidor (Lei n. 8.078/1990).

Tal movimento solidifica-se e encontra apogeu com a edição da Constituição de 1988, pois, certamente, apresentam-se novas vigas de sustentação[(38)] ao direito privado, corporificadas em normas-regras, normas-princípios[(39)], políticas[(40)] e

(35) SARMENTO, Daniel. *Direitos fundamentais e relações privadas.* 2. ed. Rio de Janeiro: Lumen Juris, 2006. p. 74.

(36) Acerca dos fundamentos e formação histórica do Direito do Trabalho, *vide*, com muito proveito, MORAES FILHO, Evaristo de. *Introdução ao direito do trabalho.* 7. ed. São Paulo: LTr, 1995. p. 74-88.

(37) TEPEDINO, Gustavo. Crises de fontes normativas e técnica legislativa na parte geral do Código Civil de 2002. In: TEPEDINO, Gustavo (Org.). *A parte geral do novo Código Civil.* 2. ed. Rio de Janeiro: Renovar, 2003. p. 15-33. *Vide*, dentre outros AMARAL, Francisco. A descodificação do direito civil brasileiro. In: *Revista do Tribunal Regional Federal da 1ª Região,* Brasília, p. 545-657, out./dez. 1996. NATALINO, Irti. *La edad de la descodificación.* Barcelona: Bosch, 1992; TEDESCHI, Sebastián Ernesto. *Op. cit.,* p. 159-181.

(38) FARIAS, Cristiano Chaves de; ROSENVALD, Nelson. *Direito civil:* teoria geral. 4. ed. Rio de Janeiro: Lumen Juris, 2006. p. 19.

(39) Considera-se a distinção moderna dita qualitativa entre normas-regras e normas-princípios. Para Robert Alexy, a distinção qualificativa significa que não há apenas uma diferença de grau (maior ou menor nível de generalidade) entre regras e princípios, mas também tal diferença é qualitativa. Segundo o citado, as regras são normas que podem ser cumpridas ou não. Portanto, quando uma regra é aplicável num determinado caso concreto, há de se obedecer ao previsto, nem mais nem menos. Já os princípios possuem discriminador não existente nas regras, qual seja, são normas que podem ser cumpridas em diferentes graus, dependendo das possibilidades reais e jurídicas havidas, como mencionado anteriormente. In: *Teoria de los derechos fundamentales.* Madri: Centro de Estúdios Constitucionales, 1997. p. 85 e ss. No mesmo sentido, dentre tantos outros, MIRANDA, Jorge. *Manual de direito constitucional.* Tomo I, 5. ed. Coimbra: Coimbra Editora, 2003. p. 250.

(40) Ronald Dworkin, além da distinção implementada entre normas-regras e normas-princípios, faz distinção entre estas e o que ele chama de política (expressão *policy* no inglês). Vejamos: "Denomino 'política' aquele tipo de padrão que estabelece um objetivo a ser alcançado, em geral uma melhoria em algum aspecto econômico, político ou social da comunidade (ainda que certos objetivos sejam negativos

valores[41] desconhecidos pela codificação liberal anterior, principalmente pelo antigo Código Civil de 1916.

O próximo passo será buscar desenvolver esse novo fundamento de validade constitucional (taxionomia) do Direito Civil brasileiro, bem como situar as mudanças ocorridas a partir dessa descoberta nesse ramo do direito.

2. Novo direito civil? Do epicentro constitucional. Da unidade pela dignidade da pessoa humana

Inicia-se o presente item, de maneira distinta dos demais, respondendo desde logo à indagação da epígrafe. De fato, o Direito Civil, em razão do movimento de publicização, cujo histórico foi narrado anteriormente, mudou. E modificou-se, notadamente, porque a Constituição, como também já mencionado, a partir do paradigma do Estado Social, passou a disciplinar (v. g.) relações econômicas e sociais, transmudando-se, via de consequência, em verdadeiro centro unificador do direito.

Antes de discorrer acerca desse novo vetor de unificação, saliente-se que o fenômeno da publicização do Direito Civil distingue-se da constitucionalização[42]. Aquela significa o intervencionismo estatal-legislativo em matérias antes afetas exclusivamente à regulação pelo Código Civil, promovendo a superação da velha dicotomia entre público e privado. O constitucionalismo significa o surgimento de um novo eixo centrípeto, como se pretende desenvolver ao longo do presente — o texto constitucional.

Não se pode deixar de, ainda no início da construção dos argumentos que corroboram a afirmação destacada na abertura do presente, transcrever trecho doutrinário, conquanto voltado à realidade italiana, adequado ao fenômeno em destaque, senão veja-se:

pelo fato de estipularem que algum estado atual deve ser protegido contra mudanças adversas). Denomino 'princípio' um padrão que deve ser observado, não porque vá mudar ou assegurar uma situação econômica, política ou social considerada desejável, mas porque é uma exigência de justiça ou equidade ou de alguma outra dimensão da moralidade". In: *Levando os direitos a sério.* São Paulo: Martins Fontes, 2002. p. 36.

(41) Não se desconhece a distinção feita por parte da doutrina entre valor e princípio. Juarez Freitas, por exemplo, em obra de consulta obrigatória, afirma a distinção entre tais modalidades normativas, salientando que os valores, em confronto com os princípios, possuem menor grau de "intensidade" normativa. In: *A interpretação sistemática do direito.* 4. ed. São Paulo: Malheiros, 2004. p. 58. NUNES, Rizzato, também eraliza tal distinção nos seguintes termos: "Mas o fato é que, enquanto o valor é sempre um relativo, na medida em que vale, isto é, aponta para uma relação, o princípio se impõe como um absoluto, como algo que não comporta qualquer espécie de relativação". In: *O princípio constitucional da dignidade da pessoal humana. Doutrina e jurisprudência.* 2. ed. São Paulo: Saraiva, 2009. p. 8. Já Eros Roberto Grau, em obra também de consulta obrigatória, não realiza tal distinção. In: *Ensaio e discurso sobre a interpretação/aplicação do direito.* 2. ed. São Paulo: Malheiros, 2003.

(42) Distinção similar foi captada anteriormente por LÔBO, Paulo Luiz Netto. Constitucionalização do direito civil. In: FARIAS, Cristiano Chaves de (Org.). *Leituras complementares de direito civil:* o direito civil-constitucional em concreto. Salvador: JusPodivm, 2007. p. 21-36.

Ao lado do Código Civil de 1942, ainda em vigor com algumas modificações, cabe considerar o notável peso da legislação emanada posteriormente. Numerosas leis esparsas têm disciplinado, embora de modo fragmentado e por vezes incoerente, setores relevantes. O Código Civil certamente perdeu a centralidade de outrora. O papel unificador do sistema, tanto nos seus aspectos mais tradicionalmente civilísticos quanto naqueles de relevância publicista, é desempenhado de maneira cada vez mais incisiva pelo Texto Constitucional. Falar de descodificação relativamente ao Código vigente não implica absolutamente a perda do fundamento unitário do ordenamento, de modo a propor sua fragmentação em diversos microssistemas, com ausência de um desenho global. Desenho que, se não aparece no plano legislativo, deve ser identificado no constante e tenaz trabalho do intérprete, orientado a detectar os princípios constantes na legislação chamada especial, reconduzindo-os à unidade, mesmo do ponto de vista de sua legitimidade. O respeito aos valores e aos princípios fundamentais da República representa a passagem essencial para estabelecer uma correta e rigorosa relação entre poder do Estado e poder dos grupos, entre maioria e minoria, entre poder econômico e os direitos dos marginalizados, dos mais desfavorecidos[43].

Para o texto constitucional ser considerado o novo centro unificador do Direito Civil, mostra-se necessário acolher os ensinamentos da chamada corrente substancialista[44], que trabalha sob a perspectiva da efetivação de direitos e valores substantivos subscritos no texto constitucional, e o consequente papel transformador da realidade social desses valores, bem como, de maneira incisiva, o irrefragável reconhecimento da força normativa desse texto. "O valor normativo imediato e direto é condição essencial para que se propugne pelos valores, princípios e fins da norma constitucional"[45].

No paradigma instituído pelo Estado Democrático de Direito, não se admite mais a existência de normas constitucionais meramente programáticas, sem força deôntica e despidas de eficácia. Tal paradigma "liga-se inexoravelmente à função transformadora que o Direito assume"[46]. Além da ideia liberal de ordenação, e

(43) PERLINGIERI, Pietro. *Op. cit.*, p. 5-6. (Os grifos não se encontram no original.)

(44) Há diversos defensores do modelo substancialista na doutrina brasileira; dentre tantos, *vide*: AGRA, Walber de Moura. *A reconstrução da legitimidade do Supremo Tribunal Federal.* Rio de Janeiro: Forense, 2005; BARCELLOS, Ana Paula de. *A eficácia jurídica dos princípios constitucionais:* o princípio da dignidade da pessoa humana. Rio de Janeiro: Renovar, 2002; BARROSO, Luís Roberto. *O direito constitucional e a efetividade de suas normas:* limites e possibilidades da Constituição brasileira. 6. ed. Rio de Janeiro: Renovar, 2002; BONAVIDES, Paulo. *A Constituição aberta.* Belo Horizonte: Del Rey, 1993; DANTAS, Ivo. *O valor da Constituição:* do controle de constitucionalidade como garantia da supralegalidade constitucional. Rio de Janeiro: Renovar, 1996; SARLET, Ingo Wolfgang. *A eficácia dos direitos fundamentais.* 5. ed. Porto Alegre: Livraria do Advogado, 2005.

(45) DANTAS, Ivo. *Op. cit.*, p. 2.

(46) STRECK, Lenio Luiz. *A jurisdição constitucional e hermenêutica.* 2. ed. Rio de Janeiro: Forense, 2004. p. 103.

até mesmo de promoção, esta inerente ao chamado Estado do Bem-Estar Social, "exsurge um papel para o Direito que vai muito além da Constituição, enquanto mero instrumento para a aferição da parametricidade formal"[(47)], qual seja a possibilidade da efetivação dos "valores indispensáveis ao exercício da cidadania"[(48)] estampados no texto constitucional, inclusive por intermédio da intervenção do Poder Judiciário, se for necessário, consoante já mencionado em momento anterior.

Além do reconhecimento desse novo centro unificador não apenas do Direito Civil, mas de outras disciplinas jurídicas (inclusive processuais[(49)]), há outro aspecto, certamente o mais importante, além do acolhimento em sítio constitucional de matérias antes exclusivas do Código Civil, qual seja a necessária releitura dos seculares institutos do direito privado à luz da Constituição de 1988. Significa dizer, em outras palavras, que provectos, essenciais e clássicos institutos do Direito Civil, tais como posse, propriedade, família, contrato, empresa, obrigações, dentre tantos, deverão ser interpretados/aplicados[(50)] conforme[(51)] a Constituição, num movimento, de

(47) *Idem.*

(48) CLEVE, Clemerson. *A fiscalização abstrata da constitucionalidade no direito brasileiro.* São Paulo: Revista dos Tribunais, 1995. p. 209.

(49) A importância de se adotar como ponto de partida na interpretação e aplicação da legislação infraconstitucional o regramento do texto fundamental não é uma característica do Direito Civil. Outras disciplinas também vivenciam tal movimento. No processo do trabalho, por exemplo, há ensaio de nossa lavra tratando da necessidade de se conferir ao princípio da subsidiariedade laboral (arts. 769 e 889 da CLT) leitura conforme a Constituição, notadamente ao princípio constitucional da duração razoável do processo (art. 5º, LXXVIII). In: COSTA, Marcelo Freire Sampaio. *Reflexos da reforma do CPC no processo do trabalho.* São Paulo: Método, 2007. p. 19-33. Também já tratei do tema brevemente sob a óptica do processo civil: COSTA, Marcelo Freire Sampaio. Atentado e a proibição de o réu falar nos autos — leitura constitucional necessária. In: *Revista Dialética de Direito Processual,* São Paulo, n. 22, p. 122-130, jan. 2005.

(50) "interpretação e aplicação não se realizam autonomamente. O intérprete discerne o sentido do texto a partir e em virtude de um determinado caso." GRAU, Eros Roberto. *Op. cit.,* p. 84. Gisele Santos Fernandes Góes assim se posiciona: "Por conseguinte, a interpretação dá vida ao texto do enunciado jurídico. O intérprete judicial, ao decidir, desempenha seu papel criador, desde que racionalmente fundamentado, por intermédio de argumentos adequados e aceitáveis". In: *Princípio da proporcionalidade no processo civil.* São Paulo: Saraiva, 2004. p. 11. Lenio Luiz Streck, acerca do tema, manifesta-se da seguinte maneira: "O texto não é, assim, apenas um enunciado linguístico, que não se sustenta em discursos de fundamentação; o texto não existe em uma espécie de 'textitude' metafísica; o texto é inseparável de seu sentido; textos dizem sempre respeito a algo da faticidade; interpretar um texto é aplicá-lo; daí a impossibilidade de cindir interpretação de aplicação". In: *Verdade e consenso:* constituição, hermenêutica e teorias discursivas. Rio de Janeiro: Lumen Juris, 2006. p. 141.

(51) Segundo Luís Roberto Barroso, é possível decompor tal técnica da seguinte maneira: "1. Trata-se de escolha de uma interpretação da norma legal que a mantenha em harmonia com a Constituição, em meio a outras possibilidades interpretativas que o preceito admita. 2. Tal interpretação busca encontrar um sentido possível para a norma, que não é o mais evidente que resulta da leitura de seu texto. 3. Além da eleição de uma linha de interpretação, procede-se à exclusão expressa de outra ou outras interpretações possíveis, que conduziriam a resultado contrastante com a Constituição. 4. Por via de consequência, a interpretação conforme a Constituição não é mero preceito hermenêutico, mas, também, um mecanismo de controle de constitucionalidade pelo qual se declara ilegítima determinada leitura da norma legal. Na interpretação conforme a Constituição, o órgão jurisdicional declara qual das possíveis interpretações de uma norma legal se revela possível com a Lei Fundamental. Isso ocorrerá, naturalmente, sempre que determinado preceito infraconstitucional comportar diversas

cima para baixo, que projeta os efeitos hermenêuticos e condiciona a leitura desses instintos estampados na legislação infraconstitucional em consonância com os eflúvios emanados da Lei Maior. Trata-se da verdadeira "revolução copernicana", ou "Virada de Copérnico", no direito privado[52].

Mas não é só. Tendo em vista que o princípio da dignidade da pessoa humana, consagrado como fundamento da República brasileira, princípio-matriz do Estado Democrático de Direito[53] (art. 1º, III, da Carta Magna), representa reconhecidamente o "epicentro axiológico da ordem constitucional, irradiando efeitos sobre todo o ordenamento jurídico e balizando não apenas os atos estatais, mas também toda miríade de relações privadas"[54], tal valor irá, via de consequência, também impregnar-se no Direito Civil, representando e corroborando o mencionado ao longo do presente capítulo, isto é, muda-se o eixo da prevalência do valor patrimonial para a consagração da primazia dos valores existenciais à tutela da pessoa humana[55], consoante também será salientado em outro momento do presente.

Resta agora tratar, com maior minudência, desse novo centro axiológico do direito — a dignidade da pessoa humana.

3. Resumo do caminhar histórico da dignidade da pessoa humana. Do significado da expressão. Do novel constitucionalismo

Um dos pouquíssimos consensos teóricos da humanidade, a par da inegável restrição quanto à efetivação no mundo dos fatos — notadamente em países de tardia modernidade (periféricos ou em desenvolvimento) —, refere-se ao valor do ser humano como um fim em si mesmo, da prevalência, sob qualquer outro bem, da sua dignidade, transmudando-se em verdadeiro axioma, um consenso teórico da civilização ocidental[56].

---

possibilidades de interpretação, sendo qualquer delas incompatível com a Constituição. Note-se que o texto legal permanece íntegro, mas sua aplicação fica restrita ao sentido declarado pelo Tribunal". In: *Interpretação e aplicação da Constituição.* 2. ed. São Paulo: Saraiva, 1998. p. 175.

(52) FACHIN, Luiz Edson. Virada de Copérnico: um convite à reflexão sobre o direito civil contemporâneo. In: FACHIN, Luiz Edson (Org.). *Repensando os fundamentos do direito civil brasileiro contemporâneo.* Rio de Janeiro: Renovar, 2000. p. 317-324.

(53) *Vide*, dentre outros, JACINTHO, Jussara Maria Moreno. *Dignidade humana. Princípio constitucional.* Curitiba: Juruá, 2006. p. 206.

(54) SARMENTO, Daniel. *A ponderação de interesses na Constituição Federal.* Rio de Janeiro: Lumen Juris, 2000. p. 59.

(55) TEPEDINO, Gustavo. Direitos humanos e relações privadas. In: *Temas de direito civil.* Rio de Janeiro: Renovar, 1999. p. 4.

(56) Ultrapassaria os limites do presente avançar a discussão acerca de uma concepção universal de dignidade da pessoa humana. Vale registrar a lição de Boaventura Souza Santos ao sustentar que a noção de dignidade da pessoa humana assenta-se num conjunto de pressupostos tipicamente ocidentais, quando, em verdade, todas as culturas possuem concepções de dignidade humana, motivo pelo qual se impõe o estabelecimento de um diálogo intercultural, no sentido de uma troca permanente entre diferentes culturas e saberes, que será instrumentalizado pela aplicação de uma hermenêutica diatópica, que, por seu turno, não pretende alcançar uma completude — objetivo inatingível —, "mas,

É indiscutível que o caminhar histórico do princípio da dignidade da pessoa humana encontra-se repleto de avanços e posteriores retrocessos. A doutrina costuma apontar[57] alguns marcos históricos que seriam fundamentais em tal percurso. São eles: o cristianismo, o iluminismo humanista[58], a obra de Kant e os refluxos dos horrores da Segunda Guerra Mundial, nesta ordem[59]. Acrescenta-se mais um marco hodierno que pode ser considerado nessa trajetória: as tragédias de atos terroristas decorrentes de motivação religiosa[60], tais como a destruição das famosas Torres Gêmeas no fatídico dia 11 de setembro de 2001, nos Estados Unidos da América, e tantos outros atos desse mesmo jaez havidos ultimamente, com frequência cada vez mais assustadora.

Antes de evoluir um pouco mais a respeito do tema em foco, é necessário firmar pelo menos duas constatações. A primeira diz acerca da incontestável vinculação[61] existente entre a dignidade da pessoa humana[62] e os direitos

---

pelo contrário, ampliar ao máximo a consciência de incompletude mútua através de um diálogo que se desenrola, por assim dizer, com um pé numa cultura e outro, noutra. Nisto reside seu caráter dia-tópico". In: Por uma concepção multicultural de direitos humanos. BALDI, César Augusto (Org.). *Direitos humanos na sociedade cosmopolita.* Rio de Janeiro: Renovar, 2004. p. 257.

(57) BARCELLOS, Ana Paula de. *Op. cit.*, p. 104.

(58) "Devemos à filosofia humanista moderna a tomada de consciência da unidade e dignidade de todos os homens. Apesar de o vocábulo *humanidade* ser proveniente do latim (ele é uma tradução do conceito grego *Paideia),* apenas com os modernos é que ele passa a designar a natureza racional do homem enquanto dotado de um valor intrínseco". RABENHORST, Eduardo Ramalho. *Dignidade e moralidade democrática.* Brasília: Brasília Jurídica, 2001. p. 14.

(59) *Idem.*

(60) Acerca do tema, atrocidades que podem ser cometidas pelo fundamentalismo religioso, *vide* interessante obra de KAMEL, Ali. *Sobre o Islã:* a afinidade entre muçulmanos, judeus e cristãos e as origens do terrorismo. Rio de Janeiro: Nova Fronteira, 2007.

(61) SARLET, Ingo Wolfgang. *Dignidade da pessoa humana e direitos fundamentais.* 3. ed. rev. atual. e ampl. Porto Alegre: Livraria do Advogado, 2004. p. 26. J. C. Vieira de Andrade afirma que o princípio da dignidade da pessoa humana "radica na base" de todos os direitos fundamentais constitucionalmente consagrados. In: *Os direitos fundamentais na Constituição portuguesa de 1976.* Coimbra: Almedina, 1987. p. 101. José Cláudio Monteiro de Brito Filho, com inegável correção, já afirmou que os "direitos humanos são o conjunto mínimo de direitos necessários à preservação da igualdade entre os homens e da dignidade da pessoa humana". In: *Discriminação no trabalho.* São Paulo: LTr, 2002. p. 20. Guilherme Braga Pena de Moraes, também acertadamente, destaca que o "princípio da dignidade da pessoa humana, consubstanciado no art. 1º, III, da Carta Magna, constitui fundamento da unidade aludida, sendo conceituado como uma das proposições diretoras que deverão, em qualquer momento, ser levada em consideração pela atuação estatal, orientada pela identidade da pessoa humana, pelos direitos fundamentais por ela titularizados, pela sua dimensão e função social exercida pela mesma. Corresponde à base, à finalidade da sociedade e do Estado e, através do qual, o Direito Constitucional brasileiro reconhece que a pessoa humana possui dignidade própria e equivale a um valor em si mesma, insuscetível de sacrifício por um interesse coletivo" (*sic*). In: *Dos direitos fundamentais:* contribuição para uma teoria. São Paulo: LTr, 1997. p. 89.

(62) Não se desconhece a cizânia doutrinária envolvendo a questão da escolha da nomenclatura ora proposta. Escolheu-se a expressão "dignidade da pessoa humana" por conta da idêntica redação do art. 1º, III, da CF/88. Isto não significa que se deixará de usar, ao longo do texto, diferente expressão similar (dignidade do ser humano, por exemplo), além de outra, a ser apresentada posteriormente, que retratará o viés social desse termo.

fundamentais[63], como já amplamente reconhecido no direito constitucional moderno. A segunda refere-se à (ainda hoje) acirrada cizânia doutrinária e jurisprudencial acerca da compreensão, extensão, potencialidade, virtualidade, conteúdo e do próprio significado[64] da expressão dignidade da pessoa humana ante a ordem jurídica.

O pensamento da antiguidade clássica impunha graus de quantificação à dignidade da pessoa[65] humana, levando-se em consideração, dentre outros aspectos, a posição social que o indivíduo ocupava. Aumentava-se o teor de dignidade à medida que houvesse crescimento na escala social, como se fosse possível admitir pessoas mais ou menos dignas.

A afirmação do ideário do valor intrínseco do ser humano deita raiz, irrefragavelmente, na teologia cristã[66], inspirada na "ideia estoica de fraternidade"[67]. Para os teólogos, "a dignidade da pessoa humana é fundamentada na criação do homem à imagem e semelhança de Deus e na obra redentora de Deus feito homem"[68].

Tanto no Antigo como no Novo Testamento há referências acerca da criação do homem à imagem e semelhança de Deus, motivo pelo qual o cristianismo extraiu dessa premissa a consequência de que os homens são dotados de valores próprios que lhes são intrínsecos, não podendo, via de consequência, ser transformados em instrumentos ou objetos.

Por intermédio do cristianismo introduziu-se a concepção de que a virtude é alcançada pela relação com o Criador, não com outros homens, bem como a necessidade de o ser humano, em razão da sua incapacidade de espontaneamente realizar o bem por ser naturalmente fraco e pecador, precisar do "auxílio de Deus

(63) Ultrapassaria os limites deste trabalho firmar largas considerações acerca das nomenclaturas "direitos humanos" e "direitos fundamentais". No presente, serão utilizados como expressões sinônimas, sem desconhecer a distinção consagrada por parte da doutrina que professa ser este termo adequado para aqueles direitos reconhecidos e positivados na esfera do direito constitucional positivo de um dado Estado, enquanto a expressão "direitos humanos" teria relação com documentos de direito internacional, portanto, de caráter supranacional. *Vide*, dentre tantos: CANOTILHO, J. J. Gomes. *Direito constitucional.* 5. ed. Coimbra: Almedina, 1992. p. 528; COMPARATO, Fábio Konder. *A afirmação histórica dos direitos humanos.* São Paulo: Saraiva, 1999. p. 210; SARLET, Ingo Wolfgang. *A eficácia dos direitos fundamentais.* 5. ed. Porto Alegre: Livraria do Advogado, 2005. p. 35-36.

(64) É inegável que o termo dignidade da pessoa humana possui diversas abrangências, inclusive filosóficas e sociológicas, contudo, cingir-se-á à sua perspectiva jurídica constitucional. Acerca dos significados filosóficos e sociológicos da dignidade da pessoa humana, *vide*, com grande proveito, dentre outros, GOSDAL, Thereza Cristina. *Dignidade do trabalhador:* um conceito construído sob o paradigma do trabalho decente e da honra. São Paulo: LTr, 2007.

(65) No mesmo sentido, *vide* RABENHORST, Eduardo Ramalho. *Op. cit.*, p. 16.

(66) Ingo Wolfgang Sarlet questiona a afirmação de uma suposta exclusividade da religião cristã quanto "à elaboração de uma concepção de dignidade da pessoa". In: *Dignidade da pessoa humana e direitos fundamentais.* 3. ed. rev., atual. e ampl. Porto Alegre: Livraria do Advogado, 2004. p. 30.

(67) RABENHORST, Eduardo Ramalho. *Op. cit.*, p. 25.

(68) MAURER, Béatrice. Notas sobre o respeito da dignidade da pessoa humana... ou pequena fuga incompleta em torno do tema central. In: SARLET, Ingo Wolfgang (Org.). *Dimensões da dignidade.* Porto Alegre: Livraria do Advogado, 2005. p. 65.

para tornar-se virtuoso"(69). "Isto será feito mediante a obediência estrita à lei divina, revelada e escrita no coração de cada um dos homens, através dos atos de dever"(70).

Ainda com inspiração no ideário cristão, porém já no limiar da Idade Moderna, *Giovanni Pico della Mirandola* desenvolveu um opúsculo (1486) sobre a dignidade da pessoa humana, encontrando fundamento, além da circunstância do ser humano feito à imagem e semelhança divina, na capacidade de autodeterminação deste, sendo, ao mesmo tempo, soberano e artífice de seu próprio destino(71).

A partir de Immanuel Kant é fortalecido o processo de secularização do conceito de dignidade do ser humano. Para o referido, a concepção da dignidade da pessoa humana deve ser moldada a partir da natureza racional do ser humano, isto é, a autonomia da vontade entendida como a possibilidade-faculdade do ser humano de determinar a si mesmo, sendo tal atributo único e exclusivo dos seres racionais. Considerando a possibilidade de se atribuirem valores a toda e qualquer coisa, quando algo não pode ser aferível economicamente, ou melhor, está acima de todo e qualquer preço, nem permite equivalente pecuniário, "então ela tem dignidade"(72), pois trata-se de um atributo intrínseco do ser humano, um verdadeiro imperativo categórico(73).

Até a presente quadra da história(74) ainda ressoa forte, na doutrina nacional e alienígena(75), o pensamento antropocentrista de Kant acerca da dignidade da pessoa humana. É obvio que a hodierna evolução social pelo menos enfraquece tal vetusta concepção, mas não afasta as premissas nela lançadas. Seria fascinante ingressar nos meandros dessas mudanças e os reflexos destas na concepção kantiana de dignidade(76); contudo, ultrapassaria, e muito, a pretensão do presente, conforme já esboçado.

---

(69) MORAES, Maria Celina Bodin de. O princípio da dignidade da pessoa humana. In: MORAES, Maria Celina Bodin de (Org.). *Princípios do direito civil contemporâneo.* Rio de Janeiro: Renovar, 2006. p. 9.

(70) *Idem.*

(71) *Discurso sobre a dignidade do homem.* Lisboa: Edições 70, 1986. p. 32.

(72) KANT, Immanuel. Fundamentação da metafísica dos costumes. In: Coleção *Os Pensadores.* Trad. Paulo Quintela. São Paulo: Abril Cultural, 1980. v. 2, p. 141.

(73) "Há por fim um imperativo que, sem se basear como condição em qualquer outra intenção a atingir por um certo comportamento, ordena imediatamente este comportamento. Este imperativo é *categórico." Ibidem,* p. 52.

(74) Acerca da evolução histórica da dignidade da pessoa humana, *vide*, com grande proveito, COMPARATO, Fábio Konder. *A afirmação histórica dos direitos humanos.* São Paulo: Saraiva, 1999.

(75) Cf., dentre tantos outros ROCHA, Carmem Lúcia Antunes. O princípio da dignidade da pessoa humana e a exclusão social. In: *Revista Interesse Público,* Porto Alegre, Notadez, n. 4, p. 24-48, 1999; COMPARATO, Fábio Konder. *A afirmação histórica dos direitos humanos.* São Paulo: Saraiva, 1999. Na literatura alienígena, dentre outros, *vide* MIRANDA, Jorge. *Manual de direito constitucional.* v. 4, 3. ed. Coimbra: Coimbra Editora, 1988. p. 188.

(76) Há doutrina sustentando, por exemplo, atributo, similar à dignidade, inerente a algumas espécies de animais irracionais. *Vide* CASS, Sustein. The right of animals. In: *The University of Chicago Law Review, v.* 70, p. 387-401, 2003.

Inobstante a dificuldade de se delimitarem lindes conceituais(77) da dignidade da pessoa em razão da excessiva ambiguidade e porosidade(78) da expressão, além da própria alteração natural dessa concepção, como já ressaltado anteriormente, por conta das mudanças nos liames sociais decorrentes do simples evolver histórico, mostra-se necessário reforçar pelo menos quatro aspectos pertinentes à referida.

O primeiro é a adequação da provecta concepção kantiana no que diz acerca da dignidade de a pessoa humana ser considerada como fim, e não como meio, repudiando-se qualquer tentativa da história em "coisificar" ou transformar o ser humano em instrumento para algo.

O segundo aspecto, que atualmente parece ser o mais importante, trata do lugar central que a dignidade da pessoa humana vem ocupando nos textos constitucionais ao longo do século XX, "ressalvada uma ou outra exceção"(79), após ter sido consagrada pela Declaração Universal de Direitos da ONU, de 1948.

O terceiro, também de inegável relevância, refere-se ao reconhecimento, indene de dúvidas, de que a dignidade "é algo real, algo vivenciado concretamente por cada ser humano"(80); inclusive, não se observa maior dificuldade em identificar situações nas quais essa mostra-se "espezinhada e agredida"(81). Não há o mínimo ressaibo de dúvidas, por exemplo, em afirmar que o trabalho em condições análogas à escravidão(82), considerado como gênero, do qual o trabalho em condições degradantes e o trabalho

(77) Mesmo assim adota-se o adequado conceito de dignidade firmado por Eduardo Ramalho Rabenhorst, nos seguintes termos: "a dignidade é acima de tudo uma categoria moral que se relaciona com a própria representação que fazemos da condição humana, ou seja, ela é a qualidade ou valor particular que atribuímos aos seres humanos em função da posição que eles ocupam na escala dos seres". *Op. cit.*, p. 15.

(78) No mesmo sentido ROCHA, Carmem Lúcia Antunes. *Op. cit.*, p. 24.

(79) Cf. histórico de países que positivaram a dignidade da pessoa humana em textos constitucionais em SARLET, Ingo Wolfgang. *Dignidade da pessoa humana e direitos fundamentais.* 3. ed. rev., atual. e ampl. Porto Alegre: Livraria do Advogado, 2004. p. 62-63.

(80) SARLET, Ingo Wolfgang. As dimensões da dignidade da pessoa humana: construindo uma compreensão jurídico-constitucional necessária e possível. In: SARLET, Ingo Wolfgang (Org.). *Dimensões da dignidade:* ensaios de filosofia do direito e direito constitucional. Porto Alegre: Livraria do Advogado, 2005. p. 17. NUNES, Rizzato, corrobora tal afirmação: "O esforço é necessário porque sempre haverá aqueles que preferem dizer ou supor que Dignidade é uma espécie de enfeite, um valor abstrato de difícil captação. Só que é bem ao contrário: não só esse princípio é vivo, real, pleno e está em vigor como deve ser levado em conta *sempre,* em qualquer situação". *Op. cit., p. 53.*

(81) *Idem.*

(82) A Campanha contra o Trabalho Escravo, organizada pela Comissão Pastoral da Terra, conceituou tão bem o trabalho escravo ou análogo à escravidão, que merece citação literal: "Trabalho escravo é a redução de um ou de vários trabalhadores à condição igual à de escravo, consistindo na privação da liberdade destes de sair de algum lugar para outro, através da alegação de uma dívida crescente e permanente e, com efeito, há retenção de salários e/ou de documentos pessoais. Pode ainda se caracterizar pelas promessas enganosas de gatos e/ou empreiteiros ou de patrões. Em casos extremos, há utilização de violência física ou psicológica contra o trabalhador para obrigá-lo a permanecer no local de trabalho, através de seguranças, capangas, fiscais e outros que portam armas de fogo ou tem acesso fácil a elas" (*sic*). CARVALHO, Madeleine B. M. *et. al. Trabalho escravo nas fazendas do Pará e Amapá.* Belém: Graphitte Editores, 1999. p. 26.

forçado são espécies[83], além de ser considerado crime[84], ofende irrefragavelmente a dignidade do ser humano.

O quarto, como já mencionado, afirma a vinculação entre a dignidade da pessoa humana e os direitos humanos fundamentais[85]. Aliás, inobstante as modificações históricas da sociedade, a conformação antropocêntrica atribuída por Kant à dignidade ainda tem a capacidade de definir, inclusive, as formulações "atuais dos direitos humanos universais"[86].

A dignidade da pessoa humana, consubstanciada no art. 1º, III, da Carta Maior brasileira, corresponde à base e à finalidade da sociedade e do Estado e "através do qual o Direito Constitucional brasileiro reconhece que a pessoa humana possui dignidade própria e equivale a um valor em si mesmo, insuscetível de sacrifício por um interesse coletivo"[87].

Por se tratar do reconhecimento[88] desse instituto em textos constitucionais, não se pode deixar de realçar a difusão — cada vez mais acentuada—de movimento chamado de neoconstitucionalista ou novel constitucionalismo[89]. Este possui diversas significações[90]. Decorre de uma nova concepção atribuída aos textos

(83) Posição sustentada por parcela da doutrina que escreve sobre o assunto. Ver, por todos, BRITO FILHO, José Cláudio Monteiro de. Trabalho com redução do homem à condição análoga à de escravo e dignidade da pessoa humana. In: *Revista do Ministério Público do Trabalho na Paraíba*, João Pessoa, n. 1, p. 141-159, jun. 2005.

(84) Diz a cabeça do art. 149 do Código Penal, que teve redação alterada por intermédio da Lei n. 10.803/2003: "Reduzir alguém à condição análoga à de escravo, quer submetendo-o a trabalhos forçados ou a jornada exaustiva, quer sujeitando-o a condições degradantes de trabalho, quer restringindo, por qualquer meio, sua locomoção em razão de dívida contraída com o empregador ou preposto".

(85) Neste mesmo sentido, BRITO FILHO, José Cláudio Monteiro de. *Direitos humanos.* São Paulo: LTr, 2015. p. 25.

(86) SANDEL, Michael. *Justiça — o que é fazer a coisa certa.* Trad. Heloísa Matias e Maria Alice Máximo. Rio de Janeiro: Civilização Brasileira, 2011. p. 137.

(87) MORAES, Guilherme Braga Pena de. *Op. cit.*, p. 89.

(88) Vale salientar que a concepção filosófica de dignidade afirma que os textos legais apenas e tão somente reconhecem tal atributo ao ser humano, pois trata-se de uma característica inerente a ele. Veja-se sobre o ponto SARLET, Ingo Wolfgang. *Dignidade da pessoa humana e direitos fundamentais.* 3. ed. rev., atual. e ampl. Porto Alegre: Livraria do Advogado, 2004. p. 29 e ss.

(89) Vale ressaltar que o movimento constitucionalista, em seu nascedouro, deve ser vislumbrado como "aspiração de uma Constituição escrita, como modo de estabelecer um mecanismo de dominação legal-racional, como oposição à tradição do medievo, onde era predominante o modo de dominação carismática, e ao poder absolutista do rei, próprio da primeira forma de Estado Moderno". STRECK, Lenio Luiz. *A jurisdição constitucional e hermenêutica.* 2. ed. Rio de Janeiro: Forense, 2004. p. 97.

(90) Luis Pietro Sanchis apresenta três acepções do movimento neoconstitucionalista. O primeiro deles "encarna un cierto tipo de Estado de Derecho", designando, portanto, o modelo institucional de uma determinada forma de organização política. O segundo trata desse movimento como uma verdadeira "teoría de Derecho, mas concretamente aquella teoría apta para explicar las características de dicho modelo". O terceiro posiciona o neoconstitucionalismo como a "ideología que justifica o defiende la fórmula política así designada". Neoconstitucionalismo y ponderación judicial. In: CARBONELL, Miguel (Org.). *Neoconstitucionalismo.* Madri: Trotta, 2003. p. 123.

constitucionais, pois se antes estes eram considerados documentos meramente políticos, de baixa normatividade, transformam-se em normas fundamentais[(91)], situadas no cimo dos ordenamentos jurídicos, capazes de efetivamente conferir norte resolutivo de conflitos sociais.

O novo constitucionalismo surge no segundo pós-guerra e representa a incorporação nos textos constitucionais dos chamados direitos de segunda e terceira gerações ou dimensões[(92)]. Retrata rompimento com o modelo absenteísta liberal-burguês e assunção de uma faceta provedora, característica do Estado Social de Direito, agregando, também, outro diferencial, este característico do modelo de Estado Democrático de Direito, qual seja o direito passa a ser também transformador, conforme salientado em momento anterior.

O neoconstitucionalismo ocupa o espaço, no texto constitucional, anteriormente pertencente às regras e à suposta "plenipotenciariedade"[(93)] desta modalidade de norma, por intermédio dos princípios[(94)] positivados nesses textos.

A partir dessa concepção de novo constitucionalismo, a dignidade da pessoa humana, consagrada expressamente no título dos princípios fundamentais da Carta Constitucional brasileira (art. 1º, III), alcança *status* de "verdadeiro superprincípio constitucional"[(95)], caracterizado como "valor supremo e fundante da ordem jurídica, social e política, base de toda a vida nacional"[(96)].

Basta dizer, portanto, que o reconhecimento no texto constitucional da dignidade da pessoa humana não contém uma declaração de cunho ético ou moral, logo incapaz de produzir efeitos práticos ou regular condutas, mas constitui norma jurídica principiológica (modalidade normativa cujas características serão apresentadas com mais vagar no item posterior), positivada e de cunho deôntico, portanto, dotada de eficácia jurídica positiva[(97)], apta a operar transformações no mundo dos fatos.

---

(91) Acerca dessa mudança de natureza jurídica, *vide*, com proveito, HESSE, Konrad. *A força normativa da Constituição.* Trad. Gilmar Ferreira Mendes. Porto Alegre: Sérgio Antônio Fabris, 1991.

(92) Cf. SARLET, Ingo Wolfgang. *A eficácia dos direitos fundamentais.* 5. ed. Porto Alegre: Livraria do Advogado, 2005.

(93) STRECK, Lenio Luiz. *Verdade e consenso:* constituição, hermenêutica e teorias discursivas. Rio de Janeiro: Lumen Juris, 2006. p. 2.

(94) Pretende-se, no item posterior, firmar devida distinção entre regras e princípios.

(95) PIOVESAN, Flávia; VIEIRA, Renato Stanziola. A força normativa dos princípios constitucionais fundamentais: a dignidade da pessoa humana. In: PIOVESAN, Flávia (Org.). *Temas de direitos humanos.* 2. ed. São Paulo: Max Limonad, 2003. p. 393.

(96) SILVA, José Afonso da. A dignidade da pessoa humana como valor supremo da democracia. In: *Revista de Direito Administrativo,* São Paulo, v. 212, p. 91, 1998.

(97) "No plano jurídico, e considerando especificamente a realidade brasileira a partir da Constituição de 1988, a dignidade da pessoa humana tornou-se princípio fundante da ordem jurídica e a finalidade principal do Estado, com todas as consequências hermenêuticas que esse *status* jurídico confere ao princípio. Esses dois atributos da dignidade, isoladamente considerados e em tese, *indicam a modalidade positiva ou simétrica da eficácia jurídica como a mais adequada para o princípio como um todo, por ser mais consistente"* (o grifo não consta no original). BARCELLOS, Ana Paula de. *Op. cit.,* p. 248-249.

A proteção da dignidade da pessoa humana representa, em suma, a necessidade de conferir proteção, prioritariamente, à vulnerabilidade humana[98], onde quer que ela aconteça, daí a importância e a imprescindibilidade do movimento quase global de reconhecimento constitucional dessa proteção.

4. Da dignidade da pessoa humana como norma-princípio

Uma vez que a dignidade da pessoa humana já foi posicionada como princípio jurídico, é adequado traçar algumas linhas acerca da moderna leitura que deve ser conferida a essa modalidade normativa.

Antes, necessário defini-la, inobstante a reconhecida dificuldade dessa empreitada. Para tanto, utiliza-se da obra de *Ingo Wolfgang Sarlet*, para quem o conceito de dignidade da pessoa humana é:

> A qualidade intrínseca e distintiva de cada ser humano que o faz merecedor do mesmo respeito e consideração por parte do Estado e da comunidade, implicando, neste sentido, um complexo de direitos e deveres fundamentais que assegurem a pessoa tanto contra todo e qualquer ato de cunho degradante e desumano, como venham a lhe garantir as condições existenciais mínimas para uma vida saudável, além de propiciar e promover sua participação ativa e corresponsável nos destinos da própria existência e da vida em comunhão com os demais seres humanos[99].

A ideia de posicionar os princípios como categoria normativa também dotada de cunho deôntico exigiria fôlego suficiente para abordar, com razoável aprofundamento, a construção do pensamento positivista[100], porém ultrapassaria os limites já delimitados.

Por ora, basta salientar que o positivismo jurídico vem enfrentando acerbas críticas no que diz acerca da pretensão de criar uma fictícia ciência jurídica pura, que levaria à compreensão supostamente neutra dos fenômenos jurídicos, excluindo-se qualquer sorte de ponderações de cunho axiológico[101] na interpretação/

(98) MORAES, Maria Celina Bodin de. *Op. cit.*, p. 15.

(99) *Dignidade da pessoa humana e direitos fundamentais na Constituição de 1988.* 2. ed., rev. e ampl. Porto Alegre: Livraria do Advogado, 2002. p. 62.

(100) O positivismo, de fato, é um fenômeno multifacetário; aqui, reporta-se à teoria kelseniana, que reflete os primados da concepção apresentada. Cf., dentre tantos: BEGEL, Jean-Louis. *Teoria geral do direito.* São Paulo: Martins Fontes, 2001. p. 15; DIAS, Jean Carlos. *O controle judicial de políticas públicas.* São Paulo: Método, 2007; DIMOULIS, Dimitri. *Positivismo Jurídico.* São Paulo: Método, 2006.

(101) Hans Kelsen, grande arauto do positivismo jurídico, assim assentou: "Quando a si própria se designa como pura teoria do direito, isto significa que ela propõe garantir um conhecimento apenas dirigido ao Direito e excluir deste conhecimento tudo quanto não pertença ao seu objeto, tudo quanto não se possa, rigorosamente, determinar como direito. Quer isto dizer que ela pretende libertar a ciência jurídica de todos os elementos que lhe são estranhos. Esse é o princípio metodológico fundamental". In: *Teoria pura do direito.* Trad. João Batista Machado. 7. ed. São Paulo: Martins Fontes, 2006. p. 1.

aplicação[102] das normas jurídicas, além de reduzir o direito a um conjunto composto exclusivamente por normas-regras (positivismo como método[103]).

Tal pretensão de objetividade extremada do positivismo acabou por apartar o direito da moral. O legalismo acrítico serviu de disfarce para autoritarismos de matizes variados. A ideia de que o debate acerca da justiça encerrava-se quando da positivação da norma tinha caráter legitimador da ordem estabelecida. Qualquer ordem![104]

Há movimento, tendo como grande arauto na doutrina pátria o constitucionalista cearense *Paulo Bonavides*, e no direito alienígena (dentre tantos outros) *Ronald Dworkin*, alcunhado por alguns de pós-positivismo[105] ou modelo não positivista[106], que tenciona a hegemonia axiológica e normativa dos princípios positivados nos textos fundamentais, funcionando tais modalidades de normas como verdadeiros modelos impositivos (deônticos) e principalmente vetores conformadores da ordem infra-constitucional[107], por intermédio da distinção pela moderna doutrina feita entre regras e princípios, sendo estas espécies do gênero norma, consoante salientado em momento anterior.

Nessa seara não se questiona a normatividade dos princípios. Vale a repetição: as normas são o gênero do qual os princípios e as regras são espécies. A distinção qualitativa[108] entre normas-regras e normas-princípios foi muito bem construída por *Robert Alexy* e *Ronald Dworkin*, dentre tantos outros estudiosos da ciência jurídica.

---

(102) *Vide*, dentre outros, STRECK, Lenio Luiz. *Verdade e consenso:* constituição, hermenêutica e teorias discursivas. Rio de Janeiro: Lumen Juris, 2006.

(103) Nesse sentido *vide*, com maior profundidade, TURA, Marco Antônio Ribeiro. O lugar dos princípios em uma concepção do direito como sistema. In: *Revista de Informação Legislativa,* Brasília, Senado Federal, v. 41, n. 163, p. 216, jul./set. 2004.

(104) LEITE, George Salomão (Org.). *Dos princípios constitucionais:* considerações em torno das normas principiológicas da Constituição. BARROSO, Luis Roberto; BARCELLOS, Ana Paula de. A nova interpretação constitucional: ponderação argumentória e papel dos princípios. São Paulo: Malheiros, 2003, p. 101-135.

(105) Cf. BONAVIDES, Paulo. *Curso de direito constitucional.* 5. ed. São Paulo: Malheiros, 2000. p. 264. Para BARROSO, Luís Roberto, o pós-positivismo "é a designação provisória e genérica de um ideário difuso, no qual se incluem a definição das relações entre valor, princípios e regras, aspectos da chamada *nova hermenêutica* e a teoria dos direitos fundamentais". Fundamentos teóricos e filosóficos do novo Direito Constitucional brasileiro (pós-modernidade, teoria crítica e pós-positivismo). In: BARROSO, Luís Roberto (Org.). *A nova interpretação constitucional:* ponderação, direitos fundamentais e relações privadas. 3. ed. Rio de Janeiro: Renovar, 2008. p. 27.

(106) Dentre outros: DANTAS, David Diniz. *Interpretação constitucional no pós-positivismo:* teoria e casos práticos. 2. ed. São Paulo: Madras, 2005. p. 101.

(107) Já tratei sobre o tema brevemente em COSTA, Marcelo Freire Sampaio. Atentado e a proibição de o réu falar nos autos — leitura constitucional necessária. In: *Revista Dialética de Direito Processual,* São Paulo, n. 22, p. 122,130, jan. 2005.

(108) "A distinção qualitativa entre regra e princípio é um dos pilares da moderna dogmática constitucional, indispensável para a superação do positivismo legalista, onde as normas se cingiam a regras jurídicas. A Constituição passa a ser encarada como um sistema aberto de princípios e regras, permeável a valores jurídicos suprapositivos, no qual as ideias de justiça e de realização dos direitos fundamentais desempenhavam um papel central. A mudança de paradigma nessa matéria deve especial tributo à sistematização de Ronald Dworkin. Sua elaboração acerca dos diferentes papéis desempenhados por regras e princípios ganhou curso universal e passou a constituir o conhecimento convencional da matéria". BARROSO, Luís Roberto. *Op. cit.,* p. 30.

A par da inquestionável riqueza do assunto em tela, além dos diversos viéses que poderiam ser perscrutados no presente trabalho, basta salientar, mais uma vez, o cunho deôntico-impositivo dos princípios, sendo caracterizados como modalidades de normas jurídicas, bem como a insuficiência do modelo positivista fechado de regras[(109)]. Significa dizer, em outras palavras, como inclusive já salientado em momento anterior, que tal preceito constitucional não reflete apenas e tão somente uma declaração de cunho ético ou moral, despida da possibilidade de produzir efeitos práticos ou regular condutas, pois dotada, repita-se mais uma vez, de cunho deôntico e eficácia jurídica positiva, apta, portanto, a operar transformações no mundo dos fatos.

5. Da projeção coletiva da dignidade da pessoa humana: densificação dos interesses coletivos em sentido *lato* e do solidarismo

Malgrado o reconhecimento da dimensão ontológica da dignidade da pessoa construída a partir da noção de autonomia da vontade do ser humano, ainda hoje bastante presente, como já demonstrado anteriormente, o surgimento de novas categorias de direitos fundamentais a serem protegidos pela ordem jurídica, caracterizados pela sua natureza coletiva, acabam por expressar novas facetas ou novas esferas de projeção (e proteção) à dignidade humana.

A própria forma como restou positivado constitucionalmente o princípio da dignidade da pessoa como fundamento da República e do Estado Democrático de Direito (art. 1º, III) deixa antever a existência de uma projeção desse princípio que ultrapassa os limites da individualidade.

Acerca dessa projeção comunitária ou social do princípio da dignidade da pessoa humana, não há como deixar de transcrever o seguinte trecho da doutrina pátria, *verbis:*

> Por outro lado, pelo fato de a dignidade da pessoa encontrar-se ligada à condição humana de cada indivíduo, não há como descartar uma necessária dimensão comunitária (ou social) desta mesma dignidade de cada pessoa e de todas as pessoas, justamente por serem todos iguais em dignidade de direitos (na iluminada fórmula da Declaração Universal de 1948) e pela circunstância de nesta condição conviverem em determinada comunidade ou grupo. O próprio Kant — ao menos assim nos parece — sempre afirmou (ou pelo menos sugeriu) o caráter intersubjetivo e relacional da dignidade da pessoa humana, sublinhando inclusive a existência de um dever de respeito no âmbito da comunidade dos seres humanos... Pois se o sujeito é um fim em si mesmo, os seus fins têm de

(109) Ronald Dworkin afirma que os positivistas, ao ignorarem a existência de princípios no direito, reduzindo-o a um modelo fechado de regras, acabam por tratá-lo "como se fosse um jogo de beisebol". In: *Levando os direitos a sério.* São Paulo: Martins Fontes, 2002. p. 93.

ser quanto mais possível os meus, para aquela ideia poder exercer em mim toda a sua eficácia[110].

Dessa maneira, a concepção de dignidade intersubjetiva complementa a noção kantiana clássica vinculada à individualidade. Representa também a noção de igualdade material retratada no necessário reconhecimento da dignidade de cada indivíduo e ao mesmo tempo de todas as pessoas de uma coletividade, sendo tal dimensão exsurgida ou iluminada pela Declaração Universal de 1948 e consubstanciada em um dever geral de zelo à pessoa humana.

Assume relevo, também, o posicionamento da doutrina de *Pérez Luno*, ratificando a existência de uma projeção intersubjetiva (social ou coletiva) do princípio da dignidade da pessoa, partindo-se da constatação óbvia da condição gregária do ser humano, em vez de se restringir apenas à esfera individual[111]. "A dignidade mostra-se numa postura de vida e numa compostura na convivência"[112].

Importante reconhecer, repita-se, além da concepção clássica kantiana ontológica de dignidade da pessoa ainda ressoando forte na doutrina, malgrado ser objeto também de críticas, a projeção social ou coletiva desta como valor inerente a todos os seres humanos, consubstanciando um dever geral de respeito à pessoa singular e à comunidade indiscriminada[113] dos seres humanos, "podendo ser traduzida num feixe de direitos e deveres correlacionados, de natureza não meramente instrumental, também relacionados com um universo de bens imateriais necessários e até indispensáveis ao "florescimento humano"[114]. Em suma, seja a dimensão ontológica ou coletiva, a proteção da dignidade implica uma obrigação geral de respeito pela pessoa.

---

(110) SARLET, Ingo Wolfgang. *Dignidade da pessoa humana e direitos fundamentais.* 3. ed. rev., atual. e ampl. Porto Alegre: Livraria do Advogado, 2004. p. 52. No mesmo sentido, SARLET, Ingo Wolfgang. As dimensões da dignidade da pessoa humana: construindo uma compreensão jurídico-constitucional necessária e possível. In: SARLET, Ingo Wolfgang (Org.). *Dimensões da dignidade. Ensaios de filosofia do direito e direito constitucional.* Porto Alegre: Livraria do Advogado, 2005. p. 23.

(111) LUNO, Antonio Enrique Pérez. *Derechos humanos, estado de derecho y constitución.* 5. ed. Madri: Tecnos, 1995. p. 318.

(112) ROCHA, Carmem Lúcia Antunes. Vida digna: direito, ética e ciência (os novos domínios científicos e seus reflexos jurídicos). In: ROCHA, Carmem Lúcia Antunes (Org.). *O direito à vida digna.* Belo Horizonte: Fórum, 2004. p. 31. No mesmo sentido parece caminhar GOSDAL, Thereza Cristina: "... A proposta anteriormente avençada é interessante porque evidencia que a dignidade não tem apenas uma dimensão individual, devendo-se considerar a pluralidade de indivíduos e sociedades na sua análise". *Dignidade do trabalhador.* Um conceito construído sob o paradigma do trabalho decente e da honra. São Paulo: LTr, 2007. p. 97.

(113) No mesmo sentido manifesta-se Giselda Maria F. Novaes Hironaka: "A defesa da pessoa humana passou a ser o centro de atenção de um novo direito, cujos primados da dignidade e da cidadania, elevados ao nível constitucional, exigem o desvio da atenção, antes focada no indivíduo isoladamente considerado, para uma preocupação perene com a efetivação dos direitos fundamentais de todos os homens, coletiva e solidariamente considerados". In: *Responsabilidade pressuposta.* Belo Horizonte:Del Rey, 2005. p. 116.

(114) LOUREIRO, João Carlos Gonçalves. O direito à identidade genética do ser humano. In: *Boletim da Faculdade de Direito da Universidade de Coimbra,* p. 281, 2000.

No que pertine ao sistema jurídico pátrio, há pelo menos dois eixos que corroboram a chamada projeção coletiva ou social da dignidade da pessoa humana.

O primeiro refere-se ao reconhecimento positivado de interesses ou direitos que ultrapassam a esfera da individualidade. São os chamados interesses/direitos coletivos em sentido *lato*[(115)] (difusos, coletivos em sentido estrito e individuais homogêneos — art. 81, Lei n. 8.078/1990).

O segundo, também assentado na Carta Maior como um dos objetivos da República Federativa do Brasil (art. 3º, I), diz acerca da construção de uma sociedade "livre, justa e solidária". Também nesse mesmo dispositivo legal (no inciso III) entabularam-se outras finalidades a serem atingidas, quais sejam a erradicação da pobreza e da marginalização social e a redução das desigualdades sociais e regionais. Esses dispositivos refletem a ratificação do paradigma do solidarismo[(116)], reconhecendo a importância e a necessidade de proteção da coexistência entre os homens.

O reconhecimento desse viés coletivo da dignidade, densificado pela admissão legal da existência de interesses coletivos em sentido *lato* e o princípio do solidarismo, como visto, tem como reflexo natural a possibilidade de tal projeção ser violada por intermédio de dano extrapatrimonial, consoante será apresentado em momento posterior.

Os fenômenos da coletivização da responsabilidade civil[(117)], bem como a impossibilidade de "aferição de culpa entre uma vasta categoria de pessoas"[(118)], característica irrefragável de uma sociedade de massas, acaba por provocar a necessidade de se proteger também a projeção social da dignidade da pessoa humana, ora alcunhada de projeção coletiva ou social, "relativa ao homem em suas relações ou inserido em uma unidade social"[(119)].

6. Dano moral como lesão ao direito fundamental da dignidade. Dos institutos da responsabilidade civil e dano moral coletivo insertos nessa moderna leitura

Como salientado anteriormente, a transposição das normas do Direito Civil para os textos constitucionais, e a consequente implosão da divisão entre direito público e privado, acarretaram uma série de consequências jurídicas; certamente a maior delas refere-se à alteração dos limites de proteção antes oferecidos pelo direito clássico da codificação civil para o resguardo, garantido pelo Texto Maior, da dignidade da pessoa humana, alçada à condição de fundamento maior da República Federativa brasileira.

---

(115) Tais modalidades de direitos serão apreciadas em momento posterior.

(116) Que será melhor apreciado em outra ocasião.

(117) VIEIRA, Patrícia Ribeiro Serra. *A responsabilidade civil objetiva no direito de danos.* Rio de Janeiro: Forense, 2005. p. 3.

(118) *Idem.*

(119) MORAES, Guilherme Braga Pena de. *Op. cit.*, p. 91.

Conforme também já ressaltado, enquanto a concepção da tutela das relações privadas dos códigos conferia suma importância à tutela da autonomia privada e às relações patrimoniais[120], a concepção hodierna atrai a prevalência das situações jurídicas extrapatrimoniais, pois à pessoa humana (vertente individual e coletiva) a ordem jurídica confere proteção prioritária.

A explicação pode ficar mais simples: a perspectiva de defesa patrimonialista tradicional cede lugar à proteção prioritária existencial humana, cuja bitola está assentada no princípio da dignidade da pessoa.

E mais.

A elevação do princípio da dignidade da pessoa humana como norma raiz da totalidade da ordem jurídica acabou por gerar uma verdadeira expansão qualitativa de novos direitos, na medida em que esses, sobretudo os de natureza existencial e coletiva, passaram a ser protegidos pelos tribunais pátrios, "consubstanciando-se a sua violação em novos danos ressarcíveis"[121].

Resumindo mais ainda: quando houver violação à projeção individual da dignidade da pessoa humana, tem-se dano moral individual; por consequência, quando se tratar de violação da projeção coletiva desse princípio, tem-se dano moral coletivo.

Como reflexo desse novo paradigma, conducente à proteção ampla do ser humano, é necessário, desde logo, afastar vetusta concepção vinculadora do dano moral ou extrapatrimonial[122] à esfera subjetiva da dor, sofrimento e emoção, pois tais aspectos são eventuais consequências[123] da violação perpetrada. "Se a violação à situação jurídica subjetiva extrapatrimonial acarreta ou não sentimento ruim, não é coisa que o Direito possa ou deva averiguar"[124].

Portanto, os elementos sensoriais "dor", "aflição", "angústia", "espanto", "vergonha", e tantos outros citados pela doutrina como causadores do dano moral, na verdade, são eventuais consequências desse dano extrapatrimonial.

Aliás, se a concepção de dano extrapatrimonial estivesse apenas e tão somente vinculada à ideia subjetiva de dor e sofrimento, não se poderia aceitar a incidência dessa modalidade de dano à pessoa jurídica (violação objetiva do direito ao nome,

---

(120) Basta trazer à baila a antiga redação do art. 524 do revogado Código Civil brasileiro: "A lei assegura ao proprietário o direito de usar, gozar e dispor de seus bens".

(121) PAMPLONA FILHO, Rodolfo. A torre de babel das novas adjetivações do dano. *Revista LTr,* São Paulo: LTr, n. 05, vol. 78, p. 555, maio de 2014.

(122) Mais à frente serão firmadas as devidas distinções, bem como apresentadas correntes doutrinárias sobre tal questão.

(123) "Dor, vexame, sofrimento e humilhação são consequência, e não causa. Assim como a febre é o efeito de uma agressão orgânica, dor, vexame e sofrimento só poderão ser considerados dano moral quando tiverem por causa uma agressão à dignidade de alguém". CAVALIERI FILHO, Sérgio. *Programa de responsabilidade civil.* 7. ed. São Paulo: Atlas, 2007. p. 80.

(124) MORAES, Maria Celina Bodin de. *Danos à pessoa humana:* uma leitura civil-constitucional dos danos morais. Rio de Janeiro: Renovar, 2003. p. 131.

consideração e reputação social), está admissível em diversos ordenamentos jurídicos estrangeiros, bem como, hoje, de forma pacífica, também no Direito brasileiro. Basta ver a redação da Súmula n. 227 do Superior Tribunal de Justiça: "A pessoa jurídica pode sofrer dano moral". Recorde-se, ainda, que o art. 52 do Código Civil estabelece a incidência, no que couber, da "proteção dos direitos da personalidade" às pessoas jurídicas.

Na verdade, o dano moral ou extrapatrimonial, à luz dos paradigmas apresentados anteriormente, densificados pela Carta Maior de 1988, consubstancia-se na violação do direito fundamental da dignidade da pessoa humana(125), vertente individual ou coletiva. A doutrina corrobora tal manifestação, senão vejamos:

> Recentemente, afirmou-se que o "dano moral, à luz da Constituição vigente, nada mais é do que a violação do direito à dignidade". Se não está de acordo, todavia, com a criação de um "direito subjetivo à dignidade", é efetivamente o princípio da dignidade humana, princípio fundante de nosso Estado Democrático de Direito, que institui e encima, como foi visto, a cláusula geral de tutela da personalidade humana, *segundo a qual as situações jurídicas subjetivas não patrimoniais merecem proteção especial no ordenamento nacional,* seja através da prevenção, seja mediante reparação, a mais ampla possível, dos danos a elas causados. A reparação do dano moral transforma-se, então, *na contrapartida do princípio da dignidade: é o reverso da medalha.*(126)

A jurisprudência recente do Tribunal Superior do Trabalho também vem acompanhando esse posicionamento, vejamos:

> CONDIÇÕES DEGRADANTES DE TRABALHO — DESCUMPRIMENTO DAS REGRAS MÍNINAS DE HIGIENE — LESÃO AO PRINCÍPIO DA DIGNIDADE HUMANA — INDENIZAÇÃO POR DANO MORAL. O entendimento acerca do dano moral tem passado por evolução epistemológica, deixando-se a perspectiva patrimonialista tradicional para uma acepção existencial na qual a medida de compreensão passa a ser a dignidade da pessoa humana. Nas palavras de Maria Celina Bodin de Moraes, "a reparação do dano moral constitui-se na contrapartida do princípio da dignidade humana: é o reverso da medalha". Na hipótese dos autos, a Corte regional atestou que havia instalações físicas precárias no local de trabalho do autor. O estabelecimento de meio ambiente de trabalho saudável é condição necessária ao tratamento digno do trabalhador. Dessa forma, constatada a violação ao princípio da dignidade humana do trabalhador, o direito à reparação dos danos morais é a sua consequência(127).

O dano moral, portanto, representa a injusta violação de "uma situação jurídica subjetiva"(128), extrapatrimonial, densificada por intermédio do princípio fundante e

(125) Neste sentido, dentre tantos, CAVALIERI FILHO, Sérgio. *Op. cit.*, p. 131.

(126) MORAES, Maria Celina Bodin de. *Danos à pessoa humana...*, p. 131-132. (Os grifos não estão no original)

(127) AIRR 2506-90.2012.5.06.0371. Tribunal Superior do Trabalho. 7ª Turma. Rel. Min. Luiz Philippe Vieira de Mello Filho. DEJT 20.2.2015.

(128) MORAES, Maria Celina Bodin de. *Danos à pessoa humana...*, p. 131.

reitor do ordenamento jurídico brasileiro, qual seja a dignidade da pessoa humana, que, por sua vez, instrumentaliza cláusula geral de tutela da personalidade humana.

Portanto, quando se fala de dano moral se está necessariamente afirmando a violação de direito fundamental voltado à proteção de um valor de respeito à existência humana, indispensável à realização pessoal e a busca da felicidade comum a todos os seres humanos.

Nessa mesma toada, o dano moral coletivo nas relações de trabalho será a violação desse mesmo direito fundamental, agora com uma inegável projeção sobre valores coletivos havidos nesse liame laboral.

Deixa-se assentado desde logo, como o faz também a correta doutrina de *Mauro Schiavi*, que não pode admitir como correta a expressão "dano moral coletivo trabalhista", pois, na verdade, trata-se "dano moral coletivo que decorre de uma relação de trabalho"[(129)].

Tais conceitos e novos paradigmas causam reflexos diretos nos institutos da reparação civil e dano moral coletivo (referencial teórico principal do presente trabalho), conforme será apresentado ao longo dos próximos capítulos.

---

(129) SCHIAVI, Mauro. Aspectos polêmicos e atuais do dano moral coletivo decorrente da relação de trabalho. *Revista LTr*, São Paulo: LTr, n. 07, vol. 72, p. 783-4, jun. 2008.

Capítulo 2

A RESPONSABILIDADE CIVIL. LEITURA CONSTITUCIONAL. RECONSTRUÇÃO

1. Aspectos introdutórios

A regra do respeito aos direitos alheios, preceito romano do *neminem laedere*[130], é, desde priscas eras, condição fundamental para o equilíbrio e o desenvolvimento da vida social. Significa a necessidade de se agir em consonância com a ordem legal, bem como, de outra banda, aponta os malfazejos resultados dos prejuízos ou danos injustos causados à esfera de interesses individuais ou da própria sociedade nas searas patrimonial ou extrapatrimonial. Tal preceito corresponde ao dever genérico de conduta voltado a não lesar ninguém e a não contrariar direito alheio.

Em suma, o fundamento da responsabilidade civil está assentado no livre arbítrio de homens que possuem a autonomia para escolher caminhos a serem trilhados. Entre as opções escolhidas há inúmeros inconvenientes geradores de lesões aos seus semelhantes. A partir dessa premissa advém o princípio geral da proibição de se prejudicar o outro — *neminem laedere*[131].

Afirma-se, inicialmente, a dificuldade em precisar[132] o duradouro e tortuoso caminho[133] percorrido pelo instituto da responsabilidade civil ao longo da história, desde a era primitiva, passando pelas bases estabelecidas entre as "modalidades e/ou

(130) "O preceito romano *neminem laedere* ingressou na Idade Média pela via canônica. Toda violação de direitos era considerada pecado, e a salvação das almas era o objetivo precípuo da Igreja Católica, sendo suas as tarefas tanto de evitar-lhe a ocorrência quanto de examinar se malévolas as intenções do pecador." MORAES, Maria Celina Bodin de. *Danos à pessoa humana...*, p. 203.

(131) No mesmo sentido DALLEGRAVE NETO, José Afonso. *Responsabilidade civil no direito do trabalho.* 5. ed. São Paulo: LTr, 2015. p. 93.

(132) Como assim também reconheceu PEREIRA, Caio Mario da Silva. *Responsabilidade civil.* 7. ed. Rio de Janeiro: Forense, 1996. p. 1.

(133) HIRONAKA, Giselda Maria Fernandes Novaes, em obra de consulta obrigatória, faz completo apanhado acerca da origem histórica e ética do termo "responsabilidade". In: *Responsabilidade pressuposta.* Belo Horizonte: Del Rey, 2005. p. 76-86.

graus de culpa"[134] da *Lex Aquilia*, até a concepção moderna, construída no final do século XIX, da chamada responsabilidade sem culpa[135].

A responsabilidade civil constitui-se num dos institutos mais importantes do direito na atualidade[136], principalmente levando-se em consideração a nova roupagem adquirida[137] após a edição do Código Civil de 2002, conforme será apresentado no momento oportuno.

Esse instituto, que não possui definição legal[138], pode ser conceituado doutrinariamente como a obrigação "que tem uma pessoa de reparar o prejuízo causado a outra, por fato próprio, ou por fato de pessoas ou coisas que dela dependam"[139]. Claro que a reparação, na sistemática moderna, deverá ser posterior à tentativa de prevenção[140], caso esta modalidade não seja viável. Em outras palavras, primeiro busca-se a prevenção; caso esta não seja possível, então terá lugar a reparação. Aliás, pode-se afirmar a prevalência atualmente do valor prevenção sobre a mera reparação pecuniária.

A reparação civil possui, pelo menos, três atribuições, construídas pela jurisprudência[141] e cuja sistematização vem sendo levada a cabo pela doutrina. Vejamos.

Na primeira função (reparatória do dano à vítima) encontra-se o objetivo básico e finalidade da reparação civil: retornar as coisas ao *status quo ante*, obrigando-se

---

(134) VIEIRA, Patrícia Ribeiro Serra. *A responsabilidade civil objetiva no direito de danos.* Rio de Janeiro: Forense, 2005. p. 11.

(135) *Vide* escorço histórico em SILVA, Wilson Melo da. *Responsabilidade sem culpa.* 2. ed. São Paulo: Saraiva, 1974.

(136) Basta dizer que a grande maioria das questões levadas ao Judiciário toca, direta ou indiretamente, na responsabilidade civil, "seja pela violação de deveres contratuais, seja por descumprimento a regras gerais de conduta". In: GAGLIANO, Pablo Stolze; PAMPLONA FILHO, Rodolfo. *Novo curso de direito civil:* responsabilidade civil. 4. ed. São Paulo: Saraiva, 2006. v. 3, p. 22.

(137) Um dos elementos dessa nova roupagem é justamente a previsão da responsabilidade objetiva no texto do Código Civil, parágrafo único do art. 927: "Haverá obrigação de reparar o dano, independentemente de culpa, nos casos especificados em lei, ou quando a atividade normalmente desenvolvida pelo autor do dano implicar, por sua natureza, riscos para os direitos de outrem".

(138) "Muito debatido, entre as questões da técnica legislativa, é o valor das definições. Quando uma lei dita definições para termos utilizados na mesma lei, ou em outras fontes, pergunta-se se a definição é, como as outras normas, vinculante para o intérprete. O ensino tradicional contestava, com poucas exceções, que o legislador pudesse inserir definições de qualquer tipo nos textos de lei, admitindo que da sua esfera de competência fosse subtraída a atividade de interpretação e de sistematização do direito, reservada exclusivamente à doutrina. As definições em tal perspectiva, ou são supérfluas, ou podem levar a um engano, e, se em contraste com a disciplina estabelecida pelas normas propriamente ditas, não devem ser observadas porque não vinculantes para o intérprete." PERLINGIERI, Pietro. *Perfis do direito civil:* introdução ao direito civil constitucional. Trad. Maria Cristina De Cicco. 3. ed. Rio de Janeiro: Renovar, 2002. p. 28.

(139) RODRIGUES, Silvio. *Responsabilidade civil.* 19. ed., v. 4. São Paulo: Saraiva, 2003. p. 6. No mesmo sentido: SANTOS, Enoque Ribeiro dos. *Responsabilidade objetiva e subjetiva do empregador em face do novo Código Civil.* São Paulo: LTr, 2007. p. 21.

(140) Acerca da tutela jurisdicional preventiva, *vide*, dentre outras, a obra insuperável de MARINONI, Luiz Guilherme. *Tutela inibitória:* individual e coletiva. 2. ed. São Paulo: Revista dos Tribunais, 2000.

(141) MORAES, Maria Celina Bodin de. *Danos à pessoa humana...*, p. 24.

o agente causador do dano a repará-lo na exata medida da lesão proporcionada ao bem tutelado. Regramento singelamente disposto no art. 927 do Código Civil ("Aquele que, por ato ilícito, causar dano a outrem, fica obrigado a repará-lo"). Essa modalidade volta-se ao dano material.

Na segunda função (compensatória) busca-se entregar à vítima do dano um valor substitutivo, em razão da dificuldade ou impossibilidade de se retornar ao estado anterior a causação da lesão. O arbitramento do valor compensatório tem a finalidade de confortar a vítima, visando a mitigação ou minoração do dano causado. Verdadeiramente, trata-se de um bem para compensar o mal. Usualmente aplicado para indenizar dano de direito extrapatrimonial, sem equivalência patrimonial imediata, exatamente como é o dano moral coletivo em estudo.

A terceira (função punitiva) vem ganhando cada vez mais corpo na jurisprudência pátria. Essa merece um pouco mais de atenção, pois possui relação direta com o instituto do dano moral coletivo, senão vejamos.

1.1. *Função punitiva* (punitive damages)

A função punitiva tem origem remota na vingança privada, mais conhecida coloquialmente como o "fazer justiça com as próprias mãos".

A disseminação do pensamento cristão acabou por enfraquecer tal modalidade punitiva. A religião não admitia os pesados flagelos aplicados naquele momento histórico.

Essa forma de reparação ganhou força novamente como instrumento de responsabilidade civil no direito anglo-saxão, no século XIII, depois sendo espraiado com bastante vigor para o território norte americano(142). Aliás, até hoje a vinculação do instituto da responsabilidade civil como verdadeira punição ao agente causador está indelevelmente assentado como prática corriqueira nessa região.

Como dito, essa modalidade tem ampla profusão no direito estadunidense, funcionando para punir os mais variados ilícitos civis, indo muito além dos danos extrapatrimoniais, servindo como importante fator punitivo, dissuasório e pedagógico para o infrator e para os membros da sociedade.

Vale registrar que a função punitiva não repara ou muito menos compensa. Visa a imediata punição do agressor, bem como tem a finalidade também de servir como fator (mediato) de desestímulo e pedagógico à reincidência da prática do ato lesivo (fator dissuasório e pedagógico).

Portanto, ao contrário da reparação e compensação que leva em consideração a figura da vítima e elementos componentes do dano e sua extensão, a função punitiva também considera diretamente características do agressor, como capacidade econômica, força dissuasória, além da capacidade dessa indenização ter efeito pedagógico

(142) Cf. esse histórico com mais vagar em LOURENÇO, Paula Meira. *A função punitiva da responsabilidade civil.* Coimbra: Coimbra Editora, 2006.

e corretivo. Em suma, passa-se a considerar também as características do agressor (como capacidade econômica, por exemplo) visando a modulação dessa punição e do citado caráter pedagógico.

A função punitiva tem estreita ligação com a tutela inibitória do direito processual, pois ambas visam a evitar que o infrator cometa novamente o ilícito, além de dirigir mensagem direta à sociedade sobre a imputação de punição a todos os que praticarem ilícitos civis similares, tal como ocorre, de maneira aproximada, com o ilícito penal.

O arcabouço constitucional brasileiro acolhe plenamente essa modalidade de responsabilidade, assim como abraça, da mesma maneira, a tutela inibitória.

Acerca da proximidade da doutrina da *punitive damages* com a tutela inibitória, vale a citação de trecho doutrinário, *verbis:*

> Com isso se reprime e se previne a violação do ordenamento jurídico e se promove a paz social, privilegiando a integridade do direito (tal como ocorre na tutela inibitória), em sua missão de proteger o ilícito e de reprimir o ilícito, porque 'onde há ilícito não há direito; onde há direito não há ilícito'. A sua natureza é inibitória, portanto, prevenindo que o infrator reincida na prática do ato lesivo e sinalizando para os demais indivíduos da sociedade que o ato ilícito é repudiado pelo direito e não será tolerada a sua prática.[143]

Enfim, como já mencionado anteriormente, mostra-se importante abraçar a ideia de que a responsabilidade civil deve ter por objetivo, em determinadas situações, alcançar além da mera reparação ou compensação do dano, mas também servir para prevenir a reincidência do ilícito, além de funcionar como importante fator dissuasório e de cunho educativo para o causador do dano e, pela via indireta, "a própria sociedade, restabelecendo-se o equilíbrio e a segurança desejada pelo Direito".[144]

Conforme será apresentado oportunamente, em sede de dano extrapatrimonial, singular ou coletivo, prevalecerá a função punitiva e aquela de cunho socioeducativo.

Aliás, o Tribunal Superior do Trabalho vem vinculando cada vez mais o instituto do dano moral coletivo com a função punitiva. Vejamos:

> Assim, ficando evidenciado o dano moral coletivo, resta devida a indenização punitiva pela lesão aos interesses metaindividuais mencionados. 6.2. Quanto ao quantum indenizatório, o propósito da indenização por dano moral coletivo não é apenas de compensar o eventual dano sofrido pela coletividade, mas também de punir o infrator (*punitive damages*) de forma a desencorajá-lo a agir de modo similar no futuro, servindo, inclusive, como exemplo a outros potenciais causadores do mesmo tipo de dano, daí porque, na hipótese dos autos, a condenação arbitrada em R$ 500.000,00 (quinhentos mil reais) se mostra justa e proporcional, especialmente se levarmos em consideração que os ofensores são

(143) CUNHA, Eduardo Maia Tenório da. Responsabilidade civil trabalhista e a doutrina dos *punitive damages* na justiça do direito brasileiro. *Revista LTr,* São Paulo: LTr, n. 05, vol. 78, p. 547, maio 20014.

(144) GAGLIANO, Pablo Stolze; PAMPLONA FILHO, Rodolfo. *Op. cit.,* p. 21.

entidades integrantes da Administração Pública Indireta, os quais deveriam dar o exemplo no cumprimento e respeito à legislação vigente, sobretudo aos dispositivos e princípios da Constituição Federal. Precedente. Recurso de revista não conhecido.[(145)]

2. Linhas básicas da teoria da responsabilidade civil

Compõem os pressupostos basilares da responsabilidade civil a conduta comissiva ou omissiva do agente, a antijuridicidade, a existência de dano material ou extrapatrimonial e o nexo causal (ponte) entre este e o primeiro elemento apontado.

O qualificativo "antijurídico" é empregado em sentido *lato,* abarcando não somente a ilicitude (contrariedade à lei), mas também a possibilidade de acontecer dano injusto ao lesado, ainda que a ação ou omissão guardem consonância com o ordenamento jurídico, isto é, não seja ilícito.

A redação do art. 187[(146)] do Código Civil de 2002 altera a concepção de ato ilícito, aproximando-o da ideia de antijuridicidade já apresentada, isto é, a ilicitude não se prende somente à violação da lei, abarcando também a hipótese de o titular de um direito, ao exercê-lo, exceder manifestamente os limites impostos "pelo seu fim econômico ou social, pela boa-fé ou pelos bons costumes". Operou-se, portanto, importante mudança na teoria da responsabilidade civil, "verdadeiro giro conceitual do ato ilícito para o dano injusto"[(147)].

A principal consequência do citado "giro conceitual" está na possibilidade de o dano (injusto[(148)]), na esfera patrimonial ou extrapatrimonial, praticado com abuso ou exercício irregular do direito, com aparência inicial de conformação com a lei, merecer a devida tempestiva inibição (tutela inibitória), ou, se for o caso, a reparação (tutela reparatória).

Ao se reconhecer a pessoa humana "na cimeira do sistema jurídico"[(149)], nada mais óbvio do que se reforçar o fundamento geral da responsabilidade civil voltado à proteção da vítima, sofredora de um dano imerecido, decorrente de uma conduta antijurídica ou ilícita no sentido lato[(150)], não importando, destarte, a configuração ou não do elemento subjetivo (intenção ou culpa) da conduta do ofensor.

---

(145) Tribunal Superior do Trabalho. 2ª Turma. ARR 32200-52.2012.5.13.0002. Relª. Minª. Delaíde Miranda Arantes. DEJT 16.2.2018.

(146) "Art. 187. Também comete ato ilícito o titular de um direito que, ao exercê-lo, excede manifestamente os limites impostos pelo seu fim econômico ou social, pela boa-fé ou pelos bons costumes."

(147) GOMES, Orlando. Tendências modernas na teoria da responsabilidade civil. In: *Estudos em homenagem ao Professor Silvio Rodrigues.* São Paulo: Saraiva, 1980. p. 293.

(148) Lembra Maria Celina Bodin Moraes de que a expressão dano injusto provém da "doutrina italiana da responsabilidade civil". É o que o art. 2.043 do Código Civil italiano de 1942 estabelece: "art. 2.043. *Qualunque fatto doloso o colposo, che cagiona altri um danno ingiusto, obbliga colui che há commesso Il fatto a risarcire Il danno". Danos à pessoa humana...,* p. 177.

(149) MORAES, Maria Celina Bodin de. *Danos à pessoa humana...,* p. 179.

(150) Sérgio Cavalieri Filho optou por firmar distinção conceitual entre o que alcunhou de "ato ilícito em sentido restrito" e em "sentido amplo", este abrangendo a "ilicitude configuradora do abuso de direito". In: *Programa de responsabilidade civil.* 7. ed. São Paulo: Atlas, 2007. p. 11.

3. Responsabilidade civil com culpa (responsabilidade subjetiva)

A culpa foi incorporada à responsabilidade extracontratual (ou aquiliana) pela *Lex Aquilia* do Direito Romano, "como pressuposto fundamental para a reparação do dano, conforme o preceito *in lege aquilia et levíssima culpa* venit"[151]. Nesse primeiro momento a expressão culpa era utilizada em sentido amplo, abrangendo dolo e a culpa em sentido estrito.

A conduta dolosa tem relação com a consciência do resultado danoso visado. Nesta hipótese, portanto, o agente tem consciência do resultado lesivo e efetivamente o deseja.

A culpa em sentido estrito representa erro de conduta praticado pelo indivíduo que, agindo contra o direito, provoca dano na esfera jurídica de outrem, "sem intenção de prejudicar, e sem a consciência de que seu comportamento poderia causá-lo"[152]. A conduta culposa[153] decorre da inobservância de um dever genérico de diligência a todos imposto[154].

O Código Civil de 1916 adotava como regra geral à obrigação de reparação do dano (art. 159) a necessidade da presença do elemento subjetivo (dolo ou culpa) na conduta lesiva do agente, repercutindo meramente a regra geral do Código Civil Napoleônico.

Esse regime jurídico, cujas bases foram vinculadas ao elemento subjetivo (dolo ou culpa em sentido estrito), foi disseminado a partir de concepções restritivas e individualistas[155], inadmissíveis nos padrões societários solidarísticos atuais.

Essa teoria subjetiva da culpa foi criada e aceita de maneira inconteste até meados do século XIX, em que prevalecia o liberalismo, e a consequente ficção da igualdade formal de todos os seres humanos.

As demandas advindas do advento do Estado Social, do início do século XX, acabou por alterar a visão doutrinária e jurisprudencial da prevalência da exigência do elemento subjetivo da culpa na responsabilidade civil. Esta modalidade tornou-se inquestionavelmente insuficiente para dar conta desses novos desafios.

---

(151) GIORDANI, José Acir Lessa. *A responsabilidade civil objetiva genérica.* 2. ed. Rio de Janeiro: Lumen Juris, 2007. p. 16.

(152) PEREIRA, Caio Mario da Silva. *Op. cit.*, p. 69.

(153) Acerca dos elementos e espécie de culpa *vide* GIORDANI, José Acir Lessa. *Op. cit.*, p. 17-29.

(154) Nesse sentido diversos doutrinadores, dentre tantos: STOCO, Rui. *Tratado de responsabilidade civil.* São Paulo: Revista dos Tribunais, 2001. p. 97; VARELA, João de Matos Antunes. *Das obrigações em geral.* v. 1, 2. ed. Coimbra: Almedina, 2008. p. 449.

(155) "Históricamente, los regímenes de responsabilidad civil, han sido disenados, a partir de concepciones individualistas, como sistemas restrictivos, que colocaban un serie de obstáculos a los damnificados, impidiendo un fluido acceso a la solución resarcitoria." In: STIGLITZ, Gabriel A. Dano moral individual e colectivo: médio ambiente, consumidor y danosidad colectiva. *Revista de Direito do Consumidor,* São Paulo: Revista dos Tribunais, n. 19, p. 69, jul./set. 1996.

Daí o surgimento, aos poucos, de outra modalidade de responsabilidade civil, esta chamada de objetiva porque prescinde do elemento subjetivo culpa, consoante será brevemente demonstrado no próximo item.

4. Responsabilidade civil sem culpa (responsabilidade objetiva)

O advento da Revolução Industrial, culminando com período pós-guerras, apontou, em razão do desenvolvimento socioeconômico, a complexidade e abrangência de novas relações societárias surgidas, a multiplicação(156) de circunstâncias em que o dano aquiliano ficava à margem da possibilidade de ser reparado em razão da impossibilidade de demonstração de culpa do responsável.

O lesado, então, em muitas situações, por conta da impossibilidade de demonstrar a culpa do agente causador, ficava sem a devida reparação, restando comprovada a incompletude da teoria da culpa nesse novel *modus vivendi* social, especialmente no campo das relações contratuais, da prestação de serviços e das emergentes atividades de indústria e do comércio.

Além disso, o reforço da concepção de proteção preferencial à tutela jurídica da vítima, considerando o paradigma de proteção prioritária à dignidade da pessoa humana, bem como a maior importância conferida à cláusula da restituição integral (art. 944 do CCB) do dano, tanto material como moral, também ratificam a importância dessa nova concepção de responsabilidade civil.

A citada dificuldade da reparação decorrente da responsabilidade aquiliana, fulcrada na teoria da culpa, apontou a necessidade de formulação de um novo esteio, ao lado do elemento subjetivo, à responsabilidade civil: o fundamento baseado no risco.

A teoria do risco, justificadora da chamada responsabilidade objetiva(157), define que todo aquele praticante de determinada atividade cria "um risco de dano para terceiro e deve ser obrigado a repará-lo, ainda que a sua conduta se afaste da culpa"(158). Em outras palavras, a reparação da lesão, em determinados casos, passaria a exigir apenas e tão somente a constatação da existência do prejuízo (patrimonial ou extra-patrimonial) e o nexo com a conduta do agente, desvinculando-se do elemento subjetivo — dolo ou culpa em sentido estrito.

(156) VIEIRA, Patrícia Ribeiro Serra. *Op. cit.*, p. 67.

(157) "... o certo é que foram os franceses os divulgadores da teoria objetiva, devendo ao seu trabalho de sistematização o impulso tomado pela teoria de Salleiles e Josserand, vultos dos mais expressivos da ciência jurídica, foram os precursores da teoria do risco, nome com que se assentou na literatura francesa a ordem de ideias afins das defendidas pelos autores alemães. Não se pode negar a inspiração do positivismo penal em alguns partidários da doutrina do risco. Mas é preciso, desde logo, estabelecer que essa influência não foi tão grande quanto parece aos Mazeaud e a outros defensores da teoria da culpa, empenhados em atribuir à corrente objetivista uma tendência materialista que repugna, de imediato, ao espírito jurídico." DIAS, José de Aguiar. *Da responsabilidade civil.* 6. ed. Rio de Janeiro: Forense, 1995. p. 57.

(158) VIEIRA, Patrícia Ribeiro Serra. *Op. cit.*, p. 67.

Tal teoria desdobra-se em pelo menos quatro modalidades de teorias objetivas do risco: risco proveito, risco criado, risco integral ou administrativo e risco profissional ou simplesmente risco da atividade econômica(159).

No risco proveito defende-se a ideia singela de que todo aquele que tira proveito ou vantagem do fato gerador do dano fica obrigado ou concorre para repará-lo.

No risco criado a obrigação de indenizar está atrelada ao risco decorrente da atividade lícita, porém perigosa. Quem cria o perigo vincula-se ao dever de reparar o dano advindo dessa atividade. Exatamente o regramento do parágrafo único do art. 927 do Código Civil brasileiro, conforme será desenvolvido posteriormente.

No chamado risco integral ou administrativo (a modalidade mais radical) o agente suporta a obrigação de indenizar decorrente do dano, independentemente de culpa e sem aplicação das clássicas hipóteses de exclusão (conhecidas como excludentes) dessa responsabilidade, como a força maior e a culpa exclusiva da vítima. O fato danoso por si só impõe a reparação.

Por fim, a teoria do risco profissional ou da atividade econômica não se limita às atividades periculosas, estendendo-se a toda e qualquer atuação econômica, exatamente conforme previsto há várias décadas pela Consolidação das Leis do Trabalho, no art. 2º. Em suma, quem empreende, assume os riscos dessa empreitada. Essa teoria serviu como esteio ao desenvolvimento da teoria da responsabilidade objetiva.

Voltando à codificação civil de 1916, vale registrar ter sido fortemente influenciada pelo Direito Francês, adotando, como mencionado em momento anterior, o elemento volitivo (dolo ou culpa em sentido estrito) como fundamento(160) da responsabilidade civil (art. 159).

Já o Código Civil de 2002 afastou a orientação do diploma revogado e consagrou expressamente a teoria do risco, entabulando, ao lado da responsabilidade subjetiva, também a objetiva, conforme previsão expressa no parágrafo único do art. 927(161) (teoria do risco criado).

Nessa toada, ao lado da responsabilidade decorrente do ilícito civil vinculada à existência do elemento volitivo, poderá haver, em duas situações, a objetiva: nos casos especificados em lei, ou quando a atividade normalmente desenvolvida pelo agente, por sua natureza, representar riscos para o direito de outrem, prescindindo, repita-se, do elemento subjetivo, conforme disposto no parágrafo único do art. 927 do diploma civil.

---

(159) Neste mesmo sentido, DALLEGRAVE NETO, José Affonso. *Op. cit.*, p. 110.

(160) "O direito pátrio baseia na culpa a responsabilidade delitual. Nenhuma dúvida se pode ter, com a leitura do art. 159, do Código Civil, de que aceitou a teoria subjetivista." GOMES, Orlando. *Obrigações*. 8. ed. Rio de Janeiro: Forense, 1992. p. 344.

(161) Art. 927, parágrafo único: "Haverá obrigação de reparar o dano, independentemente de culpa, nos casos especificados em lei, ou quando a atividade normalmente desenvolvida pelo autor do dano implicar, por sua natureza, riscos para os direitos de outrem".

Vale ressaltar que, ainda muito antes da vigência do Código Civil de 2002, já havia a previsão, em diplomas esparsos, da responsabilidade de índole objetiva. Citem-se, dentre outras, leis sobre: Transporte Marítimo (Decreto-lei n. 116/1967); Mineração (Decreto-lei n. 277/1967; Aeronáutica (Lei n. 7.565/1986); Política Nacional do Meio Ambiente (Lei n. 6.938/1981); Constituição da República (§ 6º do art. 37, que dispõe acerca da responsabilidade objetiva dos entes públicos e prestadores de serviços públicos); Código de Defesa do Consumidor (Lei n. 8.078/1990); Lei Antitruste (Lei n. 8.884/1994).

Tais diplomas citados possuem a característica comum de protegerem partes, singular ou coletivamente consideradas, mais desfavorecidas ou até vulneráveis, que dificilmente seriam amparadas se houvesse a vinculação da obrigação de reparar com a comprovação da configuração da culpa em sentido *lato*.

A responsabilidade civil clássica, baseada na culpa em sentido *lato*, convive atualmente, e cada vez mais, com a modalidade objetiva, consoante panorama legislativo descrito anteriormente.

Absolutamente consentâneo com o desenvolvimento socioeconômico e a realidade de uma sociedade de massas, a consequente dificuldade exsurgida em diversas circunstâncias nas quais o dano ficava à margem da possibilidade de reparação em razão da impossibilidade da demonstração da culpa em sentido *lato* do agente causador, o avanço significativo da responsabilidade civil em seu fundamento objetivo. Sem contar também que tal modalidade representa mudança de paradigma em razão de ser priorizado enfoque voltado às consequências danosas verificadas na esfera jurídica da vítima, não importando o elemento volitivo do agente causador, priorizando-se, por consequência, "a proteção jurídica da pessoa humana, em particular aos trabalhadores e às vítimas de acidentes, contra a insegurança material, e a noção de que todo o dano deverá ter um responsável"(162).

Aliás, consoante será demonstrado com mais vagar em momento oportuno, o regime de responsabilidade fundada na culpa não se adapta à responsabilidade por danos havidos em "interesses difusos e coletivos"(163), exatamente conforme ocorre em relação ao dano moral coletivo, conforme será oportunamente apresentado.

A partir da necessidade de os chamados danos anônimos (cujos sujeitos são de difícil identificação) serem alcançados pela sistemática da responsabilidade objetiva para que as vítimas não ficassem desamparadas, ganhou corpo a concepção do solidarismo(164), a ser desenvolvida no item posterior.

---

(162) DINIZ, Maria Helena. *Curso de direito civil brasileiro:* responsabilidade civil. 4. ed. São Paulo: Saraiva, 1993. v. 7, p. 10.

(163) MANCUSO, Rodolfo de Camargo. *Ação civil pública:* em defesa do meio ambiente, do patrimônio cultural e dos consumidores. 9. ed. São Paulo: Revista dos Tribunais, 2004. p. 439.

(164) "A partir da necessidade de reparar os acidentes anônimos, pelos quais ninguém é culpado, cabia encontrar quem pudesse responder para que as vítimas não passassem a viver à míngua. Foi o início da transformação do Direito em solidariedade, e foi também o marco inicial do *Welfare State*." MORAES, Maria Celina Bodin de. *Danos à pessoa humana...*, p. 54.

5. Solidariedade e a promoção da pessoa humana

As atrocidades cometidas ao longo da Segunda Grande Guerra certamente deixaram muitas lições; talvez a maior delas tenha sido a compreensão da necessidade de pensar a humanidade como uma coletividade global, merecedora de elevada e destacada proteção jurídica.

Nesse novo cenário, conforme já apresentado ao longo deste trabalho, a vontade individual, como "suporte fático-jurídico das situações patrimoniais que importava regular"(165), cedeu espaço à proteção da pessoa humana e do valor da dignidade (e suas projeções) que lhe é intrínseco. A Carta Magna brasileira reconheceu expressamente essa mudança de paradigma (art. 1º, III), conforme já salientado anteriormente.

O texto constitucional também assentou como um dos objetivos da República Federativa do Brasil (art. 3º, I) a construção de uma sociedade "livre, justa e solidária". Também nesse mesmo dispositivo legal, agora no inciso III, entabularam-se outras finalidades a serem atingidas, quais sejam a erradicação da pobreza, da marginalização social e a redução das desigualdades sociais e regionais. Tais dispositivos legais refletem o reconhecimento legislativo pátrio desse novo paradigma mundial do solidarismo(166).

Importante destacar que o solidarismo "é suscetível de diversas interpretações"(167), inclusive pode significar solidariedade para fins estatais, funcionalizado à manutenção e à conservação dos Estados autoritários. Não é esse viés aqui tratado. Longe disso!

A solidariedade fática decorre do reconhecimento da impossibilidade da ausência de coexistência humana(168). Já a solidariedade como valor significa a consciência racional dos interesses em comum(169), interesses de índole individual e coletiva que implicam a densificação do preceito do medievo-romano do respeito aos direitos alheios *(neminem laedere)*.

Como afirmado anteriormente, do ponto de vista jurídico, a solidariedade foi expressamente albergada como princípio constitucional, portanto, dotado de força normativa, significando a proteção e a garantia de uma "existência digna, comum

---

(165) MORAES, Maria Celina Bodin de. *Danos à pessoa humana...*, p. 109.

(166) Acerca do tema, *vide*, com profundidade, MORAES, Maria Celina Bodin de. O princípio da solidariedade. In: PEIXINHO, Manoel Messias; GUERRA, Isabela Franco; NASCIMENTO FILHO, Firly (Orgs.). *Os princípios na Constituição de 1988*. Rio de Janeiro: Lumen Juris, 2001. p. 167-190. *Vide*, ainda, com grande profundidade, FARIAS, José Fernando de Castro. *Origem da solidariedade*. Rio de Janeiro: Renovar, 1998.

(167) PERLINGIERI, Pietro. *Op. cit.*, p. 36.

(168) Robinson Crusoé e a sua solidão numa ilha deserta é apenas e tão somente um mito.

(169) MORAES, Maria Celina Bodin de. *Danos à pessoa humana:* uma leitura civil-constitucional dos danos morais. Rio de Janeiro: Renovar, 2003. p. 111.

a todos, em uma sociedade que se desenvolva como livre e justa, sem exclusão dos marginalizados"[170].

Esse princípio, ou valor jurídico, não pode nem mesmo ser subsumido aos institutos jurídicos clássicos do direito[171], tais como faculdade, direito subjetivo[172], ônus ou poder-dever, por exemplo.

A missão do ordenamento jurídico é a proteção da pessoa, não apenas o indivíduo singular, mas a pessoa tomada em relação, inserida num dado contexto social[173], sendo possível uma pacífica vida comunitária entre os homens, regida por normas, inclusive a norma-princípio do solidarismo.

Nesse ambiente o dano, individual ou não, exsurge como uma forma de "atentado a toda a coletividade e não apenas à vítima, como consequência de um duplo fenômeno — de objetivação e coletivização da responsabilidade"[174].

O ser humano, e não o patrimônio, converte-se no centro de proteção do sistema jurídico, ratificando a relevância do princípio da dignidade da pessoa humana, desenvolvido anteriormente, inclusive em seu viés coletivo. O solidarismo jurídico supera o individualismo, valorizando a coexistência, e os valores exsurgidos dessa novel concepção.

Aliás, importante salientar, para finalizar a primeira parte do presente estudo, que não se pode negar tutela jurídica a qualquer dano extrapatrimonial provocado ao ser humano, consoante será melhor desenvolvido posteriormente, sob o vetusto argumento da impossibilidade de enquadrar tais situações como direitos, "ou no pressuposto de que elas não representariam interesses substanciais"[175]. Como frisado antes, a essa matéria não se pode aplicar o conceito clássico de direito subjetivo, "elaborado sobre a categoria do ter"[176]. Quando o objeto da tutela é o ser humano a perspectiva deve ser necessariamente outra, não se admite a distinção categorial entre "sujeito" e "objeto", pois a pessoa humana constitui-se, ao mesmo tempo, em "sujeito titular do direito e o ponto de referência objetivo da relação"[177].

---

(170) *Ibidem*, p. 114.

(171) MORAES, Maria Celina Bodin de. *Danos à pessoa humana...*, p. 116.

(172) Óbvio que desbordaria do presente firmar longa peroração acerca do instituto do direito subjetivo. Basta no presente salientar, como o fez Caio Mario da Silva Pereira, que este necessariamente "decompõe-se em três elementos fundamentais: sujeito, objeto e relação jurídica". In: *Instituições de direito civil.* 20. ed. Rio de Janeiro: Forense, 2004. v. 1, p. 39.

(173) FACHIN, Luiz Edson. *Estatuto jurídico do patrimônio mínimo...*, p. 47.

(174) VIEIRA, Patrícia Ribeiro Serra. *Op. cit.*, p. 95.

(175) PERLINGIERI, Pietro. *Op. cit.*, p. 155.

(176) *Idem.*

(177) *Idem.*

Capítulo 3

DO DANO MORAL COLETIVO. TEORIA DO DANO. DO INTERESSE COLETIVO MORAL (EXTRAPATRIMONIAL) COMO EXPRESSÃO DAS NOVAS CATEGORIAS DE INTERESSES JURÍDICOS

O objetivo do presente capítulo será desenvolver aspectos relativos à teoria do dano, patrimonial e extrapatrimonial, além da trifurcação conceitual de interesses jurídicos de natureza transindividual, tomando como linha de partida a própria definição legal.

1. Alguns aspectos relativos ao dano patrimonial

O dano constitui o epicentro(178) e a "essência da responsabilidade civil"(179), principalmente quando se tratar de responsabilidade objetiva, pois neste caso, como visto anteriormente, prescinde-se do elemento culpa.

Na acepção jurídica(180) dano significa lesão de interesses "juridicamente tuteláveis"(181), de índole individual ou coletiva, havidos em razão de conduta comissiva ou omissiva do agente, "cujo resultado da lesão poderá dar-se no campo material ou moral"(182).

Para que o dano seja indenizável, mostra-se necessário o preenchimento de pelo menos quatro requisitos: i) violação de um interesse material ou imaterial (ou

(178) GALDÓS, Jorge Mario. Dano moral colectivo, danos punitivos y legitimación procesal activa. In: *Revista de Derecho de Danos – Dano Moral,* Santa Fé, Rubinzal Culzoni, Dir. Mosset Iturraspe Lorenzetti, n. 6, p. 114, 1999.

(179) DALLEGRAVE NETO, José Afonso. *Responsabilidade civil no direito do trabalho.* 2. ed. São Paulo: LTr, 2007. p. 150.

(180) José de Aguiar Dias conceitua dano, na sua concepção vulgar, da seguinte maneira: "a vulgar, de prejuízo que alguém sofre na sua alma, no corpo ou nos seus bens, sem indagação de quem seja o autor da lesão de que resulta". In: *Da responsabilidade civil.* 6. ed. Rio de Janeiro: Forense, 1995. p. 706.

(181) DALLEGRAVE NETO, José Afonso. *Op. cit.,* p. 151.

(182) COSTA, Walmir Oliveira da. *Dano moral nas relações laborais:* competência e mensuração. Curitiba: Juruá, 1999. p. 29.

moral) de uma pessoa física ou jurídica; ii) certeza da ocorrência do dano, não sendo admissível compensação de dano eventual ou meramente possível, pois abstração não se compensa; iii) vínculo que ligue o resultado decorrente do fato praticado — o nexo causal (espécie de ponte de ligação); iv) elemento imaterial em caso de responsabilidade subjetiva.

O dano patrimonial traduz lesão a bens e interesses economicamente quantificáveis, que ensejam equivalência econômica. Esse dano repercute diretamente sobre o patrimônio econômico (dimensão contábil) da vítima, portanto, imediatamente suscetível de aferição patrimonial.

Portanto, quando se fala em dano material ou patrimonial, significa dizer um decréscimo imediatamente quantificável no patrimônio da vítima.

Essa modalidade de dano ocasiona perdas e danos que abrangem os danos emergentes e os lucros cessantes (art. 402 do Código Civil brasileiro), exigindo-se prova concreta dessas perdas.

A recomposição do dano patrimonial mostra-se possível por intermédio de indenização em dinheiro. Pela sua natureza, "enseja precisa e integral reparação (*restitutio in integrum*)"(183), por consequência, essa modalidade está vinculada a função mais compensatória e menos indenizatória.

O dano patrimonial, como já mencionado, atinge tanto o dano atual (dano emergente) quanto o dano futuro (lucro cessante).

O dano emergente corresponde ao efetivo prejuízo suportado pela vítima. É tudo aquilo que a vítima perdeu, passível de liquidação.

O lucro cessante diz acerca do que a vítima deixou de razoavelmente lucrar por força do dano. É a perda do ganho previsível, a "diminuição potencial do patrimônio do ofendido, apurado segundo um juízo razoável de probabilidade"(184).

Diz o art. 402 do Código Civil de 2002, abrangendo tanto o dano emergente como o lucro cessante: "Salvo as exceções expressamente previstas em lei, as perdas e danos devidos ao credor abrangem, além do que ele efetivamente perdeu, o que razoavelmente deixou de lucrar".

Para ilustrar a distinção entre o dano emergente e o lucro cessante, cite-se corriqueiro exemplo do profissional taxista que teve seu veículo envolvido em acidente por conta da ausência do dever de diligência ordinária de outro motorista de carro de passeio. O prejuízo patrimonial sofrido para recompor o veículo avariado retrata o dano emergente *(damnum emergens)*. Já o transtorno relativo aos dias parados decorrentes dos reparos em oficina mecânica, impedindo o condutor taxista de amealhar renda, retrata o que este "razoavelmente deixou de lucrar" *(lucrum cessans)*.

(183) DALLEGRAVE NETO, José Afonso. *Op. cit.*, p. 151.

(184) *Ibidem*, p. 160.

No âmbito trabalhista, basta imaginar movimento paredista que, além de impedir continuidade da rotina produtiva da empresa, por intermédio de restrição do ingresso de trabalhadores não aderentes a tal movimento, acabou por descambar em destruição de bens materiais havidos na base física daquele ente. Os prejuízos decorrentes da destruição do patrimônio retratam o dano emergente. Já a interrupção da rotina de produção, além de outros fatores correlatos, relaciona-se ao lucro cessante, pois retrata aquilo que a empresa razoavelmente(185) deixou de lucrar em razão da citada interrupção.

2. Do dano extrapatrimonial ou moral (aspecto terminológico e conceito)

Iniciando no aspecto terminológico, a doutrina tem utilizado majoritariamente a nomenclatura dano moral.

A legislação também, em diversas partes, chancela essa nomenclatura. Vejamos: (art. 5º, inc. V, CF/88: "... além de indenização por dano material, moral..."; art. 5º, inc. X, CF/88: "... assegurado o direito a indenização pelo dano material ou moral...'; art. 186, CC/2002: "... ainda que exclusivamente moral...".

Inobstante o reconhecimento de parte da doutrina e da legislação pátria, as críticas dirigidas à nomenclatura dano moral também são difundidas em larga escala, considerando que essa modalidade de dano, de há muito, não estaria restrita tão somente a esfera da dor e do sofrimento, elementos de índole notadamente subjetiva, jungidos ao campo dos sentimentos. Consoante apreciado anteriormente, tais elementos sensitivos retratam possível consequência do dano, além de afastarem a hipótese de reparação da pessoa jurídica pelo dano moral.

Há outra corrente afirmando a adequação da expressão dano extrapatrimonial, justamente em razão da concepção equivocada e restritiva atinentes aos aspectos de índole meramente subjetiva citados que o termo dano moral evocaria. Portanto, nem sempre o dano extrapatrimonial significaria a ocorrência de um dano moral. O dano extrapatrimonial seria, então, "o gênero do qual o dano moral é espécie"(186).

Necessário registrar que a expressão dano moral, justamente pelo fato de evocar aspectos de índole subjetiva como salientado, não conseguiria açambarcar hipóteses de danos havidos em interesses extrapatrimoniais e igualmente postados ao largo da esfera do sentir, tais como direitos inerentes à projeção de valores e bens relacionados com a dignidade humana, vieses individual e coletivo.

Há ainda mais outra corrente, por sua vez, defendendo que o termo tecnicamente correto, porque melhor exprimiria o conceito jurídico do instituto, seria

(185) "O nosso Código Civil, no citado art. 402, consagrou o *princípio da razoabilidade* ao caracterizar o lucro cessante, dizendo ser aquilo que razoavelmente se deixou de lucrar. Razoável é aquilo que o bom-senso diz que o credor lucraria, apurado segundo um juízo de probabilidade, de acordo com o normal desenrolar dos fatos. Não pode ser algo meramente hipotético, imaginário, porque tem que ter por base uma situação fática concreta". CAVALIERI FILHO, Sérgio. *Programa de responsabilidade civil.* 7. ed. São Paulo: Atlas, 2007. p. 73.

(186) SEVERO, Sérgio. *Os danos extrapatrimoniais.* São Paulo: Saraiva, 1996. p. 37.

dano pessoal ou dano à personalidade, tomando o termo pessoa em toda sua ampla dimensão, compreendendo a integridade psicofísica, a intelectual, a afetiva, a moral e a social(187).

A Reforma Trabalhista de 2017 reconheceu expressamente, e de maneira correta, diga-se de passagem, a nomenclatura "dano extrapatrimonial" nas relações de trabalho, conforme se pode constatar no disposto no art.223-A da CLT.

Inobstante o texto legal da Reforma, bem como se admitir, por rigor conceitual, a melhor adequação da expressão dano extrapatrimonial em relação ao dano moral, tais enunciados serão utilizados, como inclusive já vem acontecendo ao longo do presente, como se fossem sinônimos, exatamente como grande parcela da doutrina os vem consagrando(188), até porque essa questão não possui maior interesse prático(189).

Ultrapassado tal aspecto, de suma importância delimitar as lindes conceituais do dano moral.

Antes, ressalte-se que aspecto relacionado à cumulação(190) do dano moral e material decorrente de um mesmo fato, provável cabimento de indenização por dano moral(191) e reconhecimento da impossibilidade de tal violação traduzir interesses economicamente quantificáveis estão irrefragavelmente ultrapassados; não merecem, via de consequência, mais gasto de papel e tinta.

Voltando ao ponto da taxonomia do dano extrapatrimonial, há pelo menos quatro correntes doutrinárias distintas tratando dessa questão.

A primeira adota conceito residual de danos morais, afirmando serem todos aqueles despidos de "repercussão de caráter patrimonial"(192).

A segunda vincula o dano moral à dor, à opressão da alma da vítima(193), e todos os demais elementos vinculados à alma sensitiva.

---

(187) Cf. OLIVEIRA, Paulo Eduardo Vieira de. *Dano pessoal no direito do Trabalho.* São Paulo: LTr, 2002.

(188) Dentre tantos outros: BITTAR, Carlos Alberto. *Reparação civil por danos morais.* São Paulo: Revista dos Tribunais, 1993; DINIZ, Maria Helena. *Curso de direito civil.* v. 7. São Paulo: Saraiva, 1996; GAGLIANO, Pablo Stolze; PAMPLONA FILHO, Rodolfo. *Novo curso de direito civil:* responsabilidade civil. v. 3, 4. ed. São Paulo: Saraiva, 2006.

(189) Nesse sentido cf. CAHALI, Yussef Said. *Dano moral.* 2. ed. São Paulo: Revista dos Tribunais, 2000. p. 21.

(190) Súmula n. 37 do STJ: "São cumuláveis as indenizações por dano material e moral oriundos do mesmo fato".

(191) O Código Civil de 2002 espancou qualquer possibilidade ainda havida de suster o não cabimento da indenização decorrente de dano moral. Basta ver a redação do art. 186: "Aquele que, por ação ou omissão voluntária, negligência ou imprudência, violar direito e causar dano a outrem, *ainda que exclusivamente moral,* comete ilícito" (grifo nosso).

(192) RODRIGUES, Silvio. *Direito civil. Responsabilidade civil.* 19. ed. São Paulo: Saraiva, 2003. v. 4, p. 189. No mesmo sentido, GOMES, Orlando. *Obrigações.* 8. ed. Rio de Janeiro: Forense, 1992. p. 65.

(193) Neste sentido, CHAVES, Antônio. *Tratado de direito civil.* São Paulo: Revista dos Tribunais, 1985. v. 3, p. 607.

A terceira linha doutrinal liga o dano moral à violação dos chamados direitos da personalidade (v. g., intimidade, vida privada, honra, imagem etc.[194]) do ser humano.

As posições apresentadas pelas três primeiras correntes já foram devidamente rechaçadas até o presente.

A terceira corrente citada mostra-se parcialmente correta, contudo, quando se vincula a ocorrência do dano moral a lesões que afetem (esfera extrapatrimonial) direitos de personalidade de um indivíduo, exclui-se a possibilidade de tal dano também ultrapassar os limites dessa individualidade[195], o que não se mostra correto, considerando o principal objeto teórico do presente ainda a ser alcançado — dano moral coletivo. Além disso, essa linha também confrontar-se com a possibilidade de o dano moral alcançar pessoas jurídicas.

Assim, a quarta e última corrente parece ser a mais correta na presente quadra da história, considerando linha doutrinal seguida até o presente momento, pois liga o dano moral ou extrapatrimonial à violação de um bem jurídico de natureza extrapatrimonial — a dignidade da pessoa humana —, considerando a premência da necessidade de proteção do homem, de acordo com o modelo constitucional pátrio. Portanto, dano moral é abalo à dignidade da pessoa humana.

Não se pode deixar de transcrever trecho que reflete com nitidez a linha doutrinal ora desenvolvida, senão veja-se:

> Tenho para mim que todos os conceitos tradicionais de dano moral terão que ser revistos pela ótica da Constituição de 1988. Assim é porque a atual Carta, na trilha das demais Constituições elaboradas após a eclosão da chamada questão social, colocou o homem no vértice do ordenamento jurídico da Nação, fez dele a primeira e decisiva realidade, transformando os seus direitos no fio condutor de todos os ramos jurídicos. E, ao inserir em seu texto normas que tutelam os valores humanos, a Constituição fez também estrutural transformação no conceito e valores dos direitos individuais e sociais, o suficiente para permitir que a tutela desses direitos seja agora feita por aplicação direta de suas normas. Ninguém desconhece que as normas constitucionais, por serem de hierarquia superior, balizam a interpretação e aplicação de toda a legislação infraconstitucional, de sorte a não ser possível aplicar esta em desarmonia com aquelas.[196]

(194) Art. 5º, X, da Carta Constitucional de 1988: "São invioláveis a intimidade, a vida privada, a honra, e a imagem das pessoas, assegurando o direito de indenização pelo dano material ou moral decorrente de sua violação".

(195) No mesmo sentido, GAGLIANO, Pablo Stolze; PAMPLONA FILHO, Rodolfo. *Novo curso de direito civil:* responsabilidade civil. 4. ed. São Paulo: Saraiva, 2006. v. 3, p. 81.

(196) CAVALIERI FILHO, Sérgio. *Op. cit.*, p. 76.

Conforme salientado até aqui, o princípio da dignidade humana (projeções individual e coletiva), reitor de nosso Estado Democrático de Direito, significa a instituição de especial proteção às "situações jurídicas subjetivas não patrimoniais"[(197)], bem como ampla proteção e consequente reparação aos danos a elas causados.

O dano moral consubstancia-se, portanto, em poucas palavras, em "violação do direito à dignidade"[(198)] decorrente da transgressão de interesses/direitos jurídicos extrapatrimoniais[(199)] de índole individual ou coletiva. "A reparação do dano moral transforma-se, então, na contrapartida do princípio da dignidade: é o reverso da medalha."[(200)]

O dano moral singular clássico está relacionado à violação de interesses jurídicos extrapatrimoniais, esse já reconhecido e consolidado pela doutrina e jurisprudência.

Já o dano moral coletivo passa pelo reconhecimento, pelo ordenamento jurídico, de há muito, diga-se de passagem, desde a edição da Lei da Ação Popular[(201)], Lei n. 4.717/1965[(202)], e outros tantos diplomas, da existência de interesses jurídicos extrapatrimoniais distintos da projeção interna dos sentimentos da alma, devidamente titularizados por esferas que obviamente ultrapassam a singularidade (interesses transindividuais), consoante se intenciona apreciar nos próximos itens do presente. Como consequência, óbvio o necessário reconhecimento da possibilidade da ocorrência de dano extrapatrimonial também excedente dos limites da individualidade.

De maneira bem singela: se há o reconhecimento legislativo expresso, há muitas décadas - diga-se de passagem, de direitos usualmente extrapatrimoniais que ultrapassam a esfera do singular (coletivos em sentido amplo, como será apresentado logo mais), por consequência a violação desses direitos ocasionará a necessária reparação do dano moral coletivo dela decorrente.

3. Pretensão de exclusividade da aplicação do texto celetista ao dano extrapatrimonial

Diz o art. 5º, V e X, da Constituição da República o seguinte:

> V – é assegurado o direito de resposta, proporcional ao agravo, além da indenização por dano material, moral ou à imagem;

(197) MORAES, Maria Celina Bodin de. *Danos à pessoa humana...*, p. 132.

(198) *Idem.*

(199) "el dano moral conculca intereses extrapatrimoniales dignos y merecedores de tutela jurídica, que lo convierten en injusto o inmerecido para la víctima." In: GALDÓS, Jorge Mario. *Op. cit.*, p. 115.

(200) MORAES, Maria Celina Bodin de. *Danos à pessoa humana...*, p. 132.

(201) Vale lembrar que a ação popular foi prevista inicialmente ainda na Constituição de 1934.

(202) José Carlos Barbosa Moreira reconhece, com extrema pertinácia, que o Brasil possui "uma das mais completas e avançadas legislações em matéria de proteção de interesses supraindividuais". In: *Temas de direito processual.* 8. série. São Paulo: Saraiva, 2004. p. 177.

> X – são invioláveis a intimidade, a vida privada, a honra e a imagem das pessoas, assegurado o direito à indenização pelo dano material ou moral decorrente de sua violação.

Fica bem claro que o dano moral ou extrapatrimonial possui explícita fundamentação constitucional. Em dois momentos diferentes afirma o direito à indenização em caso de dano de natureza moral.

A Reforma Trabalhista de 2017, de maneira atabalhoada e assistemática, pretendeu afastar a fundamentação constitucional do instituto do dano extrapatrimonial.

Diz o art. 223-A o seguinte:

> Art. 223-A. Aplicam-se à reparação de danos de natureza extrapatrimonial decorrentes da relação de trabalho apenas os dispositivos deste Título.

Óbvio que tal pretensão é completamente irrealista, pois não se pode afastar âmbito de abrangência de dispositivo constitucional por intermédio de lei infraconstitucional. Isso é lição das mais primárias das ciências jurídicas.

Ora, sabido que o Código Civil de 2002 também possui regramento bastante avançado sobre os direitos de personalidade, de índole extrapatrimonial, conforme disposto nos arts. 11 até 21.

Há outro dispositivo da Reforma Trabalhista que também merece ser questionado. Vejamos:

> Art. 223-B. Causa dano de natureza extrapatrimonial a ação ou omissão que ofenda a esfera moral ou existencial da pessoa física ou jurídica, as quais são as titulares exclusivas do direito à reparação.

Como se vê, a pretensão do dispositivo é clara ao tentar limitar a titularidade do pedido de indenização do dano extrapatrimonial à "pessoa física ou jurídica" diretamente atingida.

Como mencionado, o Código Civil de 2002 possui regramento bem mais abrangente sobre esse assunto admitindo a possibilidade, conforme disposto no parágrafo único do art. 12, do "cônjuge sobrevivente, ou qualquer parente em linha reta, ou colateral até o quarto grau", reclamar indenização em caso de morte.

Ora, ao que parece, ainda que não explicitamente, a pretensão do legislador da reforma foi também afastar a possibilidade de a família da vítima pleitear indenização em caso morte, pois tenta limitar os pedidos apenas aos titulares direto desse dano, seja pessoa física ou jurídica.

Se foi essa verdadeiramente a intenção do legislador, foi muito mal, pois, como vimos, a indenização em razão de dano extrapatrimonial possui fundamentação constitucional, sem qualquer restrição de titularidade, daí a impossibilidade do mal-intencionado legislador de 2017 lograr êxito.

Mas não é só.

Esse mesmo legislador, em rota de construção totalmente distinta, abriu a possibilidade, conforme disposto no art. 8º, § 1º, do direito comum ser "fonte subsidiária do direito do trabalho", inclusive deixando de exigir o requisito da compatibilidade prévia com os princípios do direito do trabalho nesse, conforme previsão anterior à Reforma de 2017.

Ora, fica parecendo que apenas em relação ao capítulo do dano extrapatrimonial o legislador reformista quis afastar a aplicação sistemática dos demais ramos do direito, notadamente da Constituição e do Código Civil, possivelmente porque pretendia blindar os avanços dos regramentos desses diplomas legais em relação a essa disciplina.

Tudo leva a crer que essa amalucada intensão exclusivista do legislador também pretendeu afastar o princípio clássico do direito civil da reparação integral do dano, a ser devidamente desenvolvido no próximo capítulo, pois envolve o novo regramento da tarifação.

3.1. *Do modelo tarifado de indenização do dano extrapatrimonial fundado no salário contratual do ofendido*

Diz o novo art. 223-G, §§ 1º, 2º e 3º, do Texto Celetista, o seguinte:

> § 1º Se julgar procedente o pedido, o juízo fixará a indenização a ser paga, a cada um dos ofendidos, em um dos seguintes parâmetros, vedada a acumulação:
>
> I – ofensa de natureza leve, até três vezes o último salário contratual do ofendido;
>
> II – ofensa de natureza média, até cinco vezes o último salário contratual do ofendido;
>
> III – ofensa de natureza grave, até vinte vezes o último salário contratual do ofendido;
>
> IV – ofensa de natureza gravíssima, até cinquenta vezes o último salário contratual do ofendido.
>
> § 2º Se o ofendido for pessoa jurídica, a indenização será fixada com observância dos mesmos parâmetros estabelecidos no § 1º deste artigo, mas em relação ao salário contratual do ofensor.
>
> § 3º Na reincidência entre partes idênticas, o juízo poderá elevar ao dobro o valor da indenização.

Parte-se da premissa, antes de se tratar especificamente desse atabalhoado modelo de tarifação do dano extrapatrimonial ou moral, vinculado ao "salário contratual do ofendido", afirma-se, mais uma vez, a forte premissa da ligação desse instituto, tanto no viés individual quanto no coletivo, com o princípio constitucional da dignidade da pessoa humana, consubstanciando-se em verdadeiro direito social constitucional, imune, portanto, às pretensões nefastas da reforma laboral.

Pois bem.

O pensamento da antiguidade clássica impunha graus de quantificação à dignidade da pessoa[(203)] humana, levando-se em consideração, dentre outros aspectos, a posição social que o indivíduo ocupava. Aumentava-se o teor de dignidade à medida

(203) No mesmo sentido, *vide* RABENHORST, Eduardo Ramalho. *Dignidade e moralidade democrática*. Brasília: Brasília Jurídica, 2001. p. 16.

que houvesse crescimento na escala social, como se fosse possível admitir pessoas mais ou menos dignas, a depender tão somente da capacidade econômica de cada um.

A antiga Lei de Imprensa (Lei n. 5.250/67), editada em plena ditadura militar, já previa a responsabilidade civil tarifada do "jornalista profissional", tendo como parâmetro de quantificação do dano extrapatrimonial os "salários mínimos da região" (art. 51).

Como se pode perceber, tal questão da possível tarifação na quantificação do chamado dano extrapatrimonial sempre esteve em discussão pelos operadores do direito e legisladores, considerando fortes críticas há muito tempo lançadas sobre os possíveis excessos na fixação dessa modalidade de dano. A expressão "indústria da multa na justiça" em algum momento foi fixada fortemente no imaginário da sociedade brasileira.

Como já citado, o texto legal criou escalas de tarifação do dano extrapatrionial em consonância com a "natureza" da lesão, vinculada ao "salário contratual do ofendido".

Além disso, o já transcrito texto legal entabulou que para as hipóteses de dano extrapatrimonial ter como "ofendida" a pessoa jurídica, a indenização será fixada com observância dos mesmos parâmetros já transcritos, contudo levando em consideração o salário do "ofensor".

Esses parâmetros de quantificação podem ser qualificados como mais um dos grandes equívocos dessa legislação.

Claro que não se pode estabelecer como critério único de quantificação, tanto do dano extrapatrimonial singular quanto do coletivo, o salário contratual do ofendido, principalmente quando houver, por exemplo, afronta uniforme atingindo grande número de empregados com salários diferentes.

Basta imaginar prática de assédio moral organizacional alcançando quantidade expressiva de trabalhadores, com padrões salariais dos mais diversos. Será que o parâmetro salarial do "ofendido será o único aspecto apto a influenciar a quantificação do dano extrapatrimonial. Resposta óbvia. Claro que não!

Outro exemplo absurdo seria em um acidente aéreo fatal, com centenas de vítimas determinadas, portanto hipótese clássica de ação coletiva em que poderia ser instrumentalizada com pedidos de indenizações em razão das violações de direitos individuais homogêneos, sendo que a quantificação desse dano iria variar tão somente em razão do padrão econômico do alcançado pela tragédia (se estivesse na classe executiva, provavelmente a família desse falecido seria aquinhoada com valor maior em relação aquele que tivesse assento na classe econômica). Não tem nenhuma razoabilidade isso...

Não se pode regredir à antiguidade clássica, como já citado no início desse item, que calibrava o grau da dignidade da pessoa humana de acordo com a posição social por ela ocupada.

Vincular a quantificação do dano extrapatrimonial ao salário do ofendido é exatamente isso: aufere mais quem tem maior salário (ou tem grau maior de dignidade quem tem maior salário)!

Aliás, o Código de Hamurabi, assim chamado em homenagem ao famoso rei babilônico, fazia algo semelhante. Veja-se os julgamentos ns. 196 a 214, que compunham tal diploma, citados no livro do escritor, afamado mundialmente, Yuval Noah Harari[(204)]:

> 196. Se um homem superior arrancar o olho de outro homem superior, deverá ter seu olho arrancado.
>
> 197. Se ele quebrar o osso de outro homem superior, deverá ter seu osso quebrado.
>
> 198. Se ele arrancar o olho de um homem comum, ou quebrar o osso de um homem comum, deverá pagar 60 siclos de prata.
>
> 199. Se ele arrancar o olho do escravo de um homem superior, ou quebrar o osso do escravo de um homem superior, deverá pagar metade do valor do escravo (em prata).
>
> 209. Se um homem superior bater em uma mulher superior e a fizer abortar, deverá pagar 10 siclos de prata pelo feto.
>
> 210. Se essa mulher morrer, a filha dele deverá ser morta.
>
> 211. Se ele bater em uma mulher comum e a fizer abortar, deverá pagar 5 siclos de prata.
>
> 212. Se essa mulher morrer, ele deverá pagar 30 siclos de prata.
>
> 213. Se ele bater e uma escrava e a fizer abortar, deverá pagar 2 siclos de prata.
>
> 214. Se essa escrava morrer, ele deverá pagar 20 siclos de prata.

Pois foi exatamente essa "moderna" ideia que a dita reforma trouxe de volta.

As categorias das "mulheres superiores", "homens superiores", "mulheres comuns", "homens comuns", "crianças" e "escravos", cuja indenização variava pela "posição social" que cada uma dessas categorias ocupava, agora foi trocada pela quantificação da indenização de acordo com o salário do "ofendido". Realmente, são muitos séculos de retrocesso!

O critério da quantificação até então vigente sopesava as circunstâncias do caso concreto e deveria ser pautado pelos princípios constitucionais da razoabilidade e proporcionalidade, inclusive com a possibilidade de os excessos serem reduzidos em grau de recurso de revista pelo Tribunal Superior do Trabalho. Vejamos, dentre tantos, julgado espelhando bem essa ideia:

(204) *Uma breve história da humanidade*. Sapiens. 23. ed. Porto Alegre: L&PM, 2017. p. 114-115.

DANO MORAL COLETIVO. TRABALHO ANÁLOGO AO DE ESCRAVO. TRABALHO INFANTIL. DANOS CAUSADOS AOS INTERESSES DIFUSOS E COLETIVOS. INDENIZAÇÃO. VALOR DA CONDENAÇÃO. CRITÉRIO DE FIXAÇÃO. QUANTIFICAÇÃO. RAZOABILIDADE E PROPORCIONALIDADE. O direito à indenização por danos morais atrela-se ao prudente critério do juiz, que, sopesando as circunstâncias que envolvem o caso concreto, e pautando-se pelos princípios da razoabilidade e da proporcionalidade, fixa o valor da indenização. Dessa forma, deve-se levar em consideração o caráter pedagógico da medida, a fim de inibir a reiterada prática de condutas do empregador que venham a causar dor e sofrimento ao empregado, circunstâncias configuradoras de dano moral. No caso concreto, a prova não deixa dúvidas sobre existência de trabalho degradante e ofensivo à dignidade do trabalhador, ou seja, análogo ao de escravo, a existência do repudiado trabalho infantil, além de inúmeros outros desrespeitos aos direitos dos trabalhadores. Diante desse contexto, o Regional, ao reduzir o valor da indenização por danos morais coletivos de R$ 200.000,00 para R$ 50.000,00, fixou essa verba em montante extremamente reduzido, incompatível com a gravidade dos ilícitos praticados e com a capacidade econômica do empregador, em flagrante inobservância dos princípios da proporcionalidade e razoabilidade, razão pela qual se impõe a sua reforma para restabelecer o valor fixado na r. sentença, evitando-se, assim, a ineficácia pedagógica da condenação.(205)

Certamente não se irá nesta ocasião negar os eventuais excessos cometidos nessa seara pela jurisdição; exageros, aliás, que eram mais corriqueiros no início desse movimento condenatório em danos extrapatrimoniais. Contudo, a solução legislada para afastar tais erronias foi a pior possível. Significou séculos de retrocesso.

4. Reparação do dano moral

Inobstante as dificuldades de se atribuir valor monetário (preço) ao dano moral, considerando a ausência de patrimonialidade direta dessa modalidade, bem como restando ultrapassada a corrente que afirmava a impossibilidade de ser atribuído preço a valores morais e sensitivos, importa tecer alguns aspectos relativos à reparação (pela compensação) dessa modalidade de responsabilidade civil.

Antes, vale deixar ressaltado que a função da indenização do dano moral, como lembra doutrina clássica, possui dupla vertente: **caráter punitivo** (doutrina das *punitive damages* já citada, e ainda a ser aqui mais desenvolvida) voltado ao causador do dano; **caráter compensatório** dirigido à vítima, "que receberá uma soma que lhe proporcione prazeres como contrapartida ao mal sofrido"(206).

A compensação financeira pelo dano extrapatrimonial, arbitrada judicialmente, alivia, compensa (função compensatória) o sofrimento por intermédio principalmente da reparação pecuniária (há outras modalidades de reparação tais como direito de resposta, pedido de desculpas, retratação pública, publicação de decisão na mídia, dentre tantas outras), sendo capaz de propiciar lenitivos, confortos, prazeres

(205) RR-8600-37.2005.5.18.0251. Tribunal Superior do Trabalho. 5ª Turma. Rel. Min. Emmanoel Pereira. DEJT 1º.4.2014.

(206) PEREIRA, Caio Mario da Silva. *Responsabilidade civil*. 7. ed. Rio de Janeiro: Forense, 1996. p. 2.

e "outras sensações, ou sentimentos aliviadores, que, pela moeda, se pode obter, como os experimentados em viagens, terapias, leituras e outras tantas"[207].

Esse arbitramento judicial do valor do dano moral, à luz do princípio da reparação integral, deve ser pautado pela sensatez, análise equilibrada das nuances do processo, bom-senso, e, principalmente, pela correta aplicação dos postulados[208] da razoabilidade e proporcionalidade.

Conforme será desenvolvido com mais vagar quando se for tratar do dano moral coletivo, a fixação do montante indenizatório, tendo em conta as funções reparatória, compensatória e punitiva aplicadas a esse instituto, deverá ser levado em consideração a gravidade do dano causado (função reparatória), a repercussão negativa enfrentada pela vítima (função compensatória), possível reincidência do comportamento ilícito (função punitiva), força disciplinar voltada à dissuadir novos comportamentos ilícitos (função dissuasória), e, finalmente, verdadeira punição (função punitiva) ao agente agressor. Os elementos reparatório e compensatório avaliam o ilícito praticado. Já os elementos dissuasório e punitivo são aquilatados considerando as características pessoais do agressor.

Como sabido, a Constituição de 1988 reconheceu expressão o cabimento de indenização por dano moral, afastando a antiga controvérsia sobre a pertinência dessa modalidade de reparação. O art. 5º, incisos V e X, transcritos anteriormente, estipulam expressamente tal possibilidade.

Nesse eito, para que se afirme a necessidade de reparação do dano moral basta a comprovação do fato em si, não do possível sofrimento advindo desse dano, porquanto tal abalo atinge a esfera íntima da pessoa. Trata-se, portanto, de um dano *in re ipsa*, deriva da própria natureza do fato.

Na moderna concepção de dano moral a responsabilidade do agente afirma-se por força da violação de uma "situação jurídica subjetiva extrapatrimonial em que esteja a vítima envolvida"[209], sendo, por consequência, dispensável a prova do

---

(207) SCHIAVI, Mauro. *Ações de reparação por danos morais decorrentes da relação de trabalho.* 4. ed. São Paulo: LTr, 2011. p. 72.

(208) "Os postulados funcionam diferentemente dos princípios e das regras. A uma, porque não se situam no mesmo nível: os princípios e as regras são objeto de aplicação; *os postulados são normas que orientam a aplicação de outras.* A duas, porque não possuem os mesmos destinatários: os princípios e as regras são primariamente dirigidos ao Poder Público e aos contribuintes; os postulados são frontalmente dirigidos ao intérprete e ao aplicador do direito. A três, porque não se relacionam da mesma forma com outras normas: os princípios e as regras, até porque se situam no mesmo nível do objeto, implicam-se reciprocamente, que do modo preliminarmente complementar (princípios), quer do modo preliminarmente decisivo (regras); *os postulados, justamente porque se situam num metanível, orientam a aplicação dos princípios e das regras* sem conflituosidade necessária com outras normas." ÁVILA, Humberto. *Teoria dos princípios:* da definição à aplicação dos princípios jurídicos. 11. ed. São Paulo: Malheiros, 2011. p. 124.

(209) MORAES, Maria Celina Bodin de. *Danos à pessoa humana...*, p. 188.

prejuízo concreto, em razão de impossibilidade de se avançar na estrada indevassável da alma humana, visando a constatação da extensão da lesão.

A jurisprudência do Tribunal Superior do Trabalho de há muito vem se posição nesse mesmo sentido. Vejamos:

> DANO MORAL. RESTRIÇÃO AO USO DO BANHEIRO. 1.1. A imposição de limitação ao uso do toalete por parte do empregador constitui conduta que legitima a reparação civil por danos morais, pois ultrapassa os limites dos poderes diretivo e fiscalizatório atribuídos ao patrão e afronta a privacidade e dignidade do trabalhador. 1.2. Por sua vez, o dano moral é um dano in re ipsa, ou seja, deriva da própria natureza do fato. Por conseguinte, desnecessária a prova do prejuízo moral em si, exigindo-se tão somente a demonstração dos fatos que lhe deram ensejo, o que ocorreu no acórdão recorrido[210].

A posição mais recente do Tribunal Superior do Trabalho segue a mesma trilha, já bastante consolidada. Vejamos:

> DANOS MORAIS. HINO MOTIVACIONAL. *"CHEERS"*. CONSTRANGIMENTO. DANO MORAL CONFIGURADO. O Tribunal reformou a sentença para excluir a condenação da reclamada ao pagamento de indenização por danos morais decorrentes de hino motivacional. Contudo, a matéria se trata de procedimento já conhecido deste Tribunal Superior, em que os empregados são reunidos para cantar determinados hinos motivacionais acompanhados de coreografia. Constatada a existência do fato, tem-se que o dano moral se revela *in re ipsa*, independentemente de prova do dano, bastando, portanto, a comprovação do fato ocorrido. Em casos análogos, este Tribunal Superior do Trabalho tem entendido presentes os pressupostos caracterizadores da responsabilidade civil subjetiva e o consequente dever de compensação por danos morais. Precedentes. Recurso de revista conhecido e provido[211].

A jurisprudência do Superior Tribunal de Justiça também há muito trilha a mesma pisada. Vejamos:

> Na concepção moderna da reparação do dano moral prevalece a orientação de que a responsabilidade do agente se opera por força do simples fato da violação, de modo a tornar-se desnecessário a prova do prejuízo em concreto.[212]

O dano moral coletivo também segue exatamente tal raciocínio, neste caso vinculado à violação de interesses coletivos em sentido amplo, socialmente relevantes, conforme será demonstrado com mais vagar em momento oportuno.

Ainda sobre a questão da reparação, saliente-se que não será qualquer abalo à situação jurídica extrapatrimonial, causador de singelo dissabor, simples transtorno, sofrimento, abalo ou angústia, decorrente de fatos corriqueiros ou ordinários do cotidiano, capaz de deflagrar indenização por dano moral coletivo, sob pena de se transformar a responsabilidade civil em fonte de demandas cuja motivação seria o enriquecimento indevido, alavancando a conhecida "indústria do dano moral".

---

(210) RR 831-86.2010.5.04.0252. Tribunal Superior do Trabalho. 7ª Turma. Rela. Mina. Delaíde Miranda Arantes. DJE 22.11.2013.

(211) Tribunal Superior do Trabalho. 2ª Turma. RR 155-15.2014.5.09.0041. Relª. Minª. Maria Helena Mallmann. DEJT 14.10.2019.

(212) Resp n. 173.124. Superior Tribunal de Justiça. 4ª Turma. Rel. Min. César Asfor. DJ 19.11.2001.

Veja trecho da jurisprudência do Tribunal Superior do Trabalho sobre o tema:

> A configuração do dano moral não deriva do mero aborrecimento de que foi acometido o indivíduo, em face do ato de terceiro, devendo decorrer de dor suficientemente intensa, apta a romper, de modo duradouro, o equilíbrio psicológico da pessoa. Por conseguinte, na aferição do dano moral não basta que haja a constatação da lesão do direito em abstrato, sendo necessária a aferição dos seus efeitos na órbita não patrimonial[(213)].

Portanto, o ato causador do dano moral deve-se mostrar, nas circunstâncias do caso concreto, com potência suficientemente lesiva para violar a dignidade do ser humano, tendo em conta também o "padrão médio da sociedade, a razoabilidade, e também os fatores de tempo, lugar e costume onde o ato fora praticado"[(214)].

5. Noções de interesse. Definição de interesse jurídico

A palavra interesse, na sua acepção ordinária[(215)], revela o laço psicológico existente entre um sujeito e determinado objeto ou bem, de natureza material ou não. "O interesse liga a pessoa a determinado bem da vida, tendo em vista o valor a ele atribuído pelo sujeito, em decorrência da utilidade apresentada pelo referido objeto."[(216)]

O interesse será sempre uma relação de complementariedade entre um sujeito e um bem ou valor (objeto).

Na modalidade de interesse dito simples, a importância do bem para o sujeito mostra-se desprovida de proteção jurídica.

O interesse jurídico, por outro lado, distingue-se do anterior em razão da proteção conferida pelo ordenamento jurídico em caso de violação.

Outra questão relacionada refere-se à distinção clássica entre interesse público e privado. A nota diferencial diria respeito "ao regime jurídico de uma ou outra modalidade"[(217)], isto é, os interesses privados seriam regulados por um suposto regime jurídico também de direito privado, da mesma forma que o público seria ajustado por regime jurídico similar. Contudo, tal distinção[(218)], consoante linhas já

---

(213) RR 371600-88.2005.5.15.0131. Tribunal Superior do Trabalho. 5ª Turma. Rel. Min. Guilherme Augusto Caputo Bastos. DEJT 14.8.2015.

(214) SCHIAVI, Mauro. *Ações de reparação por...*, p. 77.

(215) "O conceito de interesse é daqueles pilares básicos, fundamentais, sobre os quais se assenta o próprio direito. Apesar disso, a doutrina jurídica parece não ter removido por completo o véu de mistério que ainda o recobre." FERRAZ, Antonio Augusto Mello de Camargo. Considerações sobre interesse social e interesse difuso. In: MILARÉ, Édis (Org.). *A ação civil pública após 20 anos:* efetividade e desafios. São Paulo: Revista dos Tribunais, 2005. p. 60.

(216) LEONEL, Ricardo de Barros. *Manual de processo coletivo.* São Paulo: Revista dos Tribunais, 2002. p. 90.

(217) *Ibidem*, p. 93.

(218) Acerca do novo posicionamento entre interesses públicos e privados na perspectiva constitucional, *vide*, com profundidade, SARMENTO, Daniel. Interesses públicos *vs.* interesses privados na perspectiva da teoria e da filosofia constitucional. In: SARMENTO, Daniel (Org.). *Interesses públicos* versus *interesses privados:* desconstruindo o princípio da supremacia do interesse público. Rio de Janeiro: Lumen Juris, 2005.

desenvolvidas anteriormente, foi devidamente implodida — por diversos motivos. Registro merece ser feito apenas como ilustração histórica.

6. Novéis interesses ou direitos de natureza transindividual (aspectos preambulares)

Consoante salientado anteriormente, há algumas décadas, desde a edição da Lei da Ação Popular em 1965, vem se construindo legislação albergando a proteção de interesses excedentes da esfera da individualidade[(219)], considerando a natural coletivização dos conflitos de uma sociedade de relações massificadas, e a necessidade de o aparelho estatal conferir novos instrumentos para albergar tais conflitos.

Tal movimento encontrou ápice com a edição da Lei n. 8.078/1990, mais conhecida como Código de Defesa do Consumidor. O art. 81 do referido diploma assim definiu os interesses/direitos coletivos em sentido *lato:*

> I – interesses ou direitos difusos, assim entendidos, para efeitos deste Código, os transindividuais, de natureza indivisível, de que sejam titulares pessoas indeterminadas e ligadas por circunstâncias de fato; II – interesses ou direitos coletivos, assim entendidos, para efeitos deste Código, os transindividuais de natureza indivisível de que seja titular grupo, categoria ou classe de pessoas ligadas entre si ou com a parte contrária por uma relação jurídica base; III – interesses ou direitos individuais homogêneos, assim entendidos os decorrentes de origem comum.

Antes de desenvolver aspectos relativos às características basilares das citadas categorias, necessário assentar que o uso dos termos "interesses" e "direitos", como se fossem sinônimos, na cabeça do art. 81 do CDC[(220)] e art. 21 da Lei da Ação Civil Pública[(221)], merece os devidos encômios, pois se "evitou criar um espaço negativo relativamente à tutela dos valores que se pretende proteger"[(222)], bem como se afasta a automática[(223)] vinculação entre a palavra "direito" e a ideia dos direitos subjetivos (interesses juridicamente protegidos), historicamente concebidos para serem titularizados unicamente por sujeitos singulares. "A definição pela qual fez opção o legislador não é senão o resultado de algumas décadas de discussões que a antecederam."[(224)]

---

(219) "En definitiva, en el dano colectivo la cuestión se centra en la existencia de un interés cuya titularid corresponde a una pluralid de personas con carácter indivible lo que asegura su uso común y el principio de no exclusión entre los beneficiarios." COMPIANI, María Fabiana. *Los danos morales colectivosy su resarcimiento dinerario.* Buenos Aires: LL Buenos Aires, 1997. p. 193.

(220) "A defesa dos interesses e direitos dos consumidores e das vítimas poderá ser exercida em juízo individualmente, ou a título coletivo."

(221) "Aplicam-se a defesa dos direitos e interesses difusos, coletivos e individuais, no que for cabível, os dispositivos do Título III da Lei que instituiu o Código de Defesa do Consumidor".

(222) RODRIGUES, Marcelo Abelha. *Ação civil pública e meio ambiente.* Rio de Janeiro: Forense Universitária, 2003. p. 33.

(223) LEITE, Carlos Henrique Bezerra. *Ação civil pública:* nova jurisdição trabalhista metaindividual e legitimação do Ministério Público. São Paulo: LTr, 2001. p. 43.

(224) ROCHAS, Luciano Velasque. *Ações coletivas:* o problema da legitimidade para agir. Rio de Janeiro: Forense, 2007. p. 20.

Assim como fez o legislador do CDC, optou-se desde o início do presente por utilizar as expressões "interesses" e "direitos" coletivos em sentido *lato*, de maneira indistinta, e assim se continuará.

Não é irrelevante frisar que o *locus* (CDC) de definição dos interesses que excedem os limites da individualidade não possuiu o poder de restringir a apropriação dessas categorias por outras esferas do direito diferentes do âmbito consumerista[225], inclusive, por óbvio, na ambiência interdisciplinar (constitucional--civil-trabalhista) proposta, desde o início, no presente trabalho.

O próximo passo será delimitar cada uma das modalidades dos direitos coletivos em sentido lato[226].

A partir desse momento, opta-se por enquadrar os direitos difusos, coletivos em sentido estrito e individuais homogêneos como espécie do gênero coletivo em sentido lato[227], ou transindividuais, ou metaindividuais.

Há conhecidíssima sistematização doutrinal classificando os direitos/interesses que seriam essencialmente coletivos (difusos e coletivos em sentido estrito), e os "acidentalmente coletivos"[228] (individuais homogêneos).

Contudo, existe novel posição doutrinal, aqui ratificada, que propõe a superação da mencionada classificação bifurcada em razão da necessidade de considerar principalmente os direitos individuais homogêneos como "relevantemente coletivos

(225) Nessa linha, posicionam-se os professores Nelson Nery Jr. e Rosa Maria Andrade Nery: "São aplicáveis a todas as situações em que é reclamado o exame desses conceitos e não apenas às lides de consumo. Todas as outras definições de direitos difusos e coletivos que contrariem o texto ora analisado devem ser entendidas como proposições de *lege ferenda*, inaplicáveis às situações concretas levadas ao Judiciário". In: *Código de Processo Civil comentado.* 4. ed. São Paulo: Revista dos Tribunais, 1999. p. 1394. Nesse mesmo sentido, MELO, Raimundo Simão de. *Ação civil pública na justiça do trabalho.* 2. ed. São Paulo: LTr, 2004. p. 28. *Vide* ainda, dentre tantos outros, WATANABE, Kazuo. *Código Brasileiro de Defesa do Consumidor:* comentado pelos autores do anteprojeto. Rio de Janeiro: Forense, 1998. p. 623.

(226) Antonio Gidi critica, em obra de consulta obrigatória, de forma contundente, a classificação tripartida ora apresentada. Prefere qualificar tais interesses como meramente "direitos de grupo". In: *Rumo a um Código de Processo Coletivo:* a codificação das ações coletivas no Brasil. Rio de Janeiro: Forense, 2008. p. 211.

(227) A jurisprudência do TST também ratifica esse posicionamento, senão vejamos: "A defesa dos direitos individuais homogêneos, que são aqueles que decorrem de origem comum, pode ser feita a título coletivo, devendo ser registrado que o STF, no RE 163.231-SP, considerou que os direitos individuais homogêneos são uma espécie de direito coletivo, porque são relativos a grupos, categorias ou classes de pessoas, que conquanto digam respeito às pessoas isoladamente, não se classificam como direitos individuais para o fim de ser vedada a sua defesa em ação civil pública, porque sua concepção finalística destina-se à proteção desses grupos, categorias ou classe de pessoas". (Tribunal Superior do Trabalho. 5ª Turma. Proc. RR – 35600-77.2002.5.01.0481. Rela. Mina. Kátia Magalhães Arruda. Data de Publicação. DEJT 11.2.2011)

(228) José Carlos Barbosa Moreira utilizou a expressão "acidentalmente coletivos" para explicar que tal modalidade de direito coletivo, apesar de não possuir a índole de direito coletivo, deve merecer tratamento coletivo. In: BARBOSA MOREIRA, José Carlos. Tutela jurisdicional dos interesses coletivos ou difusos. In: ______ *Temas de direito processual civil*: 3. série. São Paulo: Saraiva, 1984. p. 195-197.

pela sua dimensão social"[229], ou seja, prestigia-se fundamentalmente essa relevância social dessa modalidade, ao invés da incorreta característica coletiva por acidente.

Essa dicotomia essencial-acidental merece ser superada, porque ainda vem causando relevantes confusões jurisprudenciais nos tribunais laborais pátrios.

6.1. *Interesse ou direito difuso*

Nos primeiros estudos veiculados acerca dos interesses metaindividuais, reinou completa falta de exatidão conceitual entre os denominados interesses difusos e coletivos em sentido estrito. Eram estes tidos como equivalentes[230].

As primeiras impressões do direito brasileiro também caminhavam pela confusão entre direito difuso e coletivo em sentido estrito[231], firmando-se distinções entre eles apenas no tocante à ausência de titularidade ativa singular desses direitos.

O legislador brasileiro buscou afastar essa indefinição ao separar os conceitos de interesses difusos e coletivos no Código de Defesa do Consumidor. O conceito de difusos, segundo o art. 81, parágrafo único, inciso I, desse diploma legal, são aqueles "transindividuais, de natureza, indivisível, de que sejam titulares pessoas indeterminadas e ligadas por circunstâncias de fato".

Consoante essa definição legal, as duas principais características dessa espécie seriam: o objeto indivisível e a indeterminação dos sujeitos, características interligadas.

A doutrina[232] classicamente elenca quatro características marcantes dos direitos difusos:

- *Indeterminação dos sujeitos:* decorrem da ausência de vínculo jurídico que aglutine devidamente os sujeitos; agregam-se ocasionalmente em virtude de situações fáticas fugidias e certas contingências, tais como "habitarem certa região, consumirem certo produto, viverem numa certa comunidade"[233];
- *Indivisibilidade do objeto:* configura-se em razão da impossibilidade de partição do objeto em cotas destinadas a pessoas determinadas ou grupos preestabelecidos;

---

(229) BARBOSA, Maria da Graça Bonança. *Ação coletiva trabalhista:* novas perspectivas. São Paulo: LTr, 2010. p. 160.

(230) Para confirmar tal afirmação, basta ver a doutrina de Mauro Cappelletti e Bryant Garth, considerados precursores no desenvolvimento dessa linha doutrinal: "Interesses difusos são interesses fragmentados ou coletivos". In: *Acesso à justiça.* Trad. Ellen Gracie Northfleet. Porto Alegre: Sérgio Antônio Fabris, 2002. p. 26. Aliás, a doutrina italiana até a presente quadra da história não firma distinção precisa entre tais categorias de direitos.

(231) Nesse sentido, NERY JÚNIOR, Nelson; FERRAZ, Antonio Augusto Mello de Camargo; MILARÉ, Édis. *Ação civil pública e a tutela jurisdicional dos interesses difusos.* São Paulo: Saraiva, 1984. p. 56.

(232) MANCUSO, Rodolfo de Camargo. *Interesses difusos:* conceito e legitimação para agir. 4. ed. São Paulo: Revista dos Tribunais, 1997. p. 67 e ss.

(233) *Ibidem,* p. 81.

• *Intensa litigiosidade interna* (na doutrina italiana chamada de *conflitualitá massima)*: deflui da circunstância de que os interesses difusos apresentam-se fluidos, dispersos e desagregados no seio social, aglutinando-se de maneira contingencial, como visto, geralmente de forma contraposta;

• *Duração efêmera:* decorrência da agregação contingencial citada. Os titulares ligam-se por intermédio de situações de fato extremamente fugidias.

Pode-se conceituar, com a intenção de colaborar com os elementos já coligidos pela pena da doutrina de escol, os interesses ou direitos difusos como aqueles transindividuais, de conteúdo não patrimonial(234), de titulares indeterminados, que pairam em estado fluido, "dispersos pela sociedade civil como um todo"(235).

O direito ao meio ambiente saudável, ensino público de qualidade e saúde pública adequada(236) são exemplos clássicos de interesses difusos.

No âmbito trabalhista já houve quem negasse a existência de interesses difusos sob o argumento da necessária existência de sujeitos já determinados nos conflitos laborais(237). Corrente ultrapassada. Há diversos exemplos que podem ser caracterizados como direitos difusos no âmbito das relações laborais. A existência de greve em atividade considerada essencial e inadiável (Lei n. 7.783/1989), pois toda a sociedade é prejudicada. O desvirtuamento na contratação de servidores temporários pela Administração Pública, violando o princípio constitucional da obrigatoriedade do concurso público(238) de provas, ou provas e títulos (art. 37, I, II, § 2º), e, via de consequência, o interesse de uma massa indeterminada de possíveis candidatos a essas vagas indevidamente ocupadas. A existência de regras discriminatórias na contratação de empregados, tais como exigência de atestado de esterilização, restrição à cor ou sexo do candidato. Acidente de trabalho letal que provoca sentimento social de repulsa e indignação, dentre tantos outros exemplos.

6.2. *Direito coletivo em sentido estrito*

Os direitos coletivos em sentido estrito, previstos no inciso II do art. 81 do CDC, foram conceituados pelo legislador como transindividuais de natureza incindível, titularizados por grupo, categoria ou classe de pessoas ligadas entre si, ou com a parte contrária, por uma relação jurídica de base preexistente(239).

---

(234) "... 'interesses difusos' não raro se mostram insuscetíveis de redução a valores monetariamente expressos MOREIRA, José Carlos Barbosa. A ação popular no direito brasileiro como instrumento de tutela jurisdicional dos chamados interesses difusos. In: *Revista de Processo,* São Paulo: RT, n. 28, p. 105, out./dez. 1982.

(235) LEONEL, Ricardo de Barros. *Op. cit.,* p. 105.

(236) O sonho de qualquer cidadão brasileiro!

(237) Cf. VILHENA, Paulo Emílio Ribeiro de. Ação civil pública e tutela do trabalhador. In: *Revista do Tribunal Superior do Trabalho,* São Paulo, Síntese, v. 66, n. 1, p. 41-60, jan./mar. 2000.

(238) Acerca do assunto, *vide* LOPES, Alpiniano do Prado. Ausência de concurso público e dano moral coletivo. In: *Revista do Ministério Público do Trabalho,* Brasília, ano 17, v. 17, n. 33, p. 194-206, mar. 2007.

(239) "relação jurídica base é preexistente à lesão ou ameaça de lesão do interesse ou direito do grupo, categoria ou classe de pessoas. Não há relação jurídica nascida da própria lesão ou da ameaça de lesão". WATANABE, Kazuo. *Op. cit.,* p. 628.

Ao contrário dos interesses difusos, os coletivos em sentido estrito são subjetivamente mais limitados. Isto significa que refletem direitos de pessoas indeterminadas de início, mas posteriormente determináveis, pois o liame entre os interessados é mais coeso; possuem traço organizacional forte, porque decorrem de uma relação jurídica; distintos, portanto, dos difusos, cujos vínculos mostram-se acidentais e meramente factuais.

Portanto, no direito difuso considera-se, tão somente, a condição do ser humano. Mas no coletivo em sentido estrito, aqui apreciado, o homem é considerado primordialmente em sua "projeção corporativa"[(240)].

Da mesma maneira que os difusos, os coletivos em sentido estrito são também transindividuais e indivisíveis. Não se permite fragmentar o objeto do direito protegido; tornam-se insuscetíveis de apropriação exclusiva, daí porque ambos foram classificados pela doutrina como essencialmente coletivos[(241)].

A nítida distinção entre essas categorias encontra-se na corporificação de relações formais entre os titulares dos direitos coletivos em sentido estrito, enquanto nos difusos, como já retratado, as pretensões indivisíveis estão fluídas e dispersas entre indivíduos indeterminados e indetermináveis, relacionados factualmente e de forma conjectural.

Ao contrário dos difusos, os interesses coletivos em sentido estrito poderão ser patrimoniais ou extrapatrimoniais.

Há vários exemplos que envolvem tais modalidades de direitos. Basta citar interesses de grupo de estudantes de determinado estabelecimento irresignados com aumentos de mensalidades escolares. Classe de arquitetos insatisfeitos com aumento abusivo de anuidade devida ao órgão de classe detentor da sua representatividade.

No direito do trabalho também há diversos exemplos envolvendo os direitos coletivos em sentido estrito. Aliás, o direito coletivo do trabalho, caracterizado, inquestionavelmente, como autêntico ramo autônomo[(242)] da ciência jurídica, solidificou a noção de categoria e a defesa de interesses afetos à coletiva de trabalhadores, detentores de interesses profissionais comuns.

Voltando aos exemplos: tem-se a proteção, redução ou eliminação dos riscos do meio ambiente de trabalho de determinada empresa. Proteção de uma coletividade de trabalhadores de dada empresa contra a prática de atos antissindicais. Não recolhimento de depósitos do Fundo de Garantia por Tempo de Serviço (FGTS) de trabalhadores de determinado grupo econômico. Neste caso, se forem consideradas

---

(240) SILVA NETO, Manoel Jorge. *Proteção constitucional dos interesses trabalhistas difusos, coletivos, e individuais homogêneos.* São Paulo: LTr, 2001. p. 32.

(241) A genial formulação é do insuperável MOREIRA, José Carlos Barbosa. *Tutela jurisdicional dos interesses coletivos ou difusos:* temas de direito processual civil. 3. série. São Paulo: Saraiva, 1984. p. 195-197.

(242) Cf. COSTA, Marcelo Freire Sampaio. A autonomia do direito coletivo do trabalho. In: *Revista de Direito do Trabalho Gênesis,* Curitiba, Gênesis, n. 129, p. 384, set. 2003.

algumas finalidades legais para as quais os recursos do FGTS deveriam ser aplicados — § 2º do art. 9º da Lei n. 8.036/1990 —, tais como "habitação, saneamento básico e infraestrutura urbana", também a conduta empresarial consubstanciada em ausência de recolhimentos de FGTS violaria interesses difusos, pois a sociedade deixaria de ser beneficiada com tais investimentos.

6.3. *Interesse individual homogêneo*

O legislador do CDC criou nova categoria pertencentes aos direitos coletivos em sentido amplo(243) qualificados de interesses individuais homogêneos (art. 81, III), inspirados nas *class actions for damages*, "ações de reparação de danos à coletividade do direito norte-americano"(244).

O conceito legal dessa modalidade de direitos é extremamente lacônico, pois menciona apenas que são "decorrentes de origem comum".

São titularizados por pessoas determinadas ou de plano determinável, ao contrário dos anteriores.

Assim como os direitos difusos, os individuais homogêneos também decorrem de circunstâncias fáticas comuns.

Também ao contrário dos anteriores, o objeto dessa modalidade é divisível e permite fragmentação. Isto significa a possibilidade de perfeita partição de cotas (cindíveis) entre os interessados. Basta imaginar o exemplo de uma empresa que deixa de pagar salários por determinado período de tempo. Os interesses exsurgem de uma origem comum (absenteísmo empresarial), e também se mostra possível quantificar (delimitar) os interesses de cada interessado, até porque cada um deles (ou a maioria) possui padrão salarial singular. Nesse caso, então, cada empregado prejudicado terá direito a um quinhão determinado, de acordo com a remuneração auferida.

Os interesses individuais homogêneos, pela sua natureza, não são materialmente transindividuais(245), mas recebem tratamento processual coletivo, isto é, no caso do exemplo citado, apesar de cada titular possuir cota de direito plenamente

(243) Vale esclarecer que o STF, em decisão histórica, verdadeiro *leading case*, reconheceu que os direitos individuais homogêneos são espécies do gênero interesses coletivos. RE n. 163.231-3-ST, STF Pleno. Relator Ministro Maurício Corrêa. *Informativo STF*, n. 62.

(244) DIDIER JÚNIOR, Fredie; ZANETI JÚNIOR, Hermes. *Direitos coletivos* lato sensu: difusos, coletivos e individuais homogêneos. Salvador: Jus Podivm, 2007. v. 4, p. 75.

(245) "Se se trata de los llamados intereses transindividuales que a su vez pueden ser colectivos o difusos según su titularidad se encuentre referida a um grupo o a una generalidad indeterminada de sujetos (la sociedad en su conjunto). En el primer caso, se pregona la existencia de intereses colectivos en sentido estricto, referidos a un más o menos organizado que cuenta con un ente representativo. Mientras que la denominación de intereses difusos cabe cuando no existe esa vinculación formal entre los sujetos resultando su representación imprecisa." In: COMPIANI, María Fabiana. *Op. cit.*, p. 192.

determinável, tais interesses são reunidos numa mesma demanda processual, isto é, uma "defesa coletiva de direitos individuais"[(246)].

Como salientado, inobstante as distinções relevantes entre a modalidade ora apreciada em relação aos direitos difusos e coletivos em sentido lato, não se pode afastar a premissa dos direitos individuais homogêneos serem enquadrados como coletivos em sentido amplo, afirmada no início desse item, e plenamente reconhecida pela jurisprudência pátria, inclusive do Tribunal Superior do Trabalho. Vejamos:

> RECURSO DE REVISTA. LEI N. 13.015/14. AÇÃO CIVIL PÚBLICA. LEGITIMIDADE DO MINISTÉRIO PÚBLICO DO TRABALHO. DANO MORAL COLETIVO. INTERESSE INDIVIDUAL HOMOGÊNEO. SUBMISSÃO DOS EMPREGADOS A REALIZAÇÃO DE EXAMES TOXICOLÓGICOS. 1. Na dicção da jurisprudência corrente do Supremo Tribunal Federal, os direitos individuais homogêneos nada mais são senão direitos coletivos em sentido *lato*, uma vez que todas as formas de direitos metaindividuais (difusos, coletivos e individuais homogêneos) são direitos coletivos e, portanto, passíveis de tutela mediante ação civil pública (ou coletiva). 2. Consagrando interpretação sistêmica e harmônica às leis que tratam da legitimidade do Ministério Público do Trabalho (arts. 6º, VII, letras "*c*" e "*d*", 83 e 84 da Lei Complementar n. 75/1993), não há como negar a legitimidade do Parquet para postular tutela judicial de direitos e interesses individuais homogêneos, inclusive no que tange a sua efetivação. 3. Constatado, no presente caso, que o objeto da ação civil pública diz respeito a direito individual que, por ostentar origem comum, qualifica-se como direito individual homogêneo, atraindo, assim, a legitimidade do Ministério Público do Trabalho para a causa. 4. Recurso de Revista não conhecido.[(247)]

Portanto, o reconhecimento da ausência de transindividualidade não alasta a consagração dos individuais homogêneos como modalidade ou subespécie de direitos coletivos em sentido *lato*, pois o fato de ser possível a determinação individual dos detentores desses direitos não altera a pertinência do manejo da ação coletiva, desde que presente o critério da **relevância social**, isto é, repercussão suficiente, a ser apreciada casuisticamente.

No processo coletivo do trabalho há diversos exemplos de direitos individuais homogêneos, tais como pagamento de insalubridade e periculosidade, pagamento de salários retidos, pagamento de horas extras, sendo tais pedidos vinculados a grupo(s) determinado(s) de trabalhadores de uma empresa.

A doutrina aponta que as ações coletivas, inclusive em relação à modalidade de direitos em destaque, devem alcançar três objetivos, quais sejam: "promover a economia processual, o acesso à justiça e a aplicação voluntária e autoritativa do direito material"[(248)].

---

(246) ZAVASCKI, Teori Albino. Defesa de direitos coletivos e defesa coletiva de direitos. In: *Revista Informação Legislativa*, Brasília, Senado Federal, v. 32, n. 127, p. 83, jul./set. 1995.

(247) Tribunal Superior do Trabalho. 1ª Turma. RR 302-36.2014.5.03.0129. Rel. Desembargador convocado Marcelo Lamego Pertence. DEJT 19.6.2017.

(248) GIDI, Antonio. *A* class action *como instrumento de tutela coletiva dos direitos:* as ações coletivas em uma perspectiva comparada, *op. cit.*, p. 25.

Aliás, o argumento ora apresentado é corroborado pela viabilidade dessa modalidade de direitos ser amplamente albergada pela via da ação civil pública, remédio processual voltado à defesa das três modalidades de direitos coletivos em sentido amplo visualizadas até a presente ocasião[(249)].

Por fim, sintetizando as categorias de interesses ora apresentados, destaca-se o seguinte trecho doutrinário:

> Os interesses difusos e coletivos são, material e processualmente, metaindividuais; enquanto os individuais homogêneos, em razão de serem provenientes de uma causa comum que atinge uniformemente a todos os lesados, são metaindividuais apenas para fins de tutela judicial coletiva.[(250)]

7. Do dano moral coletivo como expressão da violação de interesses ou direitos coletivos de natureza não patrimonial

Consoante salientado em momento anterior, a responsabilidade civil, na sua função precípua de proteger o equilíbrio social, tem seu campo de abrangência alargado à medida que se mostra necessária a tutela geral da personalidade humana, em razão do surgimento de novas esferas de proteção à pessoa humana, densificadas por intermédio do princípio reitor da dignidade, nos vieses individual e coletivo.

Da proteção eminentemente patrimonialista do liberalismo, bem expressada no cenário pátrio por intermédio do ultrapassado Código Civil de 1916, passando pela chancela posterior da possibilidade de reparação de danos morais singulares, até o reconhecimento legal da existência de interesses ou direitos extrapatrimoniais excedentes dos limites da individualidade, e, via de consequência, a possibilidade da configuração de dano extrapatrimonial decorrente da violação destes direitos, longo lapso temporal, solidificando as searas legal, doutrinária e jurisprudencial, foi percorrido.

Como salientado anteriormente, de há muito são reconhecidos pela lei os interesses excedentes dos limites da individualidade. Basta lembrar que a Lei n. 4.717, de 1965, mais conhecida como Lei da Ação Popular, já naquele momento histórico albergava[(251)], afirmando em seu art. 1º, a possibilidade da proteção do patrimônio público, ou seja, interesse que obviamente ultrapassa as contendas individuais. O ápice desse desenvolvimento legal pode ser considerado a definição legal de interesses coletivos em sentido *lato*, no art. 81 da Lei de Defesa do Consumidor, popular CDC.

Há de se reconhecer, portanto, consoante será desenvolvido com maior vagar em momento posterior, a existência de interesses coletivos que, em função da

(249) Sobre essa questão cf. COSTA, Marcelo Freire Sampaio. *Execução provisória satisfativa nas ações coletivas trabalhistas*. São Paulo: LTr, 2012.

(250) BEZERRA LEITE, Carlos Henrique. *Op. cit.*, p. 63.

(251) Lembre-se de que a ação popular foi prevista pela primeira vez na Constituição de 1934.

qualidade intrínseca e diferenciada dos bens e valores(252) neles albergados, porque vinculados ao valor maior da proteção da dignidade da pessoa humana, merecem abrigo protetivo diferenciado.

O desenvolvimento doutrinário alcançado pelo tema, consoante também será apreciado em momento posterior, certamente ainda não atingiu a maturidade científica necessária.

Aliás, essa falta de consolidação científica do assunto ora tratado, envolvendo a ocorrência de danos atingindo esferas além dos liames singulares, reflete-se diretamente na vacilante construção jurisprudencial pátria.

Inobstante haja reconhecimento notadamente no sítio dos tribunais trabalhistas, conforme será apresentado posteriormente, da possibilidade da configuração dessa espécie (coletiva) de dano extrapatrimonial, as razões de decidir desses julgados ainda, vez ou outra, cambaleiam.

O motivo desses fundamentos, vez ou outra trôpegos da jurisprudência pátria, inclusive no próprio Tribunal Superior do Trabalho em que tal instituto vem recebendo forte acolhida há vários anos, mostra-se bastante óbvio.

O instituto do dano moral coletivo nasceu (e ainda hoje vem sendo embalado) na jurisprudência pátria, mais precisamente nos primeiros julgados laborais que tratavam do chamado trabalho escravo ou análogo à escravidão. A doutrina veio depois, e ainda hoje é bastante incipiente, principalmente quanto ao número absoluto de livros e artigos sobre esse tema.

Nesse eito, o presente estudo sempre teve a intenção de contribuir com a apresentação de elementos científicos capazes de melhor fundamentarem os pedidos e os julgados envolvendo tal assunto.

---

(252) "consideran relevante la lesión a todo interés digno por natureza (en funcíon de la calidad intrínseca de los bienes y valores a defender) y que merezca cualquier tipo de protección." In: COMPIANI, María Fabiana. *Op. cit.*, p. 193.

Capítulo 4

CONSOLIDANDO O CONCEITO DE DANO MORAL COLETIVO NAS RELAÇÕES LABORAIS. REALIDADE JURISPRUDENCIAL DO TRIBUNAL SUPERIOR DO TRABALHO

1. Aspectos introdutórios e justificação à delimitação do campo de abrangência proposto

O estudo do principal referencial teórico em apreço possui como pressuposto a necessidade de se ter como preocupação essencial de uma sociedade, com fortes bases solidarísticas, a atenção à proteção da vítima de um dano, "buscando-se a formulação de um princípio que vise, antes de tudo, a assegurar a ordem social e a salvaguarda da dignidade daquele que, sem sua culpa, sofrer dano derivado da atividade de outrem"[253].

Na seara da responsabilidade civil, além da força expansiva alcançada por esse instituto numa sociedade de conflitos massificados que em última instância acaba por significar a própria proteção do equilíbrio social, há de se ter como premissas norteadoras do estudo a ser desenvolvido no presente capítulo os princípios constitucionais da solidariedade e da dignidade da pessoa humana - suas projeções individual e coletiva, sendo esta concebida como verdadeiro "atributo valorativo fundante"[254] do dever de indenizar danos patrimoniais e extrapatrimoniais, nas searas individual e coletiva.

Ressalte-se, também, o tríplice âmbito de abrangência (constitucional-civil--trabalhista) até o presente momento desenvolvido decorrer do inquestionável caráter interdisciplinar[255] que o estudo da responsabilidade civil se reverte, inobstante a prevalência tenha sido conferida neste trabalho ao dano moral coletivo ocorrida

(253) HIRONAKA, Giselda Maria F. Novaes. *Responsabilidade pressuposta.* Belo Horizonte: Del Rey, 2005. p. 111.

(254) *Ibidem*, p. 117.

(255) Rodolfo Pamplona Filho ratifica a interdisciplinaridade do estudo da responsabilidade civil. Sobre o tema assim se manifestou: "Discorrer sobre o tema 'responsabilidade' não é, definitivamente, atribuição das mais fáceis, tendo em vista que se trata de uma matéria de natureza interdisciplinar, pois não se refere somente ao Direito Civil, mas sim a praticamente todos os outros ramos do Direito". In: *Ação popular.* 3. ed. São Paulo: Revista dos Tribunais, 1998. p. 33.

nas relações de trabalho. E essa prioridade será ainda mais preponderante daqui para frente nesse estudo, principalmente considerando o já citado ataque feito pelo legislador reformista laboral de 2017, que pretendeu isolar a disciplina do dano extrapatrimonial ao texto celetista.

Aliás, no tocante ao processo do trabalho, há tradição quanto ao reconhecimento de conflitos de índole coletiva, envolvendo, de um lado, uma coletividade de trabalhadores, e, de outro, o empregador. Esse impasse de interesses, desde a CLT, deve ser resolvido pelo conhecido poder normativo da Justiça do Trabalho (art. 114, § 2º, da Carta Constitucional de 1988).

Nesse eito, se a conflagração dos conflitos coletivos é inquestionável, os danos extrapatrimoniais também são natural consequência desses impasses. O dano moral coletivo é apenas um deles.

Talvez essa vocação histórica e natural da Justiça do Trabalho com os conflitos de índole coletiva, somado a também natural eficácia e celeridade com a qual esse ramo da jurisdição dá cabo de suas atribuições, ajude a explicar o desenvolvimento jurisprudencial mais acelerado desse instituto, comparando-se com os demais ramos da jurisdição brasileira.

1.1. Ainda no aspecto introdutório. Reflexos sociais do dano moral nas relações laborais

Vale lembrar que os direitos sociais, conforme definição disposta no art. 6º da Carta Magna de 1988, aos quais se integrou os chamados direitos fundamentais laborais específicos, nos arts. 7 até 11, desse mesmo Texto Maior (tais como greve, liberdade sindical, vertente individual e coletiva, repouso semanal remunerado, direito ao descanso entre as jornadas, limite máximo à duração da jornada normal de trabalho, proteção contra despedida arbitrária, proibição de trabalho noturno, perigoso ou insalubre aos menores de dezoito anos e de qualquer trabalho aos menores de dezesseis, salvo na condição de aprendiz, somente a partir dos quatorze, e tantos outros), foram inseridos no título "Dos Direitos e Garantias Fundamentais", o que afirma opção constitucional clara pela fundamentalidade dos direitos sociais, e, por consequência, os direitos trabalhistas afirmados nessa carta.

Portanto, os direitos sociais e, mais especificamente, os laborais, possuem um inegável caráter transcendental e fundamental, apto a "impor valores à sociedade, e, consequentemente, a todo ordenamento jurídico"(256). Tais valores, de inegável projeção coletiva, são os seguintes:

> ... a solidariedade (como responsabilidade social de caráter obrigacional), a justiça social (como consequência da necessária política de distribuição dos recursos econômicos e culturais produzidos pelo sistema), e a projeção da dignidade humana (como forma de impedir que os interesses econômicos suplantem a necessária respeitabilidade à condição humana)(257).

---

(256) SOUTO MAIOR, Jorge Luiz. O dano social e a sua reparação. In: *Revista LTr,* São Paulo, v. 71, n. 11, p. 1.317, nov. 2007.

(257) SOUTO MAIOR, Jorge Luiz. O *dano social...*, p. 1.317.

Nessa toada, o desrespeito aos direitos laborais, ainda que restritos a uma relação com limites meramente individuais, terá reflexos sociais inquestionáveis, considerando a projeção social e a fundamentalidade conferido a esses direitos pela Carta Maior de 1988.

Por consequência, danos extrapatrimoniais exsurgidos nas relações laborais também carregarão essa projeção coletiva, de desrespeito à própria ordem jurídica trabalhista, daí a afirmação, cada vez mais frequente, da ocorrência de danos morais coletivos nas relações laborais.

Voltando à ideia da possibilidade de projeção coletiva de danos extrapatrimoniais em conflitos individuais, o Tribunal Superior do Trabalho, em duas ocasiões distintas, reconheceu uma verdadeira projeção coletiva em casos de violações de direitos verdadeiramente individuais, envolvendo trabalho infantil, inclusive admitindo a legitimidade de atuação jurisdicional do Ministério Público do Trabalho em sede de ação civil pública.

A primeira hipótese de direito individual indisponível com projeção coletiva envolveu trabalho infantil doméstico de criança por mais de dez anos, com declaração de "submissão da jovem à condição análoga à de escravo"(258), bem como condenação em dano moral coletivo, foi expressamente reconhecida pela Quinta Turma do Tribunal Superior do Trabalho.

A segunda hipótese, julgada pela Primeira Turma do Tribunal Superior do Trabalho, condenou grupo de pessoas, envolvendo "microempresários, políticos, advogados e policiais"(259), na cidade de Sapé, Paraíba, condenados em danos morais coletivos por exploração sexual comercial de trabalho infantil.

Para finalizar este sumário introdutório, pretende-se, também, expor ao longo deste capítulo, a realidade jurisprudencial — primordialmente do Tribunal Superior do Trabalho — pertinente ao dano moral coletivo ou extrapatrimonial coletivo ou social, exibindo precedentes acolhendo e desacolhendo a configuração de tal modalidade de dano.

2. Tripé justificador do dano moral coletivo

Defende-se a existência de três vetores (tripé justificador) que justificam o reconhecimento da ocorrência de danos excedentes da esfera da individualidade. São eles:

a) dimensão ou projeção coletiva do princípio da dignidade da pessoa humana;

b) ampliação do conceito de dano moral coletivo envolvendo não apenas a dor psíquica;

---

(258) Notícia publicada na página virtual do Tribunal Superior do Trabalho. O número do processo foi omitido visando a preservação da identidade da menor envolvida. Acesso em 18.7.2019.

(259) *Idem*.

c) coletivização dos direitos ou interesses por intermédio do reconhecimento legislativo dos direitos coletivos em sentido *lato*.

Senão veja-se.

2.1. *Da dimensão coletiva da dignidade da pessoa humana*

Conforme salientado anteriormente, o dano moral ou extrapatrimonial, em consonância com os recentes eflúvios emanados pela Carta Maior de 1988, representa a violação do direito da dignidade da pessoa humana[(260)], em suas vertentes individual e coletiva.

A dignidade da pessoa humana alcança, além do secular reconhecimento de uma dimensão ontológica construída a partir da noção de autonomia da vontade do ser humano, novéis esferas de proteção, conforme inclusive deixou antever a forma como restou positivado constitucionalmente, como fundamento da República e do Estado Democrático de Direito (art. 1º, III), o princípio da dignidade da pessoa humana.

Essa citada projeção comunitária ou social do princípio da dignidade da pessoa humana representa a existência de um dever geral de respeito no âmbito da comunidade dos seres humanos[(261)]. Em suma, seja a dimensão singular ou coletiva, a proteção da dignidade implica uma obrigação geral de respeito ao ser humano, individual ou coletivamente agrupado.

No momento em que a majoritária doutrina, consoante será apresentado com mais vagar posteriormente, salienta que o dano moral coletivo significa uma "injusta lesão da esfera moral de uma dada comunidade"[(262)], ou a violação de "um determinado círculo de valores coletivos"[(263)], desencadeadores de um sentimento de repulsa e indignação, significa dizer, em outros termos, ter restado violada a citada obrigação geral (portanto, viés coletivo) de respeito pela pessoa humana. Isto representa, em outras palavras, violação da projeção coletiva da dignidade da pessoa humana. Os citados sentimentos de repulsa e indignação representam apenas e tão somente eventuais consequências da citada violação.

Há precedentes de tribunais regionais trabalhistas que corroboram a vinculação da ocorrência de dano moral social à mencionada violação desse círculo de valores

(260) Neste sentido, dentre tantos, CAVALIERI FILHO, Sérgio. *Programa de responsabilidade civil.* 7. ed. São Paulo: Atlas, 2007. p. 131.

(261) SARLET, Ingo Wolfgang. *Dignidade da pessoa humana e direitos fundamentais.* 3. ed. rev., atual. e ampl. Porto Alegre: Livraria do Advogado, 2004. p. 52. No mesmo sentido, SARLET, Ingo Wolfgang. As dimensões da dignidade da pessoa humana: construindo uma compreensão jurídico-constitucional necessária e possível. In: SARLET, Ingo Wolfgang (Org.). *Dimensões da dignidade:* ensaios de filosofia do direito e direito constitucional. Porto Alegre: Livraria do Advogado, 2005. p. 23.

(262) BITTAR FILHO, Carlos Alberto. Dano moral coletivo no atual contexto jurídico brasileiro. In: *Revista Direito do Consumidor,* São Paulo, RT, n. 12, p. 54, out./dez. 1994.

(263) *Idem.* Ainda, dentre outros, *vide* COMPIANI, María Fabiana. Responsabilidade por danos colectivos. In: *Revista de Direito do Consumidor,* São Paulo, RT, n. 36, p. 192, out./dez. 2000.

coletivos desencadeadores de um sentimento geral de repulsa e indignação, aqui vinculado também à citada obrigação geral de respeito pela pessoa humana. Senão veja-se:

> TRABALHO FORÇADO. DANO MORAL COLETIVO. A prática do trabalho forçado viola um dos mais importantes fundamentos da República Federativa do Brasil, qual seja o da *dignidade da pessoa humana* (art. 1º, III, da Constituição). A sociedade deve combatê-lo. O Estado deve reprimi-lo. O Poder Judiciário, então, deve agir, quando provocado, no sentido de restabelecer o cumprimento dessa norma. Logo, caracterizado o trabalho forçado, é evidente o dano moral coletivamente considerado, que vulnera o respeito indispensável *a que todo ser humano tem direito.*(264)

> DANO MORAL COLETIVO — POSSIBILIDADE. Uma vez configurado que a ré violou direito transindividual de ordem coletiva, infringindo normas de ordem pública que regem a saúde, segurança, higiene e meio ambiente do trabalho e do trabalhador, é devida indenização por dano moral coletivo, pois tal atitude da ré abala *o sentimento de dignidade, falta de apreço e consideração, tendo reflexos na coletividade* e causando graves prejuízos à sociedade.(265)

O Tribunal Superior do Trabalho, na primeira vez que apreciou pedido de dano moral coletivo, ratificou posicionamento similar ao ora apresentado, porque reconheceu ter havido lesão à ordem jurídica(266) em razão da homologação de acordos na jurisdição nitidamente prejudiciais aos direitos "indisponíveis dos trabalhadores", senão vejamos:

> RECURSO DE REVISTA INTERPOSTO PELO MINISTÉRIO PÚBLICO DO TRABALHO DA 3ª REGIÃO. DANO MORAL COLETIVO. REPARAÇÃO. POSSIBILIDADE. AÇÃO CIVIL PÚBLICA VISANDO OBRIGAÇÃO NEGATIVA. ATO ATENTATÓRIO À DIGNIDADE DA JUSTIÇA. RESCISÃO DE CONTRATO ATRAVÉS DE ACORDOS HOMOLOGADOS NA JUSTIÇA. LIDE SIMULADA. Resta delineado nos autos que a postura da empresa, em proceder ao desligamento dos empregados com mais de um ano de serviço, através de acordos homologados na justiça, atenta contra a dignidade da justiça. A ação civil pública buscou reverter o comportamento da empresa, na prática de lides simuladas, com o fim de prevenir lesão a direitos sociais indisponíveis dos trabalhadores. Incontroverso o uso da Justiça do Trabalho como órgão homologador de acordos, verifica-se *lesão à ordem jurídica,* a possibilitar a aplicação de multa em razão do dano já causado à coletividade. Houve o arbitramento de multa de R$ 1.000,00 por descumprimento das obrigações negativas determinadas na ação civil pública: abster-se de encaminhar os empregados à Justiça do Trabalho com a finalidade de obter homologação de rescisões do contrato de trabalho e de utilizar-se do judiciário trabalhista como órgão homologador das rescisões contratuais, sem real conflito entre as partes. Tal cominação não impede que o dano moral coletivo infligido em face da prática lesiva de homologação de acordos trabalhistas, utilizando-se do aparato judiciário com fim fraudulento, seja reparado, com multa a ser revertida ao Fundo de

---

(264) RO-1327/2003. Tribunal Regional do Trabalho da 8ª Região. 1ª Turma. Rel. Desembargador Georgenor de Sousa Franco Filho. DJ 4.10.2005. (Os grifos não constam do original.)

(265) RO-5309/2002. Tribunal Regional do Trabalho da 8ª Região. 1a Turma. Rel. Desembargador Luiz José de Jesus Ribeiro. DJ 17.12.2002. (Os grifos não constam do original.)

(266) Entende-se, também, que a citada lesão à ordem jurídica não deixa de ser consequência da violação à cláusula geral de proteção da pessoa, densificada por intermédio do viés coletivo da dignidade da pessoa humana.

> Amparo ao Trabalhador, pelos danos decorrentes da conduta da empresa. Recurso de revista conhecido e provido, para restabelecer a R. sentença que condenou a empresa a pagar o valor de R$ 30.000,00 (trinta mil reais) a título de indenização a ser revertida ao FAT.(267)

Especificamente, a violação da dimensão ou projeção coletiva da dignidade da pessoa humana como causadora do dano moral coletivo também já vem sendo reconhecida pelo Tribunal Superior do Trabalho. Vejamos:

> O caráter das violações realizadas, em determinados casos, é suficiente para atingir a projeção coletiva da dignidade da pessoa humana (art. 1º, III, da CF/88)(268)

O sentimento de repulsa e desapreço social exsurgido por intermédio da ocorrência do dano moral coletivo mostra-se, como mencionado anteriormente, mera e possível consequência da citada violação do dever geral de respeito geral pela pessoa humana, individual ou coletivamente considerada.

Também no precedente citado do Tribunal Superior do Trabalho, a violação da ordem jurídica, havida em razão da ofensa de um círculo indisponível de direitos de uma coletividade de trabalhadores, foi consequência do menoscabo à projeção coletiva do princípio da dignidade da pessoa humana, considerando este, como ressaltado anteriormente, representar dever de respeito geral da pessoa humana, individual ou coletivamente agrupada.

2.2. *Da ampliação do conceito de dano moral envolvendo não apenas a dor psíquica*

Consoante já salientado em momento anterior, em decorrência do moderno paradigma constitucional de ampla proteção do ser humano(269), imperioso afastar a ultrapassada concepção vinculativa da ocorrência do dano moral ou extrapatrimonial à esfera subjetiva da dor, sofrimento e emoção, pois tais aspectos são eventuais e possíveis consequências(270) da violação perpetrada. Em outras palavras, deve ser excluída a ideia, "tão difundida quanto errônea, de que o dano moral é a dor sofrida pela pessoa"(271). A dor, de fato, "é apenas a consequência da lesão à esfera extrapatrimonial"(272) de uma dada pessoa, consequência essa, diga-se mais uma vez, meramente eventual.

(267) RR-1156/2004. Tribunal Superior do Trabalho. 6ª Turma. Rel. Ministro Aloysio Corrêa da Veiga. DJ 17.11.2006. (Os grifos não constam do original.)

(268) AIRR 114-89.2013.5.09.0653, Tribunal Superior do Trabalho. 8ª Turma. Rela. Mina. Dora Maria da Costa. DEJT 7.8.2015.

(269) Aliás, tal linha de raciocínio encontra albergue no inciso XXXV, do art. 5º da Carta Magna, que dispõe acerca da impossibilidade de excluir da apreciação do Poder Judiciário toda e qualquer "lesão ou ameaça a direito".

(270) "Dor, vexame, sofrimento e humilhação são consequência, e não causa. Assim como a febre é o efeito de uma agressão orgânica, dor, vexame e sofrimento só poderão ser considerados dano moral quando tiverem por causa uma agressão à dignidade de alguém". CAVALIERI FILHO, Sérgio. *Op. cit.*, p. 80.

(271) GAGLIANO, Pablo Stolze; PAMPLONA FILHO, Rodolfo. *Novo curso de direito civil:* responsabilidade civil. 4. ed. São Paulo: Saraiva, 2006. v. 3, p. 82.

(272) GAGLIANO, Pablo Stolze; PAMPLONA FILHO, Rodolfo. *Novo curso de...*, p. 82.

Aliás, recentemente o Tribunal Superior do Trabalho reconheceu expressamente a ideia aqui apresentada desde a primeira edição desse estudo. Vejamos:

> DANO MORAL COLETIVO. O reconhecimento do dano moral coletivo não se vincula ao sentimento de dor ou indignação no plano individual de cada pessoa que integra a coletividade, mas, ao contrário, relaciona-se à transgressão do sentimento coletivo, consubstanciado no sofrimento e indignação da comunidade, grupo social, ou determinada coletividade, ante a lesão coletiva decorrente do descumprimento de preceitos legais e de princípios constitucionais. Extrai-se do acórdão regional que não havia a correta consignação dos horários de trabalho nos registros de ponto, os quais possuíam marcações britânicas. A jornada de trabalho era extrapolada além dos limites legais e os intervalos intra e interjornadas não eram cumpridos. Inegável, portanto, a prática de condutas socialmente repulsivas, independentemente das lesões que possam se revelar no plano individual. A coletividade trabalhadora da empresa ré, em razão das condutas ilícitas patronais, teve frustrado o direito a jornada de trabalho segura, revelando ameaça à higidez física e psíquica dos trabalhadores, circunstância que basta para a caracterização do dano moral coletivo. Recurso de revista conhecido e provido.(273)

A proteção jurídica hodierna busca alcançar todo e qualquer dano extrapatrimonial, não ficando inclusive limitada ao rol de direitos insertos no inciso X da Carta Maior brasileira (intimidade, vida privada, honra e imagem), pois tal enumeração "é meramente exemplicativa"(274).

Ademais, se a concepção de dano extrapatrimonial estivesse apenas e tão somente vinculada à ideia de dor e sofrimento, não se poderia aceitar a configuração dessa modalidade de dano à pessoa jurídica (violação objetiva do direito ao nome, consideração e reputação social), como acontece em nossa realidade pátria (*vide* Súmula n. 227 do Superior Tribunal de Justiça e art. 52 do Código Civil).

Aliás, o entendimento sumular do tribunal mencionado, quanto ao reconhecimento de o dano moral atingir também pessoas jurídicas, constituiu "o primeiro passo para que se aceite a reparabilidade do dano moral em face de uma coletividade"(275).

Além de a chancela do cabimento desse dano extrapatrimonial também alcançar as pessoas jurídicas, o ponto chave para a aceitação do chamado dano moral coletivo "está na ampliação de seu conceito, deixando de ser o dano moral um equivalente da dor psíquica, exclusividade de pessoas físicas"(276).

A jurisprudência pátria já vem reconhecendo o argumento ora apresentado. Vejamos:

---

(273) Tribunal Superior do Trabalho. 6ª Turma. RR 957-39.2015.5.03.0109. Rel. Min. Augusto César Leite de Carvalho. DEJT 4.10.2019.

(274) PEREIRA, Caio Mario da Silva. *Responsabilidade civil.* 7. ed. Rio de Janeiro: Forense, 1996. p. 58.

(275) RAMOS, André de Carvalho. A ação civil pública e o dano moral coletivo. In: *Revista de Direito do Consumidor*, São Paulo, RT, n. 25, p. 82, jan./mar. 1998.

(276) RAMOS, André de Carvalho. A ação civil pública e o dano moral coletivo. In: *Revista de Direito do Consumidor,* São Paulo, RT, n. 25, p. 82, jan./mar. 1998.

Destaco que, no dano moral coletivo, não há que se buscar um equivalente da dor psíquica, como se faz em relação às pessoas físicas e sim aos valores considerados como relevantes pela sociedade.[277]

DANO MORAL COLETIVO. A ideia de que o dano moral está ligado à mera noção de dor e sofrimento psíquico de caráter individual cai por terra diante da Súmula n. 227 do STJ, no sentido de que a pessoa jurídica pode sofrer danos morais, e do contido no art. 52 do novo Código Civil, que é claro ao estabelecer que "aplica-se às pessoas jurídicas, no que couber, a proteção dos direitos da personalidade".[278]

Há corrente doutrinária, como dito, ainda reducionista, considerando ser a vítima necessariamente "uma pessoa"[279], bem como a devida imbricação dessa modalidade de dano "à lesão da parte sensitiva do ser humano"[280] (dor, sentimento, lesão psíquica, etc.). Essa mesma linha doutrinária equivocada acabou por influenciar a jurisprudência do Superior Tribunal de Justiça[281], posição, atualmente, já ultrapassada, felizmente.

Portanto, quando se afirma a ocorrência de dano moral na esfera individual, resta configurada a violação da dignidade da pessoa humana em sua projeção individual.

Óbvio que, por certo, tal violação gera como consequência usualmente a lesão à parte sensitiva do ser humano, porém, como já afirmado, tal lesão é apenas eventual consequência da violação ao princípio da dignidade.

Na verdade, a consequência natural desse dano será a intolerável transgressão da ordem jurídica.

Assim, quando se trata de dano moral coletivo, resta afirmada a transgressão direta da projeção coletiva da dignidade da pessoa humana, consubstanciada em direitos transindividuais, de relevância coletiva, cuja consequência será um fato objetivo, qual seja, a **grave e intolerável violação da ordem jurídica**, de inegável viés coletivo.

---

(277) RO-1732/2004. Tribunal Regional do Trabalho da 8ª Região. 1ª Turma. Rela. Desa. Suzy Elizabeth Cavalcante Koury, DJ 21.2.2006.

(278) RO-539/2006. Tribunal Regional do Trabalho da 14ª Região. Rel. Juiz Vulmar de Araújo Coelho Júnior. DJ 24.4.2007.

(279) ZAVASCKI, Teori. *Processo coletivo:* tutela de direitos coletivos e tutela coletiva de direitos. 2. ed. São Paulo: Revista dos Tribunais, 2007. p. 50. Neste sentido também MARTINS, Sérgio Pinto. *Dano moral decorrente do contrato de trabalho.* São Paulo: Atlas, 2007. p. 88.

(280) ZAVASCKI, Teori. *Op. cit.,* p. 88.

(281) E também de parcela minoritária e equivocada da jurisdição laboral, senão vejamos: "A uma porque o dano moral não pode ser coletivo. O dano moral é todo sofrimento causado ao indivíduo em decorrência de qualquer agressão aos atributos da personalidade ou aos seus valores pessoais. É, portanto, de caráter individual, não sendo compatível com a ideia de 'transindividualidade' da lesão, não havendo qualquer previsão legal de que a coletividade possa ser sujeita de dano moral coletivo". *Revista do Tribunal do Trabalho da 8ª Região,* v. 40, n. 79, p. 164, jul./dez. 2007. Acórdão TRT. 3ª T. RO-0002-2006-011-08-00-2. Rela Des. Graziela Leite Colares.

Nesse eito, todos os sentimentos de repulsa e indignação social decorrentes desse dano coletivo, assim como no dano de natureza singular, também são mera consequência dessa grave violação à projeção coletiva do princípio da dignidade da pessoa humana, consubstanciado no intolerável vilipêndio à ordem jurídica.

A jurisprudência do Tribunal Superior do Trabalho há muito vem descolando o dano moral coletivo da violência aos sentimentos, causadores de flagelos sensitivos, passando a aproximá-lo corretamente da grave e intolerável violação à ordem jurídica; vejamos:

> O que releva investigar, no caso em tela, é a gravidade da violação infligida pela ré à ordem jurídica. A coletividade é tida por moralmente ofendida a partir do fato objetivo da violação da ordem jurídica. No caso, impossível afastar da conduta da ré tal caráter ofensivo e intolerável porque caracterizado o descumprimento de norma relativa a limitação da jornada de trabalho, inserida no rol das normas de indisponibilidade absoluta, eis que tem por bem jurídico protegido a saúde e a segurança dos trabalhadores. Ademais, embora a reclamada pretensamente tenha adequado sua conduta às disposições legais no curso do processo judicial, restou firmado nos autos que por lapso temporal significativo a empresa procedeu mediante violação da ordem jurídica, o que é suficiente para caracterizar o dano moral coletivo e, por conseguinte, justificar a recomposição da coletividade mediante pagamento de indenização. A medida é punitiva e pedagógica: funciona como forma de desestímulo à reiteração do ilícito e sanciona a empresa, que, de fato, teve favorecido ilicitamente seu processo produtivo e competiu em condições desproporcionais com os demais componentes da iniciativa privada[(282)].
>
> A lesão a direitos transindividuais, objetivamente, traduz-se em ofensa ao patrimônio jurídico da coletividade, que precisa ser recomposto. A caracterização do dano moral coletivo, pois, independe de lesão subjetiva a cada um dos componentes da coletividade ou mesmo da verificação de um sentimento coletivo de desapreço ou repulsa. O elemento cuja gravidade caracteriza o dano moral coletivo é a lesão intolerável à ordem jurídica, e não necessariamente sua repercussão subjetiva[(283)].
>
> RECURSO DE REVISTA DA RECLAMADA – CONSTRUTORA RV LTDA. – AÇÃO CIVIL PÚBLICA – CONSTRUÇÃO CIVIL – REPARAÇÃO DE LESÃO OFENSIVA AOS VALORES FUNDANTES DA CONSTITUIÇÃO FEDERAL DE 1988 – NÃO PREENCHIMENTO DAS VAGAS RESERVADAS PARA PESSOAS COM DEFICIÊNCIA – ART. 93 DA LEI N. 8.213/91 – OFENSA A DIREITO DIFUSO – DIREITO FUNDAMENTAL À IGUALDADE MATERIAL – EFICÁCIA HORIZONTAL DOS DIREITOS FUNDAMENTAIS. A evolução das concepções jurídicas acerca da responsabilidade civil, que caminha desde o reconhecimento restrito do dano material, passando pela admissibilidade do dano moral individual, até o reconhecimento, à luz dos marcos da Constituição Federal de 1988, da necessidade de reparação da coletividade, quando atingidos, por meio de conduta ilícita, valores assentados na Carta de 1988 e que detém titularidade transindividual, torna imperativa a afirmação do direito à reparação por dano imaterial coletivo, que, de forma tecnicamente inadequada, vem sendo denominado dano moral coletivo. É importante ressalta-se que,

---

(282) RR-107500-26.2007.5.09.0513. Tribunal Superior do Trabalho. 1ª Turma. Rel. Min. Luiz Philippe Vieira de Mello Filho. DEJT 23.9.2011.

(283) ARR – 3224600-55.2006.5.11.0019. Tribunal Superior do Trabalho. 4ª Turma. Rel. Min. João Oreste Dalazen. DEJT 21.8.2015.

assim como a denominação, que se refere aos direitos de natureza individual, os pressupostos para o reconhecimento da responsabilidade em razão dessa espécie de dano são diversos, revelando a insuficiência dos paradigmas do direito liberal clássico para lidar com as novas categorias jurídicas transindividuais. Nesse contexto, resulta incabível perquirir, na conduta da ré no caso concreto, a existência de incômodo moral com gravidade suficiente a atingir não apenas o patrimônio jurídico dos trabalhadores envolvidos, mas o patrimônio de toda a coletividade. **O que releva investigar, no caso em tela, é a gravidade da violação infligida pela ré à ordem jurídica.** A coletividade é tida por ofendida, imaterialmente, a partir do fato objetivo da violação da ordem jurídica. Assim, verificado nos autos que a ré resistiu em cumprir a cota de portadores de deficiência prevista no art. 93 da Lei n. 8.213/91, descumprindo, injustificadamente, norma garantidora do princípio da igualdade material e da não discriminação das pessoas portadoras de necessidades especiais e, por conseguinte, furtando-se à concretização de sua função social, é devida a reparação da coletividade pela ofensa aos valores constitucionais fundamentais. Recurso de revista não conhecido.(284) (grifo nosso)

O argumento, ora apresentado, é similar a distinção que vem sendo feita no processo civil, consolidada pelo CPC de 2015, ao tratar da chamada tutela inibitória, entre o ato contrário ao direito e o dano eventualmente dele decorrente. Vejamos:

> É preciso deixar claro que o dano é uma consequência meramente eventual do ato contrário ao direito (ilícito)(285).

Portanto, para repetir mais uma vez, assim como a dor, sofrimento ou outro equivalente psíquico mostra-se eventual decorrência do dano moral individual, o sentimento de repulsa e indignação social também se apresenta como mera e possível decorrência do dano moral coletivo.

Na verdade, como bem afirmado no precedente citado, o elemento cuja gravidade caracterizará o dano moral coletivo será a intolerável lesão à ordem jurídica, e não necessariamente a repercussão subjetiva dessa lesão nos atingidos.

Após a explanação apresentada ao longo do presente, fica fácil descobrir as razões que justificam a equivocidade da premissa ratificadora da impossibilidade do reconhecimento da ocorrência do dano extrapatrimonial coletivo.

2.3. *Da coletivização dos direitos por intermédio do reconhecimento dos interesses ou direitos coletivos em sentido lato*

Como salientado anteriormente, de há muito existe a chancela legal dos interesses excedentes dos limites da individualidade. Basta recordar a conhecida Lei da Ação Popular que já na década de 1960 admitia (art. 1º) a possibilidade da proteção do patrimônio público, ou seja, interesses que obviamente superavam e superam os limites da individualidade. O ápice desse desenvolvimento legal pode ser considerado a definição das três modalidades de interesses coletivos, em sentido *lato*,

---

(284) Tribunal Superior do Trabalho. 7ª Turma. RR 1991-15.2011.5.10.0004. Rel. Min. Luiz Philippe Vieira de Mello Filho. DEJT 31.3.2015.

(285) MARINONI, Luiz Guilherme; ARENHART, Sérgio Cruz; MITIDIERO, Daniel. *Novo curso de processo civil:* tutela dos direitos mediante procedimento comum. São Paulo: Revista dos Tribunais, 2015. vol. II, p. 479.

disposta no art. 81 da Lei de Defesa do Consumidor, mais conhecido como CDC, cujo objetivo é a tutela de conflitos ínsitos de sociedades de relações massificadas.

Aliás, registre-se que após a edição da Lei da ACP e do CDC, institui-se no direito brasileiro um sistema "completo e eficaz para proteção dos direitos difusos, coletivos e individuais homogêneos"(286), superando inclusive deficiências encontradas em modelos similares de países europeus (dito desenvolvidos), tais como França, Portugal, Itália, Espanha, dentre outros(287).

A compreensão do dano moral coletivo vincula-se necessariamente "aos direitos metaindividuais e aos respectivos instrumentos de tutela"(288), sendo também necessário redimensionar os modelos teóricos clássicos do direito a essas novas categorias exsurgidas há algumas décadas no cenário pátrio.

A propósito, os interesses transindividuais ou coletivos no direito do trabalho encontram-se na gênese do surgimento dessa disciplina. Vejamos trecho doutrinário que corrobora o afirmado:

> O interesse coletivo, no direito do trabalho, é aquele de que é titular a categoria, ou uma parcela da categoria, como o grupo de empregados de algumas empresas, de uma empresa, ou grupo de empregados de um ou alguns setores de uma empresa. Esse interesse ultrapassa as pessoas que a integram porque indeterminado, sendo titular o grupo, cujos integrantes podem vir a ser determinados a cada momento e estão ligados entre si por pertencerem à mesma empresa, setor ou categoria profissional(289).

A jurisprudência pátria dos diversos Tribunais Regionais do Trabalho vem acertadamente ligando a verificação de dano extrapatrimonial coletivo à violação de interesses ou direitos metaindividuais. Dentre tantos julgados, colheram-se alguns:

> AÇÃO CIVIL PÚBLICA. INDENIZAÇÃO POR DANO MORAL À COLETIVIDADE. Para que o Poder Judiciário se justifique, diante da necessidade social de justiça célere e eficaz, é imprescindível que os próprios juízes sejam capazes de crescer, erguendo-se à altura dessas novas e prementes aspirações, que saibam, portanto, tornarem-se eles mesmos protetores dos novos direitos difusos e fragmentados, tão característicos e importantes da nossa civilização de massa, além dos tradicionais direitos individuais *(Mauro Cappelletti)*. Importa no dever de indenizar o dano causado à coletividade, o empregador que submete trabalhadores à condição degradante de escravo.(290)

---

(286) MARINONI, Luiz Guilherme. *Técnica processual e tutela de direitos*. São Paulo: Revista dos Tribunais, 2004. p. 102.

(287) Afirmação contida em CAPPELLETTI, Mauro. O acesso dos consumidores à justiça. In: *Revista de Processo* (REPRO), São Paulo, n. 62, p. 205-220, abr./jun. 1991.

(288) BESSA, Leonardo Roscoe. Dano moral coletivo. In: *Revista de Direito do Consumidor*, São Paulo, RT, n. 59, p. 79, jul./set. 2006.

(289) MANUS, Pedro Paulo Teixeira. *Negociação coletiva e contrato individual de trabalho*. São Paulo: Atlas, 2001. p. 27.

(290) RO-861/2003. Tribunal Regional do Trabalho da 8ª Região. 1ª Turma. Rela. Desa. Maria Valquíria Norat Coelho. DJ 3/4/2003.

4. DANO MORAL COLETIVO. VIOLAÇÃO REITERADA DA ORDEM JUSTRABALHISTA. CONFIGURAÇÃO. A violação ao ordenamento jurídico, consubstanciado pelo reiterado descumprimento de suas prescrições e a consequente desvalorização progressiva de suas emanações como vinculadoras das condutas — que acaba por acarretar verdadeira anomia — é mais grave do que a violação ao interesse individual.[291]

AÇÃO CIVIL PÚBLICA. MINISTÉRIO PÚBLICO. LEGITIMIDADE. DIREITO DIFUSO. PROPAGANDA ENGANOSA. VIAGENS PARA QUALQUER LUGAR DO PAÍS. DANO MORAL COLETIVO. A propaganda enganosa, consistente na falsa promessa a consumidores, de que teriam direito de se hospedar em rede de hotéis durante vários dias por ano, sem nada pagar, mediante a única aquisição de título da empresa, legitima o Ministério Público a propor a ação civil pública, na defesa coletiva de direito difuso, para que a ré seja condenada em caráter pedagógico, a indenizar dano moral coletivo, valor a ser recolhido ao Fundo de Defesa de Direitos Difusos, nos termos do art. 13 da Lei n. 7.347/1985.[292]

A jurisprudência do Tribunal Superior do Trabalho também vem vinculando, acertadamente, o dano moral coletivo com a violação de direitos transindividuais. Vejamos:

Para que haja a configuração do dano moral coletivo, o ilícito e seus efeitos devem ser de tal monta que a repulsa social seja imediata e extrapole aquela relativa ao descumprimento individual de determinadas normas de conduta trabalhista. A indenização pelo dano moral coletivo está prevista no art. 1º, da Lei n. 7.347/85. Com efeito, os danos decorrentes do descumprimento reiterado de normas referentes à jornada de trabalho extrapolam a esfera individual e atentam também contra direitos transindividuais de natureza coletiva, definidos no art. 81, parágrafo único, do CDC[293].

Basta ver os citados precedentes para se constatar que a violação desses interesses, cuja abrangência ultrapassa a esfera da singularidade, acarreta, por consequência óbvia, também danos sofridos em âmbito coletivo.

Vale destacar, para finalizar esse item, que o tripé justificador apresentado ainda na primeira edição do presente estudo, ora ratificado integralmente, foi citado em diversos precedentes jurisprudenciais[294] atuais do Superior Tribunal de Justiça, auxiliando, inclusive, a mudança de rota na jurisprudência daquela corte, que inicialmente rechaçava o reconhecimento do instituto em estudo.

Mais recentemente, para nosso enorme gáudio, o tripé justificador do dano moral coletivo foi acolhido expressamente pela jurisprudência do Tribunal Superior do Trabalho. Como por exemplo: AIRR 1782-68.2012.5.03.0016. 3ª Turma. Min. rel. Alexandre de Souza Agra Belmonte. DJ. 27.4.2018.

(291) RO-01385/2001. Tribunal Regional do Trabalho da 10ª Região. 2ª Turma. Rel. Juiz Mário Macedo Fernandes Caron. DJ 21/2/2001.

(292) Apelação Cível n. 1.0702.02.029297-6/2001. 15a Câmara Cível. TJ de Minas Gerais. DJ 23.6.2006.

(293) RR – 124300-33.2007.5.03.0017. Tribunal Superior do Trabalho. 6ª Turma. Rela. Ministra Kátia Magalhães Arruda. DEJT 7.8.2015.

(294) Como exemplo cf. RESP 1.397.870/2013/MG . Superior Tribunal de Justiça. 1ª Turma. Rel. Min. Mauro Campbell Marques. DJ. 1º.6.2013. p. 12.

3. Questão terminológica (expressão dano moral coletivo, dano extrapatrimonial coletivo ou simplesmente dano social)

Consoante tratado em momento anterior, a questão terminológica vinha sendo ventilada desde o momento em que se abriu a possibilidade do reconhecimento de lesão com viés não patrimonial.

São antigas as críticas endereçadas à nomenclatura dano moral porque considerada reducionista, pois restrita tão somente à esfera "da dor em seu sentido moral de mágoa, de pesar e de aflições sofridas pela pessoa física"(295). Tais elementos, como assentado anteriormente, representam possível consequência do dano, além do que impossibilitariam a reparação por dano extrapatrimonial da pessoa jurídica.

Outra corrente sustenta a adequação da expressão dano extrapatrimonial, porque alberga aspectos que ultrapassariam a concepção anterior restritiva aos círculos de índole meramente sentimental. Ademais, a partir da Carta Magna de 1988 (art. 5º, incs. V e X), a linha doutrinária anterior "acabou abrindo espaço a outros valores que afetam negativamente a coletividade, como é o caso, *v. g.*, da lesão imaterial ambiental"(296), esta obviamente refletindo interesses extrapatrimoniais postados ao largo da esfera do sentir.

Essa mesma contenda doutrinária, antes delimitada à esfera da violação de interesses não patrimoniais restritos à individualidade (dano moral ou extrapatrimonial individual), acabou por atingir também a seara do reconhecimento da ocorrência do dano moral coletivo. Esta nomenclatura passou a receber as mesmas críticas antes dirigidas apenas à esfera da singularidade.

O posicionamento é o mesmo apresentado anteriormente, isto é, malgrado admitir-se, por rigor conceitual, a melhor adequação da terminologia dano extrapatrimonial coletivo, vem se utilizando ao longo do presente (e assim será até o final) as expressões dano moral coletivo ou dano extrapatrimonial coletivo como se fossem sinônimos(297), exatamente como o faz acertadamente parcela da doutrina.

Como já salientado, não há propriamente dano moral coletivo trabalhista, mas sim dano moral decorrente das relações de trabalho, não sendo, por consequência, este dano diferente daquele extrapatrimonial coletivo passível de eclodir em outras esferas jurídicas, como, por exemplo, o dano moral coletivo havida no direito ambiental, por exemplo.

---

(295) MELO, Raimundo Simão de. *Direito ambiental do trabalho e a saúde do trabalhador.* São Paulo: LTr, 2004. p. 219.

(296) LEITE, José Rubens Morato. *Dano ambiental:* do individual ao coletivo extrapatrimonial. São Paulo: Revista dos Tribunais, 2000. p. 299.

(297) Em sentido contrário: "O uso inapropriado da expressão dano moral coletivo pela legislação foi reflexo das divergências doutrinárias em torno da expressão dano moral e pela ausência de um modelo. O mais correto, na hipótese, é falar em dano extrapatrimonial, que é nota própria da ofensa a direitos coletivos *(lato sensu),* principalmente aos difusos". BESSA, Leonardo Roscoe. *Op. cit.*, p. 104.

Ainda no tocante à seara laboral, há pequena corrente doutrinária afirmando a correção da nomenclatura dano social, ao invés de dano moral ou extrapatrimonial coletivo, quando houver "desrespeito deliberado e inescusável da ordem jurídica trabalhista"[(298)], representando, portanto, inegável dano à sociedade. Esse epíteto, inclusive, vem sendo acolhido em alguns julgados no Tribunal Superior do Trabalho[(299)].

4. Lições doutrinárias acerca da questão. Caracterização e conceito

Objetiva-se expor parte das manifestações doutrinárias acolhedoras da existência e admissibilidade de reparação de dano moral ou extrapatrimonial coletivo, observando-se que tal hipótese, malgrado a existência de vozes dissonantes já apresentadas anteriormente, vem sendo cada vez mais acolhida nessa seara.

Carlos Alberto Bittar Filho conceitua o dano moral coletivo como:

> (...) injusta lesão da esfera moral de uma dada comunidade, ou seja, é a violação antijurídica de um determinado círculo de valores coletivos. Quando se fala em dano moral coletivo, está-se fazendo menção ao fato de que o patrimônio valorativo de certa comunidade (maior ou menor), idealmente considerada, foi agredido de uma maneira absolutamente injustificável do ponto de vista jurídico. Como se dá na seara do dano moral individual, aqui também não há que se cogitar de prova de culpa, devendo-se responsabilizar o agente pelo simples fato da violação.[(300)]

João Carlos Teixeira obtempera que o dano moral coletivo significa:

> (...) a injusta lesão a interesses metaindividuais socialmente relevantes para a coletividade (maior ou menor), e assim tutelados juridicamente, cuja ofensa atinge a esfera moral de determinado grupo, classe ou comunidade de pessoas ou até mesmo de toda a sociedade, causando-lhes sentimento de repúdio, desagrado, insatisfação, vergonha, angústia ou outro sentimento psicofísico.[(301)]

Diz *Arion Sayão Romita* que:

> Pode-se então entender por dano moral coletivo aquele que decorre de violação de direitos de certa coletividade ou à ofensa a valores próprios dessa mesma coletividade, como sucede, por exemplo, com a crença religiosa, o sentimento de solidariedade que vincula os respectivos membros,

---

(298) SOUTO MAIOR, Jorge Luiz. *O dano social...*, p. 1.319.

(299) Cf., por exemplo, RR – 1850-92.2010.5.03.0111. Tribunal Superior do Trabalho. 7ª Turma. Rel. Min. Luiz Philippe Vieira de Mello Filho. DEJT 17.9.2015.

(300) BITTAR FILHO, Carlos Alberto. *Op. cit.*, p. 54.

(301) Dano moral coletivo na relação de emprego. In: NORRIS, Roberto (Org.). *Temas polêmicos de direito e processo do trabalho.* São Paulo: LTr, 2000. p. 129.

a repulsa a atos de discriminação contra membros da coletividade ou do próprio grupo, como tal[302]

Conforme *Enoque Ribeiro dos Santos*:

> O dano moral coletivo pode ser verificado em qualquer abalo patrimonial moral de uma coletividade a merecer algum tipo de reparação à violação a direitos difusos, coletivos ou eventualmente individuais homogêneos[303].

O mesmo autor, em outro trabalho, assim conceitua o dano moral coletivo:

> Podemos conceituar o dano moral coletivo como a comoção extrapatrimonial que atinge e transcende a personalidade de um trabalhador, individualmente considerado, decorrente da violação de normas de ordem pública, para atingir toda a comunidade ou sociedade, a exigir a reparação pela violação a direitos metaindividuais, encartados como difusos, coletivos ou individuais homogêneos[304].

Para *Gisele Santos Fernandes Góes*, nas lides coletivas aparelhadas com pedido de reparação pecuniária decorrente de dano extrapatrimonial coletivo, tal pleito deve ser comparado a uma forma de buscar um "bálsamo para a sociedade que foi afetada na sua integridade, em função da gravidade do ato e da natureza do bem corrompido e também como forma de inibir a ação recidiva"[305].

Segundo *Antônio Junqueira de Azevedo*:

> Os danos sociais são lesões à sociedade, no seu nível de vida, tanto por rebaixamento do seu patrimônio moral — principalmente a respeito da segurança — quanto por diminuição de sua qualidade de vida. Os danos sociais são causa, pois, de indenização punitiva, por dolo ou culpa grave, especialmente, repetimos, se atos que reduzem as condições coletivas de segurança, e de indenização dissuasória, se atos em geral de pessoa jurídica, que trazem diminuição do índice de qualidade de vida da população[306].

Dizem *Pablo Stolze Gagliano* e *Rodolfo Pamplona Filho* que o dano moral coletivo "pode ser caracterizado como uma lesão ao direito de toda e qualquer pessoa (e não de um direito específico da personalidade)"[307].

---

(302) ROMITA, Arion Sayão. Dano moral coletivo. In: *Revista IOB Trabalhista e Previdenciária*, São Paulo, IOB, n. 216, p. 41, junho 2007.

(303) SANTOS, Enoque Ribeiro dos. A natureza objetiva do dano moral coletivo no Direito do Trabalho. In: *Revista Síntese Trabalhista e Previdenciária,* São Paulo, IOB THOMPSON, n. 272, p. 185, fevereiro 2012.

(304) SANTOS, Enoque Ribeiro dos. Contribuição à quantificação objetiva do dano moral coletivo. In: *Revista Síntese Trabalhista e Previdenciária,* São Paulo, IOB THOMPSON, n. 307, p. 59, janeiro 2015.

(305) GÓES, Gisele Santos Fernandes. O pedido de dano moral coletivo na ação civil pública do Ministério Público. In: MAZZEI, Rodrigo; NOLASCO, Rita (Orgs.). *Processo civil coletivo.* São Paulo: Quartier Latin, 2005. p. 474.

(306) AZEVEDO, Antônio Junqueira. Por uma nova categoria de dano na responsabilidade civil. In: *RTDC,* vol. 19, p. 15, jul./set. 2004.

(307) GAGLIANO, Pablo Stolze; PAMPLONA FILHO, Rodolfo. *Op. cit.*, p. 82.

Na lição de *André de Carvalho Ramos*, o dano moral coletivo é situado da seguinte forma:

> Não somente a dor psíquica pode gerar danos morais; devemos ainda considerar que o tratamento transindividual aos chamados interesses difusos e coletivos origina-se justamente da importância destes interesses e da necessidade de uma efetiva tutela jurídica. Ora, tal importância somente reforça a necessidade de aceitação do dano moral coletivo, já que a dor psíquica que alicerçou a teoria do dano moral individual acaba cedendo lugar, no caso do dano moral coletivo, a um sentimento de desapreço e de perda de valores essenciais que afetam negativamente toda uma coletividade. (...) Assim, é preciso sempre enfatizar o imenso dano moral coletivo causado pelas agressões aos interesses transindividuais afeta-se a boa imagem da proteção legal a estes direitos e afeta-se a tranquilidade do cidadão, que se vê em verdadeira selva, onde a lei do mais forte impera. Tal intranquilidade e sentimento de desapreço gerado pelos danos coletivos, justamente por serem indivisíveis, acarretam lesão moral que também deve ser reparada coletivamente. Ou será que alguém duvida que o cidadão brasileiro, a cada notícia de lesão a seus direitos, não se vê desprestigiado e ofendido no seu sentimento de pertencer a uma comunidade séria, onde as leis são cumpridas?(308)

Segundo *Manoel Jorge* e *Silva Neto:*

> Se o empregador, ou mesmo a entidade sindical, por fato vinculado ao contrato de trabalho, atinge interesse difuso da coletividade, deve ser condenado à reparação, notadamente no que respeita à repercussão no seu patrimônio moral, assente que, hoje, ocasionado o dano, deve ser procedida à sua reparação de modo integral, mais ainda se refere a interesse transindividual e diante do disposto no art. 5º, X, parte final da Constituição.(309)

Para *Marco Antônio Marcondes Pereira* o dano moral coletivo representa:

> (...) o resultado de toda ação ou omissão lesiva significante, praticada por qualquer pessoa contra o patrimônio da coletividade, considerada esta as gerações presentes e futuras, que suportam um sentimento de repulsa um fato danoso irreversível, de difícil reparação, ou de consequências históricas.(310)

Ensina *Jorge Mario Galdós:*

> Entendemos que o dano moral coletivo ou grupal tem reconhecimento normativo atual e é o que afeta os interesses extrapatrimoniais de uma

(308) RAMOS, André de Carvalho. *Op. cit.*, p. 82.

(309) SILVA NETO, Manoel Jorge e. *Proteção constitucional dos interesses trabalhistas:* difusos, coletivos e individuais homogêneos. São Paulo: LTr, 2001. p. 165-166.

(310) PEREIRA, Marco Antônio Marcondes. *Dano moral contra a coletividade:* ocorrências na ordem urbanística. Disponível em: <www.mp.sp.gov.br>. Acesso em: jan. 2008.

classe, estamento ou categoria de sujeitos, ou de uma pluralidade de pessoas, determinada ou indeterminada ou de difícil reparação (...). Trata-se, definitivamente, de dano aos interesses extrapatrimoniais lícitos, dignos de tutela, de um grupo ou coletividade, e que — assim — adquire aptidão suficiente para reclamar judicialmente sua reparação.[311]

Consoante *Matilde Zavala de González*: "o dano coletivo é o experimentado por um conjunto de pessoas cuja lesão possua raiz na violação de um interesse grupal"[312].

Diz *María Fabiana Compiani*:

> (...) denomina-se dano moral coletivo aquele experimentado por um conjunto de pessoas cuja raiz da lesão seja um interesse grupal ou social. (...) Pode verificar-se a ocorrência de dano coletivo sem que ocorram prejuízos individuais: a lesão ao equilíbrio ecológico que não a saúde nem o patrimônio de nenhum particular, porém constitui-se uma hipótese de dano grupal em que o interesse ofendido pertence a todos e a cada um dos habitantes do lugar.[313]

Obtempera *Gabriel A. Stiglitz*:

> (...) existe dano moral coletivo quando não é a pessoa física afetada, e sim um grupo ou categoria que, coletivamente e por uma mesma causa global, vê-se afetada em direitos ou interesses de indiscutível prevalência (...).[314]

José Rubens Morato, Maíra Luísa Milani de Lima e *Maria Leonor Paes Cavalcanti Ferreira* prelecionam acerca do dano moral coletivo, na seara ambiental, o seguinte:

> Ainda quanto aos aspectos do dano extrapatrimonial, importa salientar que a dimensão imaterial do dano poderá traduzir em: "1. Dano moral ambiental coletivo, considerada injusta lesão da esfera moral de uma determinada comunidade e que se exemplifica pela diminuição do bem-estar, da qualidade de vida da coletividade, decorrente de uma degradação ambiental ou pela destruição de bens do patrimônio histórico--cultural"[315].

---

(311) GALDÓS, Jorge Mario. Dano moral colectivo, danos punitivos y legitimación procesal activa. In: *Revista de Derecho de Danos – Dano Moral,* Santa Fé, Rubinzal Culzoni, n. 6, p. 115, 1999 (tradução livre).

(312) GONZÁLEZ, Matilde Zavala de. *Los danos morales colectivos y su resarcimiento dinerario.* Buenos Aires: LL Buenos Aires, 1997. p. 192 (tradução livre).

(313) COMPIANI, María Fabiana. *Op. cit.,* p. 192.

(314) STIGLITZ, Gabriel A. Dano moral individual y coletivo: médio ambiente, consumidor y danosidad colectiva. In: *Revista de Direito do Consumidor,* São Paulo, RT, n. 19, p. 73, jul./set. 1996.

(315) AÇÃO CIVIL PÚBLICA, TERMO DE AJUSTAMENTO DE CONDUTA E FORMAS DE REPARAÇÃO DO DANO AMBIENTAL: REFLEXÕES PARA UMA SISTEMATIZAÇÃO. In: MILARÉ, Édis (Org.). *A ação civil pública após 20 anos:* efetividade e desafios. São Paulo: Revista dos Tribunais, 2005. p. 339.

Thereza Cristina Gosdal admite a possibilidade da ocorrência de dano moral coletivo nos seguintes termos:

> O reconhecimento de um direito fundamental de dignidade mais amplo, associado à valorização de interesses morais coletivos, compartilhados pela sociedade, tornou necessária a garantia de reparação das lesões levadas a efeito contra estes bens. A responsabilidade civil, assim como o processo coletivo, ampliou-se para abranger situações anteriormente desprovidas de tutela, em parte em virtude do próprio fenômeno de coletivização do processo e da "socialização" do Direito (...).
>
> Um novo passo neste processo de evolução da responsabilização é a admissão da tutela do dano moral coletivo. Nas relações de consumo e no Direito Ambiental, conquanto não seja rotineiramente discutida, a matéria não constitui propriamente novidade, nem na doutrina, nem na jurisprudência. No Direito do Trabalho, no entanto, são poucos os estudos doutrinários a respeito e relativamente recentes as decisões judiciais.[316]

Vislumbrando a questão sob o viés ambiental, expõe *Daniela A. Rodrigueiro:*

> Resta, pois, claro, que qualquer desastre ou acidente ambiental pode resultar em dano moral à coletividade, danos extrapatrimoniais coletivos, dano moral ambiental, entendendo estas expressões como sinônimas, dano este sentido por um número indeterminado de pessoas, dano este, por excelência, difuso, sendo certo que o degradante além de ser obrigado a reconstituir o estado anterior das coisas que *in natura* ou de forma indenizatória, também deverá arcar com este dano que a população fora obrigada a suportar, este dano que gerou um desequilíbrio ao meio ambiente, atingindo, assim, direito fundamental constitucional.[317]

Hugo Nigro Mazzilli, ao tratar da ação civil pública, destaca:

> Diante das inevitáveis discussões doutrinárias e jurisprudenciais sobre se a ação civil pública da Lei n. 7.347/85 também alcançaria ou não os danos morais, o legislador resolveu explicitar a *mens legis*. A Lei n. 8.884/94 introduziu alteração segundo a qual passou a ficar expresso que a ação civil pública objetiva a responsabilidade por danos morais e patrimoniais causados a qualquer dos valores metaindividuais de que cuida a lei.[318]

Para *Jorge Luiz Souto Maior:*

> Atualmente, nos termos dos arts. 186 e 187 do Código Civil, aquele que, ultrapassando os limites impostos pelo fim econômico ou social, gera

---

(316) GOSDAL, Thereza Cristina. Dano moral coletivo trabalhista e o novo Código Civil. In: DALLEGRAVE NETO, José Afonso; GHUNTER, Luiz Eduardo (Orgs.). *O impacto do novo Código Civil sobre o direito do trabalho.* São Paulo: LTr, 2003. p. 210-211.

(317) RODRIGUEIRO, Daniela A. *Dano moral ambiental.* São Paulo: Juarez de Oliveira, 2004. p. 189.

(318) MAZZILLI, Hugo Nigro. *A defesa dos interesses difusos em juízo.* São Paulo: Saraiva, 1999. p. 96.

dano ou mesmo expõe o direito de outrem a um risco, comete ato ilícito. O ilícito, portanto, se perfaz *(sic)* pela provocação de um dano a outrem, individualmente identificado, quanto pela desconsideração dos interesses sociais e econômicos, coletivamente considerados. Na ocorrência de dano de natureza social, surge, por óbvio, a necessidade de se apenar o autor do ilícito, para recuperar a eficácia do ordenamento (...).[319]

Antes de esposar os elementos que compõem a caracterização do dano extrapatrimonial coletivo, bem como a proposta conceitual, destaca-se, novamente, a existência de um tripé justificador dessa modalidade de dano, nos termos apresentados anteriormente, qual seja: 1. Dimensão ou projeção coletiva da dignidade da pessoa humana; 2. Ampliação do conceito de dano moral coletivo envolvendo não apenas a dor psíquica; 3. Coletivização dos direitos ou interesses por intermédio do reconhecimento legislativo dos direitos coletivos em sentido *lato*.

Os conceitos apresentados usualmente caracterizaram o dano moral coletivo como uma violação ao "círculo de valores coletivos", "esfera moral de determinado grupo, classe ou comunidade de pessoas ou até mesmo de toda a sociedade", "bálsamo à sociedade", "lesão ao direito de toda e qualquer pessoa", "sentimento de desapreço e de perda de valores essenciais que afetam negativamente toda uma coletividade", ofensa "contra o patrimônio da coletividade (gerações presentes e futuras)" e "sentimento de repulsa". Pois bem.

Inicialmente mostra-se necessário conferir maior correção científica à construção do instituto do dano moral coletivo afastando-o dessas afirmações doutrinárias que o vinculam tão somente às dores sensitivas ou eventuais reflexos subjetivos desse dano.

Para isso, vale ressaltar o já destacado, isto é, tal instituto deve ser afirmado a partir de um fato objetivo, a grave e intolerável violação da ordem jurídica laboral, a partir de um ato ilícito que atinge a projeção coletiva da dignidade da pessoa humana.

Considerando que o princípio da dignidade da pessoa humana convolou-se no centro axiológico do ordenamento jurídico, além de possuir dimensão unitária e social, instituindo verdadeira cláusula de tutela e dever geral de respeito à personalidade humana[320], tem-se como consequência o fato de que toda violação da projeção coletiva desse princípio constitucional, partindo-se de um fato objetivo (violação da ordem jurídica), consubstanciado em interesses/direitos extrapatrimoniais coletivos pela sua relevância social (difusos e coletivos em sentido estrito e individuais homogêneos), e, portanto, não adstritos a pessoas singulares, configurará dano moral coletivo. A reparação coletiva, como dito, convolou-se no "reverso da medalha"[321] do princípio da dignidade da pessoa humana em sua projeção coletiva.

(319) MAIOR, Jorge Luiz Souto. *Op. cit.*, p. 1.319.

(320) MORAES, Maria Celina Bodin de. *Danos à pessoa...*, p. 131. (Os grifos não estão no original.)

(321) MORAES, Maria Celina Bodin de. *Op. cit.*, p. 132.

Nessa linha, as adjetivações apresentadas pela doutrina, relativas à configuração do dano moral coletivo, são meras consequências da configuração do dano social. Este, na verdade, tem sua gênese na violação da projeção coletiva da dignidade da pessoa humana, como dito, partindo-se de um fato objetivo — a intolerável violação da ordem jurídica.

Em relação ao segundo aspecto formador do citado tripé, releva obtemperar, como já feito, que, ante o panorama de ampla proteção da pessoa humana, a concepção reducionista vinculadora do dano moral a aspectos meramente subjetivos não se mostra mais aceitável. Os equívocos jurisprudenciais certamente decorrem dessa mesma concepção reducionista.

Quanto ao último elemento formador, como também já salientado, a eclosão de categoria de direitos que transcendem os conflitos intersubjetivos acabou, por consequência natural, provocando a criação de mecanismos processuais próprios(322) voltados a conferir pleno acesso à justiça e garantir a efetividade do processo(323), atendendo às especificidades de tais direitos e interesses, em razão da sua dimensão e relevância.

Apresentadas tais considerações, possível conceituar **dano moral coletivo como a violação da projeção coletiva da dignidade da pessoa humana, consubstanciada em direitos extrapatrimoniais relevantemente coletivos, abrangendo as modalidades difusos, coletivos em sentido estrito e individuais homogêneos, cuja consequência será a intolerável violação da ordem jurídica.**

Todos os sentimentos de repulsa e indignação social decorrentes desse dano coletivo, assim como no dano de natureza singular, também são mera consequência dessa grave violação à projeção coletiva do princípio da dignidade da pessoa humana, consubstanciado no intolerável vilipêndio à ordem jurídica.

5. Dano moral coletivo é diferente de dano moral singular

Não se pode, por conta de uma simplista interpretação extensiva, confundir dano moral coletivo com o individual.

Inobstante, esses dois institutos tenham hipótese geradora similar como dano extrapatrimonial, bem como mesmo fundamento de validade no art. 5º, incisos V e X, da Constituição Federal de 1988, no plano infraconstitucional afastam-se por completo.

---

(322) Não há a intenção de apresentar estudo processual acerca dos mecanismos citados, apenas será esboçado posteriormente superficial panorama acerca da tutela jurisdicional coletiva.

(323) Tangenciando o tema, já tivemos oportunidade de publicar os seguintes artigos: COSTA, Marcelo Freire Sampaio. Tutela antecipada. In: *Revista de Direito do Trabalho,* Consulex, Brasília, n. 8, 1999; Tutela antecipada: aspectos da teoria geral. In: *Revista Meio Jurídico,* Brasília, ano 4, n. 40, 2000; Aspectos da teoria geral da tutela antecipada: como modificar radicalmente o atual estágio de acúmulo de processos nos tribunais. In: *Revista de Direito do Trabalho,* Consulex, n. 12, dez. 2000.

Como já salientado, o dano moral individual cinge-se à violação da projeção individual da dignidade da pessoa humana, enquanto o coletivo se vincula à projeção coletiva desse mesmo princípio fundamental.

O dano moral individual nas relações de trabalho é instituto do Direito Individual do Trabalho, enquanto o dano coletivo, por consequência, está jungido ao Direito Coletivo do Trabalho, este possuindo valores, princípios, regras, institutos e características singulares, completamente diferentes do ramo voltado aos conflitos intersubjetivos.

Institutos do direito coletivo do trabalho, e, por consequência do processo coletivo laboral, não podem ser visualizados como mero "sequenciamento, somatório, extensão ou desdobramento dos direitos individuais"[(324)] (processos intersubjetivos), pois se mostram em realidades materiais e processuais totalmente distintas.

Ambos possuem idêntica hipótese geradora remota e similar fundamento legal constitucional, dano de origem extrapatrimonial e art. 5º, V e X, porém todos os outros aspectos são distintos, inclusive na seara processual, pois o dano moral coletivo está vinculado às ações coletivas, consoante será defendido posteriormente.

Como já salientado anteriormente, o dano moral individual tem contornos conceituais voltados à violação da vertente individual da dignidade da pessoa humana numa relação laboral, podendo causar abalo psíquico usualmente atingindo a figura do trabalhador.

Já o dano moral social já foi conceituado como a violação da projeção coletiva da dignidade da pessoa humana, consubstanciado em direitos relevantemente coletivos, tendo por consequência o abalo da ordem jurídica, e geralmente sensação de forte abalo social.

Há separação que afasta ainda mais tais institutos, qual seja, enquanto no dano moral singular a compensação é dirigida ao atingido individualizado pelo dano, no de modalidade coletiva tal reparação tem contornos sociais que ultrapassam a satisfação singular.

Apesar dessas fortes distinções, vale deixar ressaltado que o ilícito gerador do dano extrapatrimonial poderá atingir, ao mesmo tempo, a coletividade e diretamente o grupo de indivíduos que a integram, "de modo que os pleitos de dano moral individual e coletivo não se repelem, sendo perfeitamente possível tal cumulação"[(325)]. Tal reunião desses pedidos somente poderá ser instrumentalizada por intermédio de ação coletiva.

Em suma, são institutos que se diferem tanto na seara do direito material (enquanto um se vincula ao Direito Material Individual do Trabalho, o outro se aproxima do Direito Material Coletivo do Trabalho), como no direito processual.

---

(324) SANTOS, Enoque Ribeiro dos. *A natureza objetiva*..., p. 25.

(325) PEREIRA, Ricardo José Macedo de Britto. *Ação civil pública no processo do trabalho*. Salvador: JusPodivm, 2014. p. 298.

Nesta seara, o dano singular será vindicado em ações singulares ou plúrimas diretamente pelo(s) interessado(s); já o dano coletivo será pleiteado pelos legitimados coletivos inscritos na Lei da Ação Civil Pública (art. 5º) e no Código de Defesa Do Consumidor (art. 82), consoante será apresentado com mais vagar posteriormente.

6. Suporte legal

O suporte legal do dano moral coletivo pode ser construído levando-se em consideração duas linhas distintas de argumentação. A primeira refere-se à previsão normativa de interesses cujos limites sobejam a individualidade, bem como a consequente configuração de dano extrapatrimonial decorrente da violação de tais interesses. A segunda trata diretamente da previsão legal da reparação do dano moral. Vejamos.

Quanto à primeira linha argumentativa, ressalte-se, mais uma vez, que a Lei n. 7.347/1985, lei de regência da ação civil pública, não foi a primeira a apresentar disciplina voltada à defesa de interesses transindividuais, pois, como frisado anteriormente, o ordenamento jurídico desde a edição da Lei n. 4.717/1965, Lei da Ação Popular, reconheceu a tutela difusa do patrimônio público, portanto, também acolheu expressamente a existência de interesses jurídicos extrapatrimoniais distintos da projeção interna da dor (concepção clássica e reducionista do dano extrapatrimonial). A tutela jurisdicional coletiva, contudo, ganhou "sistematização"(326) somente após a vigência da Lei da Ação Civil Pública.

Dizem a cabeça e o inciso IV do art. 1º da Lei n. 7.347/1985 (inciso acrescentado pela Lei n. 8.078/1990): "Art. 1º Regem-se, pelas disposições desta lei, as ações de responsabilidade por danos morais e patrimoniais causados: IV. a qualquer outro interesse difuso ou coletivo". Esta pode ser inserida nas duas linhas argumentativas.

Dessa feita, no momento em que se estampam no mesmo diploma legal interesses excedentes da individualidade e a reparação de danos extrapatrimoniais quando tais interesses são violados, obviamente se está explicitamente admitindo a ocorrência do dano moral coletivo, "a qualquer outro interesse difuso ou coletivo".

Posteriormente, veio a Carta Magna de 1988, possibilitando a reunião das linhas de argumentação que no início do presente foram apresentadas como distintas, porque, além de, em diversos dispositivos legais, reconhecerem a existência de interesses transindividuais e de mecanismos de proteção a tais interesses(327), albergaram a ampla reparabilidade do dano moral (art. 5º, V e X)(328), tornando-se "princípio de natureza cogente, obrigatório para o legislador e para o juiz"(329).

(326) VIGLIAR, José Marcelo Menezes. *Tutela jurisdicional coletiva*. 3. ed. São Paulo: Atlas, 2001. p. 57.

(327) Como exemplos: arts. 5º (incs. XXI, LXX, XXXV, LXXIII), 6º, 7º, 8º, inc. III, 127, 129, inc. III e § 1º, 194, 196, 225, 216, 220, 225, 227.

(328) Art. 5º, "V – é assegurado o direito de resposta, proporcional ao agravo, além da indenização por dano material, moral ou à imagem"; "X – são invioláveis a intimidade, a vida privada, a honra e a imagem das pessoas, assegurado o direito à indenização pelo dano material ou moral decorrente de sua violação".

(329) PEREIRA, Caio Mario da Silva. *Op. cit.*, p. 58.

O Código Civil brasileiro de 2002, adequando-se à novel linha constitucional, também reconheceu expressamente (art. 186[(330)]) a existência do dano moral[(331)], bem como a respectiva possibilidade reparatória (art. 927[(332)]).

Voltando aos diplomas especiais que tratam acerca da existência de interesses coletivos em sentido *lato*, a Lei n. 7.853/1989 contemplou a disciplina da tutela coletiva de direitos de pessoas com necessidades especiais.

A Lei n. 8.078/1990, Código de Defesa do Consumidor, conceituou os direitos difusos e coletivos em sentido estrito (art. 81, parágrafo único, I, II) e criou uma nova modalidade, os individuais homogêneos (art. 81, parágrafo único, inc. III: interesses ou direitos individuais homogêneos, assim entendidos os decorrentes de origem comum), bem como amalgamou verdadeira "simbiose"[(333)] de um método integrado de acesso coletivo à justiça (jurisdição coletiva), composto por dispositivos da Carta Maior (art. 5º, XXXV, 127, 129, III, dentre outros), da Lei da Ação Civil Pública e da parte processual do CDC (art. 21 da Lei da ACP[(334)]).

Não se pode esquecer das leis de regência dos Ministérios Públicos Estaduais, Lei n. 8.625/93 que afirma a ação civil pública voltada à proteção, prevenção e reparação de danos de interesses difusos, coletivos e individuais indisponíveis e homogêneos (art. 25), além da Lei complementar n. 75/93 (lei orgânica do Ministério Público da União), que em seu art. 6º prevê a proteção desses mesmos direitos coletivos em sentido amplo.

Há outros diplomas legais especiais que tratam da tutela coletiva, tais como o Estatuto da Criança e do Adolescente (arts. 208-224), a Lei n. 7.913/89, a Lei n. 8.884/94 (Lei Antitruste) e, mais recentemente, a Lei n. 10.741/2003, que disciplina a proteção integral do idoso.

Por fim, o anteprojeto do Código Brasileiro de Processos Coletivos[(335)], elaborado por grupo de juristas capitaneados por Ada Pellegrini Grinover, previa (art. 2º, "*t*") a "reparação" de danos materiais e "morais". Infelizmente, tal projeto não logrou êxito no Congresso Nacional.

---

(330) Art. 186: "Aquele que, por ação ou omissão voluntária, negligência ou imprudência, violar direito e causar dano a outrem, ainda que exclusivamente moral, comete ato ilícito".

(331) Jorge Luiz Souto Maior afiança que a interpretação sistemática dos dispositivos do Código Civil que admitem a configuração do dano moral, em conjunto com o art. 187 ("Também comete ato ilícito o titular de um direito que, ao exercê-lo, excede manifestamente os limites impostos pelo seu fim econômico ou social, pela boa-fé ou pelos bons costumes"), rompeu "as fronteiras do individualismo", motivo pelo qual se infere o cabimento do "dano social". *Op. cit.*, p. 1319.

(332) Art. 927: "Aquele que, por ato ilícito (arts. 186 e 187), causar dano a outrem, fica obrigado a repará-lo".

(333) CARDOSO, Fábio Leal. Competência na ação coletiva trabalhista: ação coletiva na visão de juízes e procuradores do trabalho. In: RIBEIRO JÚNIOR; CORDEIRO; FAVA; CAIXETA (Orgs.). *Ação coletiva na visão de juízes e procuradores do trabalho*. São Paulo: LTr, 2006. p. 50.

(334) Art. 21: "Aplicam-se à defesa dos direitos e interesses difusos, coletivos e individuais, no que for cabível, os dispositivos do Título III da Lei que instituiu o Código de Defesa do Consumidor".

(335) Na parte processual do presente estudo será tratada com mais vagar essa questão.

7. Responsabilidade objetiva

Consoante salientado em momento anterior, absolutamente consentâneo com o desenvolvimento socioeconômico e das relações sociais massificadas a consequente dificuldade surgida à reparação de dano em razão da impossibilidade da demonstração da culpa em sentido *lato* do agente causador, daí a construção da responsabilidade civil em seu fundamento objetivo. Tal modalidade representou verdadeira mudança de paradigma, pois passou a ser priorizado enfoque voltado às consequências danosas verificadas na esfera jurídica da vítima, não importando o elemento volitivo do agente causador.

Nessa modalidade de responsabilidade, o dever de reparar decorre do próprio fato violador do direito, tendo o ofensor que responder independentemente da configuração do elemento subjetivo da culpa, inobstante tal elemento usualmente também mostrar-se existente na maioria (senão em todas!) das hipóteses configuradoras de lesão extrapatrimonial, individual ou coletiva, no universo das relações laborais.

Basta imaginar, por exemplo, que violações ao meio ambiente do trabalho, condutas discriminatórias de gênero, religião e raça, exploração de trabalho escravo, exploração de trabalho infantil e terceirização ilegal, são exemplos jurisprudenciais (alguns julgados envolvendo tais assuntos serão citados posteriormente) de fatos antijurídicos que corroboram perfeitamente a desnecessidade de se investigar a intencionalidade supostamente danosa ou aspectos inerentes à conduta da parte.

A construção do paradigma da responsabilidade objetiva é uma natural decorrência das sociedades de massa e dos conflitos nela fomentados. Assim como, por óbvio, a previsão de interesses cujas lindes ultrapassam os limites da individualidade, bem como a reparabilidade moral em decorrência da violação de tais direitos, são uma consequência do citado fenômeno social.

Nesse eito, não há grandes dificuldades em reconhecer a inadaptabilidade do regime de responsabilidade fundado na culpa (subjetiva), pois vinculado à conduta ou omissão singular do agente e à responsabilidade "em matéria de interesses metaindividuais"(336), pois ambos (responsabilidade objetiva e interesses transindividuais) decorrentes da evolução histórica das relações sociais.

Dessa maneira, no campo do direito laboral, consumerista ou ambiental, basta a demonstração do fato antijurídico e da ponte do nexo causal ligando-o à consequência para caracterizar o dano moral coletivo. Desnecessária a investigação do elemento volitivo.

O próprio conceito do dano moral coletivo já apresentado anteriormente, relacionado à violação da ordem jurídica laboral com inquestionável projeção coletiva demonstra, por si só, a falta de integral sintonia com o regime da responsabilidade civil do Código de 2002.

(336) MANCUSO, Rodolfo de Camargo. *Ação civil pública:* em defesa do meio ambiente, do patrimônio cultural e dos consumidores. 9. ed. São Paulo: Revista dos Tribunais, 2004. p. 440.

Veja que o parágrafo único do art. 927 do Código Civil de 2002, inobstante representar verdadeiro avanço no modelo de responsabilidade civil, considerando principalmente a legislação civil anterior, ainda vincula tal modalidade de responsabilidade à expressa previsão legal ou ao risco criado.

Vejamos posição do Tribunal Superior do Trabalho sobre esse assunto:

> 3. DANO MORAL COLETIVO. INSTITUIÇÃO BANCÁRIA. DESCUMPRIMENTO DE LEI ESTADUAL. INSTALAÇÃO DE PORTAS DE SEGURANÇA. RESPONSABILIDADE CIVIL OBJETIVA DECORRENTE DE ATIVIDADE DE RISCO. 3.1. Nos termos do art. 186 do novo Código Civil, aquele que, por ação ou omissão voluntária, negligência ou imprudência, violar direito e causar dano a outrem, ainda que exclusivamente moral, comete ato ilícito. Por sua vez, o art. 927 do mesmo diploma legal disciplina que aquele que, por ato ilícito, causar dano a outrem, é obrigado a repará-lo, e, em seu parágrafo único preconiza que haverá obrigação de reparar o dano, independentemente de culpa, nos casos especificados em lei, ou quando a atividade normalmente desenvolvida pelo autor do dano implicar, por sua natureza, risco para os direitos de outrem. 3.2. À proporção em que assaltos se tornam ocorrências frequentes, adquirem *status* de previsibilidade para aquele que explora a atividade econômica, incorporando-se ao risco do negócio (fortuito interno), cujo encargo é do empregador (art. 2º da CLT). A realidade de violência que assola o Brasil atrai para a esfera trabalhista a responsabilidade civil objetiva da instituição bancária, em face da atividade de risco desempenhada pelos seus funcionários, quase que rotineiramente submetidos a atos violentos de terceiros. Incidência da cláusula geral de responsabilidade objetiva positivada no parágrafo único do art. 927 do Código Civil. Na linha da teoria do *danum in re ipsa*, não se exige que o dano moral seja demonstrado: decorre, inexoravelmente, da gravidade do fato ofensivo que, no caso, restou materializado pelo descumprimento, por mais de quinze anos, da Lei n. 11.571/1996, que obriga a instalação de portas de segurança nas instituições bancária do Estado do Paraná, expondo os funcionários a ações criminosas e neles incutindo sentimento de insegurança, medo e aflição. Recurso de revista não conhecido.(337)

Estamos aqui afirmando é que, inobstante a usual ocorrência de dano moral coletivo em atividade econômica de risco, tal vinculação é desnecessária para a configuração desse instituto, porquanto, repita-se, basta a configuração da violação da ordem jurídica, consubstanciada no descumprimento de direitos de índole coletiva, com nítida repercussão social negativa.

Isto significa que para a configuração do dano moral coletivo basta a demonstração do ato ilícito deflagrador da transgressão, cuja consequência será a violação da ordem jurídica, bem como do nexo causal (ponte) ligando o fato antijurídico ao resultado. É o que usualmente se costuma chamar de dano *in re ipsa,* porque prescinde de demonstração do prejuízo concreto.

Ademais, tem já bem assentado que o dano moral coletivo, conforme será demonstrado com mais vagar posteriormente, é considerando *in re ipsa*, isto é, decorre da própria natureza dos direitos coletivos extrapatrimoniais violados,

(337) Tribunal Superior do Trabalho. 3ª Turma. RR 1318-56.2011.5.09.0325. Rel. Min. Alberto Luiz Bresciani de Fontan Pereira. DEJT 1º.7.2013.

prescindindo de prova, bastando, portanto, a demonstração do ato ilícito ou antijurídico provocado.

Nessa modalidade de dano *in re ipsa*, é prescindível a demonstração do prejuízo concreto.

Nesse eito, o resultado, as consequências nefastas desse dano à coletividade (os citados sentimentos de desapreço, tristeza, abalo à coletividade e tantos outros), são eventuais consequências daqueles ilícitos que prescindem de demonstração.

A jurisprudência do Tribunal Superior do Trabalho já consolidou tal posição por intermédio de diversos julgados

> ... manifesta-se por força do simples fato da violação, caracterizando-se como um **dano** ***in re ipsa***, sendo despicienda a prova de desconforto psicológico, emocional ou de prejuízo concreto. A configuração do **dano moral** contratual pressupõe que o ato ilícito seja capaz de se irradiar para a esfera da dignidade da pessoa, ofendendo-a de maneira relevante, hipótese verificada, pois os salários proporcionam ao trabalhador o mínimo **existencial**...[338]

Mais recentemente tal posição também vem sendo afirmada. Vejamos:

> Tratando-se de lesão que viola bens jurídicos indiscutivelmente caros a toda a sociedade, surge o dever de indenizar, sendo cabível a reparação por dano moral coletivo (arts. 186 e 927 do CC e 3º e 13 da LACP). Frise-se que, na linha da teoria do *"danum in re ipsa"*, não se exige que o dano moral seja demonstrado. Ele decorre, inexoravelmente, da gravidade do fato ofensivo que, no caso, restou materializado pelo descumprimento de normas que visam à dignidade e à proteção dos trabalhadores contra o desemprego involuntário e a dispensa arbitrária, ocasionados pela demissão em massa, sem prévia negociação com o sindicato. Sob tal contexto, não há dúvidas quanto à caracterização do dano moral coletivo. Recurso de revista conhecido por violação do art. 186 do CCB e provido.[339]

Lembrando, ainda, que o qualificativo "antijurídico" é empregado em sentido *lato*, abrangendo não apenas a ilicitude (contrariedade à lei), mas também a possibilidade da ocorrência do dano injusto ao lesado, mesmo que a ação ou omissão guardem consonância com o ordenamento jurídico, exatamente na mesma direção do disposto no art. 187 do Código Civil de 2002. Em suma, operou-se importante mudança na teoria da responsabilidade civil, o citado giro conceitual do ato ilícito para o *dano injusto*. Portanto, o antijurídico alberga a bifurcação do dano ilícito e o injusto.

8. Prova

Inobstante, as cizânias doutrinárias havidas no passado sobre a natureza jurídica da prova, inquestionável registrar que o instituto da prova nos dias atuais possui

(338) AIRR – 591-13.2014.5.03.0082. Tribunal Superior do Trabalho. 7ª Turma. Rel. Desembargador convocado Arnaldo Boson Paes. DEJT 4.5.2015.

(339) Tribunal Superior do Trabalho. 3ª Turma. RR 1575-86.2014.5.05.0002. Min. Rel. Alexandre de Souza Agra Belmonte. Publicação: 16.8.2019.

natureza eminentemente processual[340], daí a necessidade de serem firmados breves aspectos relacionados a esse instituto no novo Código de Processo Civil.

Antes de se desenvolverem breves argumentos sobre o novel capítulo de provas do novo Código de Processo Civil, releva desde logo afastar a cizânia doutrinária, ainda parcamente existente, sobre a possível autossuficiência do art. 818 do texto celetista ("A prova das alegações incumbe à parte que as fizer")[341].

A linha doutrinária mais consentânea com a atual realidade processual, principalmente considerando alguns avanços sobre esse tema afirmados pela nova legislação processual, é aquela que reconhece a ausência de completude do regramento celetista citado[342], daí a necessidade de se socorrer do diploma processual civil (técnica da heterointegração).

Nesse eito, o art. 818 da CLT precisa ser conjugado com o art. 373 do CPC de 2015 ("O ônus da prova incumbe: I – ao autor, quanto ao fato constitutivo do seu direito; II – ao réu, quanto à existência de fato impeditivo, modificativo ou extintivo do direito do autor").

Além disso, o CPC trouxe importante regra de inversão do ônus da prova, plenamente aplicável ao processo do trabalho.

Diz o § 1º do art. 373 do CPC:

> Nos casos previstos em lei ou diante de peculiaridades da causa relacionadas à impossibilidade ou à excessiva dificuldade de cumprir o encargo nos termos do *caput* ou à maior facilidade de obtenção da prova do fato contrário, poderá o juiz atribuir o ônus da prova de modo diverso, desde que o faça por decisão fundamentada, caso em que deverá dar à parte a oportunidade de se desincumbir do ônus que lhe foi atribuído.

Sobre essa regra, vejamos o que já afirmou a doutrina processual civil:

A lei prevê que as peculiaridades do caso podem impor a modificação do ônus da prova basicamente em duas situações diversas.

> Em primeiro lugar, essas peculiaridades podem referir-se à *maior facilidade na obtenção da prova*, por um ou outro sujeito processual. Aqui, a rigor, a regra se alinha ao conceito de economia processual, de modo que, se a prova é mais facilmente acessível a uma das partes, não há razão para atribuir-se à outra a tarefa de aportá-la ao processo e, mais do que isso, de correr o risco pela sua não aquisição nos autos. Em suma, nesse caso se parte da lógica de que aquele que pode facilmente trazer uma prova para os autos, mas não o faz, deve suportar os ônus daí decorrentes. A situação se afeiçoa à ideia de que a ausência de certa conduta, que é esperada pela parte, deve refletir em seu prejuízo.

---

(340) TEIXEIRA FILHO, Manoel Antonio. *A prova no processo do trabalho*. 9. ed. São Paulo: LTr, 2010. p. 26.

(341) Ainda defende essa tal autossuficiência, mesmo que com alguma confusão, TEIXEIRA FILHO, Manoel Antonio. *Op. cit.*, p. 96-102.

(342) Nesse sentido, dentre outros, SCHIAVI, Mauro. *Provas no processo do trabalho*. São Paulo: LTr, 2010. p. 51.

O segundo dos casos que pode determinar peculiaridades do caso que admitem a modificação do ônus é a *impossibilidade o a excessiva dificuldade* de uma das partes em trazer as provas para o processo, especialmente daquelas cujo ônus lhe é atribuído. (*sic*)[(343)]

Voltando à questão ao processo do trabalho, a impossibilidade ou excessiva dificuldade de cumprir com o encargo probatório está diretamente relacionada a condição de hipossuficiência do trabalhador, que algumas vezes impede, outras dificulta, ou até mesmo torna excessivamente oneroso tal encargo, podendo verdadeiramente inviabilizar a efetividade do direito postulado, daí a plena adequação do dispositivo transcrito anteriormente com o processo do trabalho[(344)].

O novo Código de Processo Civil disciplina (art. 369) que as partes têm direito de empregar todos os meios legais e morais para "provar a verdade dos fatos", buscando influenciar "eficazmente na convicção do juiz". Tal regramento também plenamente compatível e aplicável no processo laboral.

Voltando à prova, especificamente em relação ao dano moral coletivo, há corrente doutrinária equivocada afirmando a necessidade de o dano moral ser robustamente demonstrado.

O dano moral está cingido a compensação da vítima pelo abalo sofrido, ao contrário da reparação pertinente ao dano material, diretamente relacionado a reparação pelo que foi efetivamente perdido (dano emergente) e o que razoavelmente se deixou de ganhar (lucro cessante).

Portanto, a quantificação objetiva dos prejuízos na seara do dano material é mais facilmente alcançável, daí ser atado à efetiva reparação, inclusive com a possibilidade de retorno ao estado imediatamente anterior (*status quo ante*) ao momento da lesão.

Quanto ao dano moral, essa quantificação objetiva perde força, devendo ser consideradas outras variáveis (a serem apresentadas posteriormente), pois neste caso há mera compensação dos abalos sofridos. Logo, a corrente doutrinária mencionada que exige a efetiva comprovação do dano sofrido perde consistência.

Voltando à questão da prova no dano moral, vem ganhando força na doutrina[(345)] a exigência, para configuração do dano moral, de demonstração inequívoca do fato lesivo praticado pelo agente (doloso, culposo, comissivo ou omissivo), consubstanciado em violação intolerável à dignidade da pessoa humana (projeção individual ou coletiva), bem como do nexo entre comportamento ilícito e o resultado lesivo ocorrido.

---

(343) MARINONI, Luiz Guilherme; ARENHART, Sérgio Cruz; MITIDIERO, Daniel. *Novo curso de processo civil...*, p. 267.

(344) No mesmo sentido, SCHIAVI, Mauro. *Provas no...*, p. 56.

(345) Cf. SCHIAVI, Mauro. *Ações de reparação por...*, p. 251.

O prejuízo sofrido não reclamará prova específica e objetiva, pois será consequência desse ilícito extrapatrimonial. "O gravame decorre do próprio resultado da ofensa"(346).

Assim, o que deverá ser provada será a certeza do fato gerador do ilícito, bem como a ponte de ligação (nexo causal) entre o prejuízo afirmado e o ilícito praticado, daí o dano moral usualmente receber a classificação *in re ipsa*, ou seja, a transgressão será compreendida em sua própria causa somente; a coisa fala por si, por intermédio da força dos próprios fatos.

A comprovação desse fato gerador do dano extrapatrimonial deflagrará a movimentação jurisdicional de estimativa ou quantificação desse malfeito.

A jurisprudência laboral vem acompanhando essa posição de maneira cada vez mais consistente. Vejamos:

> DANO MORAL. RESTRIÇÃO AO USO DO BANHEIRO. A imposição de limitação ao uso do toalete por parte do empregador constitui conduta que legitima a reparação civil por danos morais, pois ultrapassa os limites dos poderes diretivo e fiscalizatório atribuídos ao patrão e afronta a privacidade e dignidade do trabalhador. 1.2. Por sua vez, o dano moral é um dano *in re ipsa*, ou seja, deriva da própria natureza do fato. Por conseguinte, desnecessária a prova do prejuízo moral em si, exigindo-se tão somente a demonstração dos fatos que lhe deram ensejo, o que ocorreu no acórdão recorrido(347).

Toda a construção apresentada até o momento se translada ao instituto do dano moral coletivo, ou seja, necessário ser demonstrada a conduta ilícita perpetrada, bem como a ligação entre o ato causador e o resultado afirmado.

Neste caso a violação, como já salientado, alcança interesses que ultrapassam a esfera da singularidade.

Nessa toada, não se mostra adequada a exigência de comprovação de prejuízo suportado pela coletividade, considerando que o dano é consubstanciado por intermédio da ocorrência do próprio fato intolerável violador, também provado *in re ipsa*.

Como já dito em diversas ocasiões nesse estudo, os eventuais reflexos negativos vivenciados pela coletividade são decorrências do dano coletivo sofrido.

A jurisprudência do Tribunal Superior do Trabalho, mais uma vez, corrobora o afirmado até o presente momento. Vejamos:

> O dano moral é aquele que afeta a personalidade, constituindo ofensa à honra e à dignidade da pessoa, de caráter eminentemente subjetivo e de difícil dimensionamento quanto ao prejuízo ocasionado à esfera individual do ser. Nesse sentido, doutrina e jurisprudência defendem que o prejuízo de ordem moral que alguém diz ter sofrido é provado in re ipsa, ou seja, pela força dos próprios fatos, quando pela sua dimensão for impossível deixar de imaginar a ocorrência do dano. Assim, basta que se comprovem os fatos, a conduta ilícita e

(346) FLORINDO, Valdir. *Dano moral e o direito do trabalho*. 4. ed. São Paulo: LTr, 2002. p. 351.

(347) RR – 831-86.2010.5.04.0252. Tribunal Superior do Trabalho. 7ª Turma. Mina. Delaíde Miranda Arantes. DEJT 22.11.2013.

o nexo de causalidade para que a caracterização do dano moral seja presumida. No âmbito coletivo, de construção mais estrita, exige-se, também, a violação de interesses extrapatrimoniais da coletividade para sua configuração... Assim, comprovados os fatos e a conduta ilícita praticada pelo empregador, causando prejuízos a certo grupo de trabalhadores e à própria ordem jurídica, impõe-se o reconhecimento do dano moral coletivo a ser reparado"[348].

Nesse eito, a força dos próprios fatos ilícitos e intoleráveis que atingem determinada coletividade, e são capazes de violar intoleravelmente a própria ordem jurídica, dão ensejo a configuração do dano moral coletivo.

9. Hipóteses de incidência do dano moral coletivo

Como mencionado ao longo desse estudo, é de reconhecimento inquestionável o protagonismo do Tribunal Superior do Trabalho nesse assunto, desde os primeiros precedentes forjados naquele tribunal, até os dias atuais em que novos julgados surgem envolvendo esse instituto.

A quase totalidade dos casos dispondo sobre dano moral coletivo na seara laboral, principalmente em sede extraordinária - no Tribunal Superior do Trabalho, decorrem de ações coletivas promovidas pelo Ministério Público do Trabalho.

Daí porque os temas dessas ações coletivas estão justamente vinculados às principais frentes de atuação do *parquet* laboral, ensejando a promoção de ações civis públicas, como um dos instrumentos essenciais de efetivação do mister constitucional desse ramo do Ministério Público, cuja vocação é ser órgão promotor dos direitos fundamentais sociais no campo das relações laborais.

Com efeito, o reconhecimento do dano moral coletivo tornou-se questão das mais importantes nas ações coletivas envolvendo direitos humanos sociais laborais, em áreas de inquestionável fundamentalidade.

Aliás, conforme se pode observar em larga pesquisa empreendida, são poucas as ações coletivas julgadas no Tribunal Superior do Trabalho em que não seja vinculado, em conjunto com pedido de tutela específica, reparação pelo afirmado dano moral coletivo.

Opta-se, por uma questão de espaço, por apresentar um exemplo por cada temática de julgados envolvendo ações mais corriqueiras com pedido de dano moral coletivo. Senão vejamos:

9.1. Trabalho escravo ou análogo à escravidão

DANO MORAL COLETIVO. EFETIVAÇÃO DE PRINCÍPIOS E REGRAS CONSTITUCIONAIS E INTERNACIONAIS RATIFICADOS, RELATIVOS À PESSOA HUMANA E ÀS RELAÇÕES DE TRABALHO. TRABALHO DECENTE E COMBATE IMEDIATO E PRIORITÁRIO AO TRABALHO FORÇADO E OUTRAS FORMAS DEGRADANTES DE TRABALHO. RETENÇÃO DE SALÁRIO DOS EMPREGADOS. OIT: CONVENÇÕES 29 E 105;

(348) RR-690-88.2010.5.03.0157. Tribunal Superior do Trabalho. 8ª Turma. Rel. Mina. Dora Maria da Costa. DEJT 7.1.2014.

CONSTITUIÇÃO DE 1919; DECLARAÇÃO DA FILADÉLFIA DE 1944; DECLARAÇÃO DE PRINCÍPIOS E DIREITOS FUNDAMENTAIS NO TRABALHO DE 1998. EFETIVIDADE JURÍDICA NO PLANO DAS RELAÇÕES DE TRABALHO. ART. 149 DO CÓDIGO PENAL. 5. AÇÃO CIVIL PÚBLICA. DANO MORAL COLETIVO. MATÉRIA FÁTICA. SÚMULA 126/TST. 6. *QUANTUM* INDENIZATÓRIO. APELO DESFUNDAMENTADO. AUSÊNCIA DE INDICAÇÃO DOS PRESSUPOSTOS DE ADMISSIBILIDADE RECURSAL DO ART. 896 DA CLT. O Estado Democrático de Direito envolve a presença não apenas de instituições estatais democráticas e inclusivas, realizando a centralidade da pessoa humana na ordem jurídica, como também uma sociedade civil com as mesmas atribuições, características e deveres, assegurando eficácia jurídica e efetividade real aos direitos fundamentais trabalhistas no âmbito privado. Por essa razão, a Constituição da República Federativa do Brasil de 1988 e a Organização Internacional do Trabalho, por meio de vários de seus documentos normativos cardeais (Constituição de 1919; Declaração da Filadélfia de 1944; Declaração de Princípios e Direitos Fundamentais no Trabalho de 1998; Convenção 182) asseguram, de maneira inarredável, a dignidade da pessoa humana, a valorização do trabalho e do emprego, a implementação de trabalho efetivamente decente para os seres humanos, a proibição do trabalho forçado e outras formas degradantes de trabalho(349).

9.2. *Descumprimento de normas relativas ao Meio Ambiente laboral*

RECURSO DE REVISTA. RESPONSABILIDADE CIVIL. INDENIZAÇÃO POR DANO MORAL. CONDIÇÕES PRECÁRIAS INSTALAÇÕES SANITÁRIAS. AMBIENTE LABORAL DEGRADANTE E DESUMANO. VIOLAÇÃO AO ART 5º, III, DA CF. A Constituição Federal fixa a "dignidade da pessoa humana" (Art. 1º, III) como fundamento da República e, ao mesmo tempo, proclama serem "invioláveis a intimidade, a vida privada, a honra e a imagem das pessoas, assegurado o direito à indenização pelo dano material ou moral decorrente de sua violação." (Art. 5º, X). Compete à reclamada zelar pelas normas de saúde, higiene e segurança de seus empregados, dentre elas aquelas descritas na NR-24, as quais dispõem acerca das condições sanitárias e de conforto nos locais de trabalho. Logo, a ausência de condições sanitárias e de alojamento adequadas, em desrespeito às normas estabelecidas pela NR-24 da Portaria n. 3.214/74 do Ministério do Trabalho, representa conduta antijurídica ofensiva à dignidade do trabalhador, ensejando a indenização por danos morais, pois importa em ofensa a princípios de ordem constitucional, tais como o da dignidade da pessoa humana, do valor social do trabalho, do direito à saúde e ao bem estar, da garantia aos trabalhadores da redução dos riscos inerentes ao trabalho, por meio de normas de saúde, higiene e segurança; (arts. 1º, III, 3º, IV, 5º, X, 6º e 196 da Constituição Federal). Assim, provadas as condições precárias de higiene e de alimentação no ambiente de trabalho, o reclamante tem direito à indenização por dano moral, pois vulnerado o inciso III do art. 5º, da CF/88(350).

9.3. *Terceirização ilícita*

AÇÃO CIVIL PÚBLICA. OBRIGAÇÃO DE FAZER E NÃO FAZER. ABSTENÇÃO DE CONTRATAR TERCEIROS PARA A PRESTAÇÃO DE SERVIÇOS RELACIONADOS À ATIVIDADE-FIM DO TOMADOR. TERCEIRIZAÇÃO ILÍCITA. 2.1. Resultado de bem-vinda evolução jurisprudencial, o Tribunal Superior do Trabalho editou a Súmula n. 331,

(349) RR – 161500-69.2008.5.08.0124. Tribunal Superior do Trabalho. 3ª Turma. Rel. min. Mauricio Godinho Delgado. DEJT 22.5.2015.

(350) RR – 750-48.2011.5.15.0042. Tribunal Superior do Trabalho. 2ª Turma. Rel. Min. Cláudio Armando Couce de Menezes. DEJT 25.9.2015.

que veda a "contratação de trabalhadores por empresa interposta", "formando-se o vínculo diretamente com o tomador dos serviços", ressalvados os casos de trabalho temporário, vigilância, conservação e limpeza, bem como de "serviços especializados ligados à atividade-meio do tomador, desde que inexistente a pessoalidade e a subordinação direta" (itens I e III). 2.2. O verbete delimita, exaustivamente, os casos em que se tolera terceirização em atividade-fim. A teor da Súmula n. 331, I, do TST, a contratação de trabalhadores por empresa interposta é ilegal, formando-se o vínculo diretamente com o tomador dos serviços. 2.3 O quadro delineado pelo Regional revela que os contratos firmados com empresas interpostas pretendem a terceirização da atividade de plantio e colheita da cana-de-açucar, e que o contrato social da ré tem como objeto o plantio, cultivo, colheita e comercialização da cana-de-açúcar, enquadrando-se na atividade-fim do tomador de serviços. 2.4. Impositiva a incidência da compreensão da Súmula n. 331, I, do TST. Recurso de revista não conhecido[351].

9.4. *Violação de direitos fundamentais específicos. Jornada de trabalho*

AÇÃO CIVIL PÚBLICA. MINISTÉRIO PÚBLICO DO TRABALHO. DANO MORAL COLETIVO. NÃO CONCESSÃO DE INTERVALO INTRAJORNADA. OFENSA AO ART. 5º, V E X, DA CONSTITUIÇÃO. NÃO CONFIGURAÇÃO. NÃO PROVIMENTO. O dano moral coletivo se configura quando os danos causados pela atuação ilícita do agente extrapola a esfera dos interesses individuais e alcança toda coletividade em abstrato. Precedentes. O egrégio Tribunal Regional, na hipótese vertente, concluiu que, embora o descumprimento de intervalos intrajornadas seja uma conduta reprovável, tal atitude da empregadora não se caracteriza como ofensiva à moralidade da coletividade, eis que o dano está limitado aos trabalhadores diretamente relacionados com o fato. Em vista disso, entendeu incabível o pagamento de compensação por dano moral coletivo.

A referida decisão encontra-se em consonância com a jurisprudência desta Corte Superior, fato a obstaculizar o conhecimento do recurso de revista, nos termos do art. 896, § 7º, da CLT e da Súmula n. 333[352].

9.5. *Revista íntima em pertences pessoais de trabalhadores*

REVISTA REALIZADA EM SACOLAS E PERTENCES DOS EMPREGADOS NA PRESENÇA DE CLIENTES. VIOLAÇÃO À DIGNIDADE DOS TRABALHADORES. TUTELA INIBITÓRIA. LIMITAÇÃO. Esta Corte tem decidido que o poder diretivo e fiscalizador do empregador permite a realização de revista em bolsas e pertences dos empregados, desde que procedida de forma impessoal, geral e sem contato físico ou exposição do funcionário à situação humilhante e vexatória. Desse modo, a revista feita exclusivamente nos pertences dos empregados não configura, por si só, ato ilícito, sendo indevida a reparação por dano moral. Na hipótese dos autos, além de não ter sido provada a revista íntima e pessoal, ficou constatado que a revista era feita tão somente nos pertences dos empregados, circunstância que, nos termos da jurisprudência desta Corte, afastaria a condenação da reclamada ao pagamento da indenização por dano moral coletivo pela revista em pertences dos empregados. Contudo, ficou consignado no acórdão recorrido que a reclamada realizava a revista nos pertences dos empregados na presença dos clientes, circunstância que

---

(351) ARR – 1861-25.2012.5.09.0325. Tribunal Superior do Trabalho. 3ª Turma. Rel. Min. Alberto Luiz Bresciani de Fontan Pereira. DEJT 25.9.2015.

(352) AIRR – 4960-55.2012.5.12.0022. Tribunal Superior do Trabalho. 5ª Turma. Rel. Min. Guilherme Augusto Caputo Bastos. DEJT 18.9.2015.

configura evidente violação à dignidade do reclamante e demais empregados da ré e que afasta do caso dos autos a aplicação dos precedentes que excluem a obrigação de reparar o dano moral quando a revista é feita apenas nos pertences do trabalhador. Assim, nessas circunstâncias, o procedimento adotado pela empresa configura prática de ilícito que enseja, por si só, dano passível de reparação. Entretanto, diante da jurisprudência desta Corte, que considera lícita a revista realizada pela empresa, desde que restrita à bolsa e aos pertences do empregado, sem contato físico ou revista íntima e em ambiente ao qual somente os empregados têm acesso, revela-se desproporcional a decisão recorrida em que se concedeu tutela inibitória a fim de que a reclamada se abstenha de realizar qualquer revista que implicasse em contato, físico ou visual, com objetos pessoais, em bolsas ou pertences de seus empregados. Nesse contexto, o Regional, ao condenar a reclamada a se abster da realização de qualquer tipo de revista, violou o art. 188, inciso I, do Código Civil... DANO MORAL COLETIVO. DROGARIA QUE REALIZAVA REVISTA DOS PERTENCES DE SEUS EMPREGADOS NA PRESENÇA DE CLIENTES. VIOLAÇÃO À DIGNIDADE DOS TRABALHADORES. INDENIZAÇÃO ARBITRADA EM R$ 50.000,00 (CINQUENTA MIL REAIS)(353).

9.6. *Cumprimento de cota legal para pessoas com deficiência*

RECURSO DE REVISTA DA RECLAMADA — AÇÃO CIVIL PÚBLICA — CONSTRUÇÃO CIVIL — REPARAÇÃO DE LESÃO OFENSIVA AOS VALORES FUNDANTES DA CONSTITUIÇÃO FEDERAL DE 1988 — NÃO PREENCHIMENTO DAS VAGAS RESERVADAS PARA PESSOAS COM DEFICIÊNCIA — ART. 93 DA LEI N. 8.213/91 — OFENSA A DIREITO DIFUSO — DIREITO FUNDAMENTAL À IGUALDADE MATERIAL — EFICÁCIA HORIZONTAL DOS DIREITOS FUNDAMENTAIS. A evolução das concepções jurídicas acerca da responsabilidade civil, que caminha desde o reconhecimento restrito do dano material, passando pela admissibilidade do dano moral individual, até o reconhecimento, à luz dos marcos da Constituição Federal de 1988, da necessidade de reparação da coletividade, quando atingidos, por meio de conduta ilícita, valores assentados na Carta de 1988 e que detém titularidade transindividual, torna imperativa a afirmação do direito à reparação por dano imaterial coletivo, que, de forma tecnicamente inadequada, vem sendo denominado dano moral coletivo. É importante ressalta-se que, assim como a denominação, que se refere aos direitos de natureza individual, os pressupostos para o reconhecimento da responsabilidade em razão dessa espécie de dano são diversos, revelando a insuficiência dos paradigmas do direito liberal clássico para lidar com as novas categorias jurídicas transindividuais. Nesse contexto, resulta incabível perquirir, na conduta da ré no caso concreto, a existência de incômodo moral com gravidade suficiente a atingir não apenas o patrimônio jurídico dos trabalhadores envolvidos, mas o patrimônio de toda a coletividade. O que releva investigar, no caso em tela, é a gravidade da violação infligida pela ré à ordem jurídica. A coletividade é tida por ofendida, imaterialmente, a partir do fato objetivo da violação da ordem jurídica. Assim, verificado nos autos que a ré resistiu em cumprir a cota de portadores de deficiência prevista no art. 93 da Lei n. 8.213/91, descumprindo, injustificadamente, norma garantidora do princípio da igualdade material e da não discriminação das pessoas portadoras de necessidades especiais e, por conseguinte, furtando-se à concretização de sua função social, é devida a reparação da coletividade pela ofensa aos valores constitucionais fundamentais(354).

---

(353) RR – 1722-93.2012.5.19.0002. Tribunal Superior do Trabalho. 2ª Turma. Rel. Min. José Roberto Freire Pimenta. DEJT 4.9.2015.

(354) RR – 1991-15.2011.5.10.0004. Tribunal Superior do Trabalho. 7ª Turma. Rel. Min. Luiz Philippe Vieira de Mello Filho. DEJT 31.3.2015.

9.7. *Reiterado descumprimento da legislação trabalhista*

RECURSO DE REVISTA EM FACE DE DECISÃO PUBLICADA ANTES DA VIGÊNCIA DA LEI N. 13.015/2014. DANO MORAL COLETIVO. REITERADO DESCUMPRIMENTO DA LEGISLAÇÃO TRABALHISTA. A prática reiterada da empresa em desrespeito aos direitos trabalhistas não pode ser opção, tampouco merece ser tolerada pelo Poder Judiciário, sobretudo no Estado Democrático de Direito, em que a dignidade da pessoa humana e o valor social do trabalho representam fundamentos da República (art. 1º, III e IV). No caso, a caracterização do dano moral coletivo dispensa a prova do efetivo prejuízo financeiro ou do dano psíquico dele decorrente, pois a lesão decorre da própria conduta ilícita da empresa em desrespeitar as normas coletivas de trabalho e manter sistema de controle paralelo de horários, em desrespeito à lei, a ensejar insegurança do trabalhador quanto à jornada a ser cumprida. Consigne-se, finalmente, que a tentativa de firmar termo de ajustamento de conduta foi frustrada. Recurso de revista de que se conhece e a que se dá parcial provimento(355).

9.8. *Fraude por intermédio de contratação de cooperativa*

RECURSO DE REVISTA. AÇÃO CIVIL PÚBLICA. FRAUDE NA CONTRATAÇÃO DE TRABALHADORES POR COOPERATIVA. TERCEIRIZAÇÃO ILÍCITA. DANO MORAL COLETIVO. Hipótese em que a conduta ilícita da reclamada não repercute apenas sobre os trabalhadores envolvidos, mas sim sobre toda a coletividade de trabalhadores que teve seu direito ao emprego direto cerceado pela prática fraudulenta de intermediação de mão de obra por cooperativa. Ademais, a fraude verificada nessa modalidade de contratação atinge todo o sistema de proteção ao emprego garantido pelo ordenamento justrabalhista. Provada a existência de ato ilícito (contratação fraudulenta de mão de obra via cooperativa), mostra-se devida reparação do dano moral coletivo(356).

9.9. *Cumulação de tutela inibitória (obrigações de fazer e não e fazer) com dano moral coletivo*

RECURSO DE EMBARGOS INTERPOSTO NA VIGÊNCIA DA LEI N. 11.496/2007. AÇÃO CIVIL PÚBLICA. ART. 3º DA LEI N. 7.347/85. OBRIGAÇÃO DE FAZER E CONDENAÇÃO EM PECÚNIA. CUMULAÇÃO DE PEDIDOS. TUTELA INIBITÓRIA E DANO EXTRAPATRIMONIAL COLETIVO. Cinge-se a controvérsia a se definir se o art. 3º da Lei da Ação Civil Pública, ao prever a possibilidade de condenação em obrigação de fazer ou condenação em dinheiro, o faz de maneira cumulativa ou excludente. Diferentemente do entendimento adotado pela Douta Turma, a Jurisprudência do Tribunal Superior do Trabalho vem se inclinando no sentido de admitir que são pedidos cumulativos. Com efeito, a multa por obrigação de fazer tem por objetivo o cumprimento da obrigação prevista na Lei, enquanto que a indenização por dano extrapatrimonial coletivo tem por finalidade a compensação do período em que a coletividade foi privada do cumprimento da Lei. Trata-se de lesão que não deve deixar de ser reparada na medida em que o descumprimento da lei gerou efeitos deletérios, que se prolongaram no tempo. Precedente: Processo n. TST-E-ED-RR-115600-15.2004.5.03.0004, Redator Ministro: Lelio Bentes Corrêa, Data

---

(355) RR – 82-54.2010.5.09.0018. Tribunal Superior do Trabalho. 7ª Turma. Rel. Min. Cláudio Mascarenhas Brandão. DEJT 25.9.2015.

(356) RR – 111300-81.2009.5.17.0121. Tribunal Superior do Trabalho. 2ª Turma. Rela. Mina. Delaíde Miranda Arantes. DEJT 12.6.2015.

de Julgamento: 10.6.2010, Subseção I Especializada em Dissídios Individuais, Data de Publicação: DEJT 9.3.2012)[357].

9.10. *Discriminação. Pesquisa prévia em cadastro de proteção de crédito*

PROCESSO SELETIVO — PESQUISA PRÉVIA DA SITUAÇÃO FINANCEIRA DOS CANDIDATOS AO EMPREGO — SPC E SERASA — OBRIGAÇÃO DE NÃO FAZER — DANO MORAL COLETIVO. O Tribunal Regional convalidou a sentença da Vara do Trabalho na parte em que se concedera a antecipação de tutela pretendida pelo Ministério Público do Trabalho nos autos da ação civil pública, por considerar ilícita a conduta do réu de proceder à pesquisa, em cadastro de proteção ao crédito, dos antecedentes creditícios de candidatos a emprego, de forma a restringir-lhes o acesso a vagas de emprego, em razão de seu nome constar em uma das listas de empresas de proteção ao crédito, como Serasa e SPC, em virtude de entender tratar-se de ato discriminatório e violador da esfera íntima e privada do trabalhador. No entanto, em que pese o Colegiado de origem tenha considerado ilícita a conduta do réu, resolveu reformar a sentença para excluir da condenação o pagamento da indenização por dano moral coletivo, ao fundamento de que não ficara comprovado o dano pela falta de prova de efetivo prejuízo moral, do qual decorreria a obrigação de indenizar, nos termos da norma do art. 186 do Código Civil. Entendeu igualmente que, se houve dano moral, este seria individual, por atingir apenas aqueles que realmente se habilitaram a uma vaga de emprego e aceitaram submeter-se ao processo seletivo, circunstância em virtude da qual considerou que eventual indenização deveria ser buscada individualmente pelos interessados, de forma a se avaliar caso a caso, revelando-se inadequada, para tanto, a ação civil pública. Ocorre que, diante da incontrovérsia dos fatos relativos à conduta ilícita do reclamado, o dano moral daí decorrente é considerado *in re ipsa*, já que decorre da própria natureza das coisas, prescindindo, assim, de prova da sua ocorrência concreta, em virtude de ele consistir em ofensa a valores humanos, bastando a demonstração do ato ilícito ou antijurídico em função do qual a parte afirma ter ocorrido a ofensa ao patrimônio moral. Trata-se, nas palavras de Sérgio Cavalieri Filho, de uma demonstração do dano moral à guisa de uma presunção natural, uma presunção *hominis* ou *facti*, que decorre das regras de experiência comum. Com efeito, o dano coletivo experimentado, nessa hipótese, prescinde da prova da dor, pois, dada a sua relevância social, desencadeia reparação específica. Para a configuração do dano moral coletivo, basta, como no caso dos autos, a violação intolerável a direitos coletivos e difusos, ação ou omissão reprováveis pelo sistema de justiça social do nosso ordenamento jurídico, conduta antijurídica capaz de lesar a esfera de interesses da coletividade, cuja essência é tipicamente extrapatrimonial. Erigindo o dano moral coletivo a um plano mais abrangente de alcance jurídico, Xisto Tiago de Medeiros Neto ressalta a sua configuração, independentemente do número de pessoas atingidas pela lesão, afastando, para sua eventual caracterização, o "critério míope", pautado tão somente na verificação do quantitativo de pessoas atingidas de maneira imediata. Assim, o fato de a transgressão estar circunstanciada no âmbito das relações de trabalho, por si só, não lhe atribui a visão de dano individual, como equivocadamente entendeu o Regional. O que vai imprimir o caráter coletivo é a repercussão no meio social, a adoção reiterada de um padrão de conduta por parte do infrator, com inegável extensão lesiva à coletividade, de forma a violar o sistema jurídico de garantias fundamentais. É por isso que o dano moral coletivo, em face de suas características próprias de dano genérico, enseja muito mais uma condenação preventiva e inibitória do que propriamente uma tutela ressarcitória... Dessa

(357) E-ED-RR – 133900-83.2004.5.02.0026. Tribunal Superior do Trabalho. Subseção I Especializada em Dissídios Individuais. Rel. Min. Alexandre de Souza Agra Belmonte. DEJT 22.5.2015.

forma, encontrando-se caracterizado o dano moral coletivo, nos termos do art. 5º, inciso X, da Constituição Federal, deve-se condenar o reclamado ao pagamento da respectiva indenização, levando-se em conta para o seu arbitramento essencialmente a sua função sancionatória e pedagógica, de forma a afastar a reincidência e não deixar impune a lesão, pelo que se considera razoável e proporcional arbitrar o valor do dano moral coletivo em R$ 300.000,00 (trezentos mil reais)[358].

9.11. *Conduta antissindical. Fraude no uso de recursos sindicais*

7. IRREGULARIDADES E FRAUDES NA GESTÃO DO SINDICATO. ALTERAÇÃO IRREGULAR DO ESTATUTO. FRAUDE NA CONVOCAÇÃO DAS ELEIÇÕES. DESTITUIÇÃO DOS MEMBROS DA DIRETORIA. INELEGIBILIDADE DOS DIRIGENTES. Nos termos consubstanciados nos arts. 530, II, e 553, "*c*", da CLT, não podem ser eleitos para cargos administrativos ou de representação econômica ou profissional, nem permanecer no exercício desses cargos os que houverem lesado o patrimônio de qualquer entidade sindical, e as infrações serão punidas, segundo o seu caráter e a sua gravidade, entre outras penalidades, com a destituição de diretores ou de membros de conselho. Dentro deste contexto, não se divisa ofensa aos dispositivos consolidados suso mencionados, mas total observância dos referidos comandos legais, haja vista que os membros da diretoria do sindicato e do conselho fiscal foram destituídos dos respectivos cargos, justamente em face da lesão ao patrimônio da entidade sindical, haja vista que ficou evidente a existência de irregularidades nas demonstrações contábeis do SINTRACOMP, pois toda a prova dos autos mostra a existência de irregularidades fiscais, manuseio indevido dos recursos do sindicato e fraude na sua gestão. 8. INDENIZAÇÃO POR DANO MORAL COLETIVO E RESPECTIVO MONTANTE. A condenação dos agravantes a indenização por dano moral coletivo obedeceu aos ditames dos arts. 5º, V e X, da CF e 186 e 927 do CC, haja vista a demonstração de irregularidades fiscais, fraude, mau emprego dos recursos sindicais e utilização de dinheiro do sindicato para fins alheios aos interesses da categoria, com total desconsideração dos princípios fundamentais que envolvem a liberdade sindical, pois os atos irregulares praticados pelos agravantes resultaram na irregularidade da própria representação sindical enunciada no rol dos direitos fundamentais constitucionais.[359]

9.12. *Fraude praticada por ente público. Contratação irregular de estagiários*

RECURSO DE REVISTA. DANO MORAL COLETIVO E "*ASTREINTES*". POSSIBILIDADE DE CONDENAÇÃO DO ENTE PÚBLICO. O Tribunal Regional reconheceu a fraude praticada pelo réu, concernente à contratação de estagiários, sem a observância dos limites e dos requisitos previstos na legislação pertinente. Registrou que a conduta do ente público revelou seu desprezo para com a legislação trabalhista e permitiu a exploração da mão de obra de estudantes — menores de idade, em sua maioria —, por meio de contrato fraudulento. Também consignou que, ao agir assim, o réu violou os princípios da legalidade e da moralidade. Nesse contexto, condenou o ente público às obrigações de fazer e de não fazer, insertas nas alíneas "*a*", "*b*", "*c*", "*d*" e "*e*" do item 1 do rol de pedidos da petição inicial. Todavia, rejeitou o pedido concernente à fixação de indenização para a reparação dos danos

---

(358) RR – 3990200-19.2008.5.09.0002. Tribunal Superior do Trabalho. 2ª Turma. Rel. Min. José Roberto Freire Pimenta. DEJT 20.5.2015.

(359) Tribunal Superior do Trabalho. 8ª Turma. AIRR 68900-63.2007.5.21.0007. Relª. Minª. Dora Maria da Costa. Publicação. DEJT 26.9.2014.

morais coletivos, decorrentes da conduta do réu, bem como indeferiu a pretensão relativa à fixação de multa diária ("*astreintes*"), para assegurar o cumprimento daquelas obrigações. Nesses pontos, fundamentou a decisão na impossibilidade de se condenar uma pessoa jurídica de direito público interno a pagar indenização e multa em favor de outra entidade de caráter público — o Fundo de Amparo ao Trabalhador (FAT). Insustentável a tese regional. Com efeito, o Fundo de Amparo ao Trabalhador é órgão federal, ligado ao Ministério do Trabalho e Emprego, que tem a finalidade específica de custear o seguro-desemprego e o abono salarial, bem como a de financiar programas de desenvolvimento econômico. Não se confunde, portanto, com a pessoa do réu. Assim, constatada a ocorrência do dano moral coletivo, como se verifica na hipótese dos autos, é plenamente cabível a condenação do ente público responsável, ao pagamento da indenização pertinente, conforme prevê o art. 37, § 6º, da Constituição Federal. O mesmo se diga em relação às "*astreintes*". Ora, a multa diária prevista no art. 461, § 4º, do CPC constitui meio eficiente, para garantir o cumprimento das obrigações de fazer e de não fazer, como as que foram impostas ao réu. Novamente, não prospera a tese da Corte "*a quo*", no sentido de que não seria lógico condenar um ente público a pagar multa em favor de outra entidade de caráter público. Recurso de revista de que se conhece e a que se dá provimento[360][361].

9.13. Negligência em segurança bancária

RECURSO DE REVISTA. PROCESSO SOB A ÉGIDE DA LEI N. 13.015/2014. 1. PRELIMINAR DE NULIDADE POR NEGATIVA DE PRESTAÇÃO JURISDICIONAL. NÃO CONFIGURAÇÃO. 2. DANO MORAL COLETIVO. INSTITUIÇÃO BANCÁRIA. NEGLIGÊNCIA QUANTO À ADOÇÃO DE MEDIDAS DE SEGURANÇA LEGALMENTE PREVISTAS. 3. INDENIZAÇÃO POR DANO MORAL COLETIVO. *QUANTUM* INDENIZATÓRIO. O Ministério Público do Trabalho, autorizado pela Constituição da República, em seus arts. 1º, incisos III (dignidade da pessoa humana) e IV (valor social do trabalho), e 7º (rol de direitos dos trabalhadores, além de outros que visem à melhoria de sua condição social), bem como pela legislação infraconstitucional, detém a prerrogativa de ajuizar ação civil pública, com pedido de indenização por dano moral coletivo, por evidência de violação de normas trabalhistas mínimas. Nos termos do art. 13 da Lei n. 7.347/85, a indenização para a coletividade de trabalhadores a título de compensação pelos danos sofridos deve ser revertida ao Fundo de Amparo do Trabalhador — FAT, para o custeio de programas assistenciais. Na hipótese, o MPT formulou, entre outros, os seguintes pedidos: a) obrigação de fazer — determinar ao Réu a instalação de porta eletrônica de segurança, giratória e individualizada, em todos os acessos destinados ao público, provida de detector de metais, travamento, retorno automático e abertura ou janela para depósito do metal detectado; b) obrigação de pagar — condenação da Ré ao pagamento de indenização pelos danos de natureza coletiva causados, em valor a ser revertido ao FAT. Trata-se, portanto, de ação civil pública, em que se pretende a defesa de direitos individuais homogêneos com o pagamento de indenização por danos morais coletivos, tendo em vista a afronta perpetrada à dignidade da pessoa humana e aos valores sociais do trabalho (art. 1º, III e IV, CF). Nesse contexto, ainda que não tenha sido demonstrada a ocorrência de alguma ação criminosa concreta, o simples fato de o Reclamado não ter atendido aos requisitos mínimos de segurança previstos na legislação, como a colocação de portas giratórias, provocou uma atmosfera

---

(360) RR – 94500-35.2004.5.05.0008. Tribunal Superior do Trabalho. 8ª Turma. Rel. Min. Pedro Paulo Manus. DEJT 24.9.2010.

(361) Sobre esse julgado *vide* COSTA, Marcelo Freire Sampaio. Dano moral coletivo trabalhista contra ente de direito público. In: *Revista LTr*, São Paulo, n. 1, vol. 77, jan. 2013.

de insegurança e aflição no local de trabalho que, conforme consignado pelo TRT, "*gera tensão, angústia e outras consequências não só aos trabalhadores do réu, mas também a pessoas que não possuem vínculo de emprego com o banco, mas frequentam a agência.*" O sofrimento psicológico vivenciado, nessas circunstâncias, é evidente, cuidando-se de verdadeiro dano decorrente do próprio fato, que dispensa a prova de prejuízo concreto. Recurso de revista não conhecido[362].

9.14. *Assédio moral organizacional*

ASSÉDIO MORAL. DANO MORAL COLETIVO. CARACTERIZAÇÃO. 1. Hipótese em que o Tribunal regional, na análise das provas dos autos, teve por caracterizado o assédio moral praticado pelo Banco do Brasil, constatado nas diversas unidades da Federação. Tal conclusão decorreu da valoração das provas (as documentais e as testemunhais apresentadas pelo Ministério Público do Trabalho, autor da ação civil pública e pelo Banco do Brasil, reclamado). Registrou a Corte julgadora que "Compulsando a documentação colacionada pelo banco reclamado infere-se que este possuiu normativos internos com o objetivo de não permitir a prática de assédio moral dentro da instituição. Também é incontroverso que o banco possuiu um órgão de ouvidoria que também tem por atribuição receber e apurar denúncias de assédio moral. Entretanto, extrai-se do conjunto fático-probatório dos autos que as medidas institucionais adotadas pelo Banco não são eficazes, porquanto evidenciada a prática reiterada de assédio moral em diversos setores do reclamado, bem como se constata ainda a omissão deste em adotar as medidas apuratórias/repressivas pertinentes no momento do percebimento de denúncias acerca do assédio moral. Com efeito, o cotidiano dos empregados na lida do banco demonstra a ineficácia das referidas normas (...)" 2. Portanto, inviável de análise a pretensão recursal, no sentido de que as provas apresentadas pelo réu comprovariam a sua política no combate ao assédio moral, porquanto a questão passa pela necessidade de revaloração do conjunto fático-probatório dos autos, procedimento que não se coaduna com a natureza extraordinária do recurso de revista, à luz da Súmula 126/TST. 3. Nesse contexto, tem-se por caracterizado o dano moral coletivo, decorrente da conduta do empregador, ensejadora da alegada violação à dignidade humana e ao valor social do trabalho ao ponto de justificar a indenização por danos morais a que foi condenado. 4. Não se cogita, pois, de ofensa aos arts. 125, I, 319 do CPC; 5º, *caput*, X, LIV e LV, da CF; 186 e 927 do CCB e 820, 828 e 844 da CLT. 5. Estando a decisão pautada na análise da prova produzida e não no ônus subjetivo de sua produção, impertinente a apontada violação dos arts. 333, I, do CPC e 818 da CLT[363].

9.15. *Pejotização*

DANO MORAL COLETIVO. REPARAÇÃO. POSSIBILIDADE. AÇÃO CIVIL PÚBLICA. OFENSA AO VALOR SOCIAL DO TRABALHO. VÍNCULO DE EMPREGO DESVIRTUADO, SOB O MANTO DE CONTRATO DE FRANQUIA. A reparação por dano moral coletivo visa a inibição de conduta ilícita da empresa e atua como caráter pedagógico. A ação civil pública buscou reverter o comportamento da empresa, com o fim de coibir a contratação fraudulenta de empregados por meio de pessoas jurídicas constituídas exclusivamente (pejotização) para a venda de seguros de vida da reclamada. A ação intentada, assim como

(362) RR – 75-52.2014.5.09.0655. Tribunal Superior do Trabalho. 3ª Turma. Rel. Min. Mauricio Godinho Delgado. DEJT 21.8.2015.

(363) AIRR – 50040-83.2008.5.10.0007. Tribunal Superior do Trabalho. 1ª Turma. Rel. Min. Hugo Carlos Scheuermann, DEJT 12.6.2015.

a condenação em dano moral coletivo visam previnir lesão a direitos fundamentais constitucionais, como o valor social do trabalho, que atinge a coletividade como um todo, e possibilita a aplicação de multa a ser revertida ao FAT. Recurso de revista não conhecido[364].

9.16. *Contratação ilícita de terceirizados em detrimento de aprovados em concurso público*

RECURSO DE REVISTA. DANO MORAL COLETIVO. CONTRATAÇÃO ILÍCITA DE TERCEIRIZADOS EM DETRIMENTO DOS CANDIDATOS APROVADOS EM CONCURSO PÚBLICO. O dano moral coletivo, na esfera laborativa, deve ser entendido como uma lesão injusta que extrapola a esfera trabalhista individual, atentando contra direitos transindividuais de natureza coletiva. A conduta ilícita a configurar o dano moral coletivo deve, portanto, repercutir não só nos trabalhadores diretamente envolvidos, mas também na coletividade. Dentro desse contexto, verifica-se que, na hipótese dos autos, existe dano moral coletivo a ser ressarcido. Como bem colocado no acórdão recorrido, demonstrado o ato lesivo praticado (terceirização ilícita de empregados em detrimento a candidatos aprovados) e o nexo causal com os prejuízos causados à coletividade em razão do descumprimento da ordem jurídica constitucional, impõe-se o reconhecimento do dano moral coletivo[365].

9.17. *Trabalho escravo e trabalho infantil*

DANO MORAL COLETIVO. TRABALHO ANÁLOGO AO DE ESCRAVO. TRABALHO INFANTIL. DANOS CAUSADOS AOS INTERESSES DIFUSOS E COLETIVOS. INDENIZAÇÃO. VALOR DA CONDENAÇÃO. CRITÉRIO DE FIXAÇÃO. QUANTIFICAÇÃO. RAZOABILIDADE E PROPORCIONALIDADE. O direito à indenização por danos morais atrela-se ao prudente critério do juiz, que, sopesando as circunstâncias que envolvem o caso concreto, e pautando-se pelos princípios da razoabilidade e da proporcionalidade, fixa o valor da indenização. Dessa forma, deve-se levar em consideração o caráter pedagógico da medida, a fim de inibir a reiterada prática de condutas do empregador que venham a causar dor e sofrimento ao empregado, circunstâncias configuradoras de dano moral. No caso concreto, a prova não deixa dúvidas sobre existência de trabalho degradante e ofensivo à dignidade do trabalhador, ou seja, análogo ao de escravo, a existência do repudiado trabalho infantil, além de inúmeros outros desrespeitos aos direitos dos trabalhadores. Diante desse contexto, o Regional, ao reduzir o valor da indenização por danos morais coletivos de R$ 200.000,00 para R$ 50.000,00, fixou essa verba em montante extremamente reduzido, incompatível com a gravidade dos ilícitos praticados e com a capacidade econômica do empregador, em flagrante inobservância dos princípios da proporcionalidade e razoabilidade, razão pela qual se impõe a sua reforma para restabelecer o valor fixado na r. sentença, evitando-se, assim, a ineficácia pedagógica da condenação[366].

9.18. *Altos índices de acidentes de trabalho*

AÇÃO CIVIL PÚBLICA. MEIO AMBIENTE DO TRABALHO. VIOLAÇÃO REITERADA DE NORMAS DE SEGURANÇA DO TRABALHO. ALTO ÍNDICE DE ACIDENTES DE

---

(364) RR – 107-86.2010.5.03.0001. Tribunal Superior do Trabalho. 6ª Turma. Rel. Min. Aloysio Corrêa da Veiga. DEJT 22.8.2014.

(365) ARR – 429-65.2012.5.10.0802. Tribunal Superior do Trabalho. 4ª Turma. Rela. Mina. Maria de Assis Calsing. DEJT 18.9.2015.

(366) RR – 8600-37.2005.5.18.0251. Tribunal Superior do Trabalho. 5ª Turma. Rel. Min. Emmanoel Pereira. DEJT 1º.4.2014.

TRABALHO, SENDO UM FATAL. DANO MORAL COLETIVO. 2. AÇÃO CIVIL PÚBLICA. VIOLAÇÃO REITERADA DE NORMAS DE SEGURANÇA DO TRABALHO. ACIDENTES DE TRABALHO. DANO MORAL COLETIVO. VALOR DA INDENIZAÇÃO. 3. MULTA POR EMBARGOS DECLARATÓRIOS PROTELATÓRIOS. NATUREZA PROCRASTINATÓRIA EVIDENCIADA. INCIDÊNCIA. 4. DESCUMPRIMENTO DA OBRIGAÇÃO DE FAZER. ASTREINTES. SÚMULA N. 297/TST ... Na hipótese, o TRT de origem, após análise do contexto fático-probatório dos autos, concluiu que a Reclamada descumpriu as normas de segurança do trabalho, o que implicou a ocorrência de doenças ocupacionais, acidentes de trabalho graves e o óbito de um ex-empregado. Para tanto, o Tribunal Regional destacou que foram apuradas de diversas irregularidades na ação fiscal no ano de 2011 e que elas foram novamente constatadas na atuação fiscal do ano de 2012 - premissa fática incontroversa à luz da Súmula n. 126/TST. Nesse sentido, registre-se que, ao contrário do alegado pela Reclamada, o acidente que ceifou a vida de um ex-empregado não é um caso isolado, pois, segundo o "Relatório Anual" colacionado aos autos, houve 57 acidentes do trabalho, que resultaram em 6 afastamentos, no ano de 2011. Assim, o reiterado descumprimento das normas preventivas de segurança do trabalho e o elevado número de acidentes de trabalho relatados no ano de 2011 revelam a conduta lesiva da empresa em relação aos seus trabalhadores e a existência de dano moral coletivo, porquanto as práticas da Ré contrariaram os princípios basilares da Constituição Federal, mormente aqueles que dizem respeito à higidez física e mental, inclusive emocional, no ambiente laboral, e à redução dos riscos inerentes ao meio ambiente do trabalho, por meio da observância às normas de saúde, higiene e segurança (arts. 1º, III e IV, e 7º, II, da CF/88). Resultam patentes a lesividade e a gravidade da conduta da empresa Ré, mediante tais omissões e negligências, uma vez que não provocaram apenas risco em potencial, mas ensejaram, sim, graves consequências em concreto, haja vista o reconhecimento pelo TRT de que houve diversos acidentes de trabalho, sendo um deles fatal. Tal conduta repercutiu de forma negativa em toda a classe de trabalhadores, transcendendo o caráter meramente individual e atingindo o patrimônio moral da coletividade. Nesse contexto, é imperiosa a manutenção da condenação da Reclamada ao pagamento de indenização por danos morais coletivos. Agravo de instrumento desprovido.(367)

9.19. *Simulação na contratação de corretores de seguros*

AÇÃO CIVIL PÚBLICA. CORRETORES DE SEGUROS. CONTRATO DE EMPREGO SIMULADO. RESPONSABILIDADE CIVIL POR DANOS MORAIS COLETIVOS. CARACTERIZAÇÃO. Decerto, como já prelecionava, há muitos anos, o saudoso Professor Pinho Pedreira, se o indivíduo pode ser vítima de dano moral, não há porque não possa ser alvo a coletividade. Acrescenta, ainda, o autor que "a ação tendente à reparação do dano moral coletivo objetiva ao ressarcimento de um prejuízo abstrato infligido (em nosso caso) a trabalhadores não identificados a que não é devida a indenização, a qual há de ser recolhida a um fundo com destinação social" . (PINHO PEDREIRA DA SILVA, Luiz de. O Dano moral nas relações de trabalho . Arquivos do Instituto Brasileiro de Direito Social Cesarino Júnior, vol. 29 - 2005, p. 129-153). Com efeito, desrespeitados valores de interesse de toda a coletividade, a responsabilidade civil perde a sua feição individualista e assume função social hábil a promover o controle ético das condutas praticadas. Ademais, conforme preceitua o art. 3º da Lei n. 7.347/85, "a ação civil poderá ter por objeto a condenação em dinheiro ou o cumprimento de obrigação de fazer ou não fazer". A conjunção "ou" — contida no

(367) Tribunal Regional do Trabalho. 8ª Turma. AIRR 68900-63.2007.5.21.0007. Relª. Minª. Dora Maria da Costa. DEJT 26.9.2014.

referido dispositivo, tem, para o Superior Tribunal de Justiça, sentido de adição, ou seja, é possível a cumulação das condenações em obrigações de fazer ou não fazer e indenização pecuniária. No presente caso, a lesão decorre da própria conduta socialmente reprovável da empresa envolvida. Isso porque a precarização do contrato de emprego é prática vedada pelos princípios que protegem o trabalho humano. Não deve ser chancelada pela Justiça do Trabalho por diversas razões, entre as quais a perda econômica para o trabalhador — por receber salários inferiores àqueles que possuem vínculo efetivamente reconhecido —; a exacerbação dos malefícios à saúde — pela falta de instrumentalização adequada das medidas de proteção à saúde e mesmo pela fiscalização inadequada ao cumprimento das normas de segurança e medicina do trabalho; pela maior instabilidade no emprego; e pela falta de organização da categoria profissional. Sendo assim, na defesa do primado dos valores morais que embasam o Direito do Trabalho e com o intuito de resgatar a verdadeira função da norma principiológica do sistema jurídico laboral — Princípio Protetor —, correta a decisão regional ao condenar a ré no pagamento de indenização por danos morais coletivos. Agravo conhecido e não provido.[368]

9.20. *Descumprimento reiterado de intervalos inter e intrajornada*

PRESSUPOSTOS DA RESPONSABILIDADE CIVIL DA EMPREGADORA - INDENIZAÇÃO POR DANO MORAL COLETIVO - DESCUMPRIMENTO CONTUMAZ DOS INTERVALOS PREVISTOS NOS ARTS. 66 E 71 DA CLT. O TRT registrou que o Banco do Brasil "não cumpria a regra legal cogente dos arts. 66 e 71 da CLT, suprimindo os intervalos interjornada e interjornada de seus empregados dos estabelecimentos localizados na cidade de Campina Grande-PB". Por ocasião dos debates travados no julgamento do E-RR – 449-41.2012.5.04.0861, em 7.2.2019, a SBDI-1 decidiu que o reiterado descumprimento da legislação trabalhista concernente à concessão dos intervalos previstos em lei gera dano moral coletivo *in re ipsa*. Esse julgamento apenas fortalece o posicionamento majoritário desta Corte, de que o Poder Judiciário Trabalhista deve coibir de forma exemplar o desrespeito contumaz às normas de saúde, segurança e higiene do ambiente laboral, nomeadamente como forma de proteção à dignidade da pessoa do trabalhador e aos valores sociais do trabalho. Precedentes de Turmas desta Corte, inclusive da 3ª Turma. Ilesos os dispositivos constitucionais e legais invocados. Agravo de instrumento conhecido e desprovido.[369]

9.21. *Dispensa coletiva por conta de encerramento de atividades. Ausência de prévia negociação coletiva*

INDENIZAÇÃO POR DANO MORAL COLETIVO. DISPENSA COLETIVA. ENCERRAMENTO DAS ATIVIDADES. NECESSIDADE DE PRÉVIA NEGOCIAÇÃO COM O SINDICATO. 4. 1. O Eg. Regional, conforme o quadro fático-probatório delineado, entendeu incontroversa a dispensa coletiva de todos os empregados, para encerramento da atividade empresarial, por interesses próprios da empregadora, sem prévia negociação coletiva. Evidenciou que a ré, percebendo a iminência do término das atividades, deveria ter buscado alternativas, por meio de negociação preliminar, para reduzir o impacto da medida, o que não fez. Assim, concluiu demonstrada a lesão de interesses transindividuais, ensejando a reparação do dano moral coletivo. 4.2. A jurisprudência da Seção de Dissídios Coletivos

(368) Tribunal Regional do Trabalho. 7ª Turma. Ag-AIRR 2-70.2012.5.19.0009. Rel. Min. Claudio Mascarenhas Brandão. Publicação: 1º.3.2019.

(369) Tribunal Regional do Trabalho. 3ª Turma. AIRR 175-23.2016.5.13.0009. Rel. Min. Alexandre de Souza Agra Belmonte. Publicação 29.3.2019.

desta Corte firmou entendimento de que a negociação coletiva é imprescindível à dispensa em massa, pois tal cenário exige a estipulação de normas e condições para a proteção dos trabalhadores contra o desemprego, além da redução dos impactos sociais e econômicos causados. Ausente tal procedimento, é devida a indenização compensatória, pelo caráter coletivo da lesão. Precedentes. 4.3. As empresas que se lançam no mercado, assumindo o ônus financeiro de cumprir a legislação trabalhista, perdem competitividade em relação àquelas que reduzem seus custos de produção à custa dos direitos mínimos assegurados aos empregados. 4.4. Tratando-se de lesão que viola bens jurídicos indiscutivelmente caros a toda a sociedade, surge o dever de indenizar, sendo cabível a reparação por dano moral coletivo (arts. 186 e 927 do CC e 3º e 13 da LACP). 4.5. Frise-se que, na linha da teoria do *"danum in re ipsa"*, não se exige que o dano moral seja demonstrado. Ele decorre, inexoravelmente, da gravidade do fato ofensivo que, no caso, restou materializado pelo descumprimento de normas que visam à dignidade e à proteção dos trabalhadores contra o desemprego involuntário e a dispensa arbitrária, ocasionados pela demissão em massa, sem prévia negociação com o sindicato. Sob tal contexto, não há dúvidas quanto à caracterização do dano moral coletivo. Óbice do art. 896, § 7º, da CLT e da Súmula n. 333/TST. Agravo de instrumento conhecido e desprovido.[370]

9.22. *Fraude no registro de jornada de trabalho*

RECURSO DE REVISTA INTERPOSTO PELO MINISTÉRIO PÚBLICO DO TRABALHO. AÇÃO CIVIL PÚBLICA. INDENIZAÇÃO POR DANO MORAL COLETIVO. OBRIGATORIEDADE DE REGISTRO DA JORNADA FORMAL. 1. A reparação do dano moral coletivo tem por objetivo prevenir a ocorrência de danos morais individuais, facilitar o acesso à justiça, à ordem jurídica justa, bem como assegurar a proteção da moral coletiva e da própria sociedade. 2. Assim, tem-se que o dano moral coletivo é a ofensa antijurídica de valores coletivos, pois decorre da violação do patrimônio moral de uma coletividade em decorrência de fato capaz de lesionar um grupo, classe ou comunidade de pessoas. 3. *In casu*, a atitude antijurídica da reclamada em obrigar os empregados a registrarem a jornada formal, ou seja, de determinar que os seus empregados registrassem nos controles de ponto horário diverso do efetivamente laborado, acrescido ao fato de, por vezes, haver extrapolação da jornada de dez horas diárias de trabalho, configura desrespeito aos comandos insculpidos nos arts. 59 e 74, § 2º, da CLT, e 7º, XVI, da CF e violação de direito indisponível dos trabalhadores, resultando em ofensa aos direitos transindividuais da coletividade trabalhadora. 4. Como se observa, é inegável a existência de dano decorrente do descumprimento de normas do direito do trabalho e os constrangimentos de ordem moral acarretados. 5. Logo, visando à cessação dessa conduta, tem-se por devida a indenização por danos morais coletivos, mormente porque a referida indenização visa evitar a repetição do ato ilícito, servir como meio sócio-educativo e reparar a lesão à segurança jurídica da sociedade. Recurso de revista conhecido e provido.[371]

9.23. *Assédio sexual*

III – AGRAVO DE INSTRUMENTO DO MINISTÉRIO PÚBLICO DO TRABALHO. ASSÉDIO SEXUAL NO AMBIENTE DE TRABALHO – INDENIZAÇÃO POR DANO MORAL COLETIVO – *QUANTUM* REPARATÓRIO. Há muito reconhecido e repudiado de forma

---

(370) Tribunal Regional do Trabalho. 3ª Turma. AIRR 940-70.2015.5.23.0002. Rel. Min. Alberto Luiz Bresciani de Fontan Pereira. Publicação 14.4.2019.

(371) Tribunal Regional do Trabalho. 8ª Turma. RR 1030-26.2017.5.13.0022. Relª. Minª. Dora Maria da Costa. Publicação 26.4.2019.

veemente pela jurisprudência trabalhista, o assédio sexual, atualmente previsto no art. 223-C da CLT, é o conjunto de atos praticados com o intuito de dominar, molestar ou persuadir a vítima à prática de favores sexuais. Nessa espécie de constrangimento, o ofensor exerce pressão psicológica para que seus anseios pervertidos sejam satisfeitos, até mesmo como condição para que o trabalhador ou a trabalhadora obtenha ascensão profissional ou mantenha formalmente incólume o vínculo empregatício. Para além de caracterizar a conduta criminosa prevista no art. 216-A do CP, o assédio sexual compromete a própria validade material do contrato de trabalho, uma vez que incute no empregado ou na empregada o fundado temor de dano iminente e considerável à sua pessoa, à sua família ou aos seus bens, hipótese prevista no art. 151 do CCB. Não se pode olvidar, outrossim, que pela expressa dicção do art. 932, II, do mesmo diploma substantivo, toda sorte de prejuízos causados por essa conduta corrompida desborda do âmbito de responsabilidade pessoal do molestador para atingir o patrimônio do empregador com ela conivente. No caso dos autos, a inépcia da reclamada no manejo do recurso de revista à luz da nova sistemática processual trabalhista comprometeu qualquer controvérsia acerca da configuração dos pressupostos da responsabilidade civil subjetiva da empregadora, não havendo mais nada que se perquirir nesse particular. A propósito do *quantum* reparatório questionado pelo Ministério Público, é possível extrair tanto dos trechos transcritos pelo recorrente quanto de outras frações do acórdão recorrido um vasto conteúdo fático indicativo de que o assédio sexual era prática disseminada e corriqueira no ambiente de trabalho da reclamada. Com efeito, depreende-se da prova oral reproduzida no corpo da decisão que várias empregadas foram sistematicamente assediadas por superiores hierárquicos e outros colegas de trabalho e que tais condutas eram fomentadas pela mais completa complacência da empregadora, a qual, mesmo sendo alertada a respeito de tais ocorrências, sequer foi diligente no sentido de instaurar procedimentos internos para a sua apuração. A monetização dos prejuízos causados à esfera íntima do indivíduo ou de determinada coletividade certamente consubstancia-se em uma das tarefas mais tormentosas impostas ao magistrado. Isso porque, se já é difícil aos próprios ofendidos quantificar a exata extensão daquilo que os aflige, que dirá ao juiz, possuidor de experiências de vida e entendimento de mundo evidentemente diversos. É certo que existem alguns critérios objetivos, comumente observados pela doutrina e pela jurisprudência, para a fixação econômica da responsabilidade civil subjetiva do dano moral. A capacidade financeira dos envolvidos, a extensão da culpa das partes e o caráter pedagógico e punitivo da medida auxiliam na formação de um entendimento sobre a questão, mas nenhum desses parâmetros deve atuar de forma isolada ou em desalinho com a efetiva repercussão dos eventos danosos no território privado e impenetrável que é a personalidade de cada uma de suas vítimas. Tendo em vista ser extremamente difícil à instância extraordinária construir juízo valorativo a respeito de uma realidade que lhe é distante, notadamente quando a análise envolve a difícil tarefa de quantificar a dor interna do indivíduo, foi pacificado o entendimento de que as quantias arbitradas a título de reparações por danos extrapatrimoniais devem ser modificadas no TST apenas nas hipóteses em que as instâncias ordinárias fixarem valores teratológicos, ou seja, desprovidos de qualquer sentido de razoabilidade e proporcionalidade, para mais ou para menos. Na hipótese concreta, não se vislumbra qualquer traço de desproporcionalidade ou conteúdo desarrazoado na decisão recorrida. Veja-se que o Tribunal majorou a importância reparatória de R$ 250.000,00 para R$ 350.000,00, levando em consideração a natureza e a gravidade da ofensa, a intensidade e repercussão da conduta empresarial para a coletividade, bem como a carga contraprestativa e a face dissuasória da condenação. Tendo em conta que o montante condenatório se encontra em harmonia com os princípios de ponderação e equilíbrio que devem nortear a atividade jurisdicional, não há razão para se reconhecer as violações constitucionais e legais indicadas pelo recorrente. Intactos, assim, os art. 5º, V e X, da CF e 944, *caput* e parágrafo único, do CCB. Inviável o conhecimento da revista por dissenso pretoriano, uma vez que a razoabilidade e a proporcionalidade da decisão que arbitra o dano moral devem ser apuradas no caso concreto. Agravo de instrumento conhecido e desprovido.(372)

10. Reparação. Quantificação e vetores que a justifiquem

Consoante apreciado anteriormente, por construção doutrinária e principalmente jurisprudencial(373), a reparação civil, patrimonial e extrapatrimonial possui pelo menos quatro atribuições:

a) reparação, mais direcionada a danos com conteúdo patrimonial imediato;

b) compensatória do dano à vítima, voltada a danos despidos de conteúdo patrimonial direto;

c) ideia de punição do ofensor *(punitive damages)*, persuadindo-o a não mais lesionar. A persuasão não se limita à figura do ofensor, acaba por incidir numa terceira função;

d) cunho socioeducativo. A pretensão é, além de representar medida de índole educativa ao ofensor, tornar público que condutas semelhantes não serão socialmente toleradas.

Dois aspectos merecem enfrentamento desde logo.

O primeiro refere-se à pacificação quanto à possibilidade de indenização de dano moral individual, principalmente após a edição da Carta Magna de 1988. Quanto ao dano moral coletivo, tal consolidação, inobstante ainda distante do cenário alcançado pelo instituto de viés individual, também vem acontecendo, principalmente com os precedentes construídos no Tribunal Superior do Trabalho. Portanto, as cizânias doutrinárias e jurisprudenciais, principalmente quanto ao cabimento desse instituto, foram e vêm sendo ultrapassadas.

O segundo, e mais importante, diz acerca da diferença de tratamento entre a reparação extrapatrimonial individual e a coletiva, seja quanto à forma relativa ao procedimento reparatório, ou à função e objetivos jurídicos almejados. Cada uma delas possui regramento próprio e específico. No presente, cuida-se de averiguar apenas a reparação decorrente do dano extrapatrimonial de interesses relevantemente coletivos(374).

---

(372) Tribunal Superior do Trabalho. 3ª Turma. ARR 581-09.2013.5.03.0080. Rel. Min. Alexandre de Souza Agra Belmonte. Publicação 7.12.2018.

(373) MORAES, Maria Celina Bodin de. *Danos à pessoa...*, p. 24.

(374) Quanto à sistemática da reparação de índole individual, *vide*, com bastante proveito, REIS, Clayton. *Os novos rumos da indenização do dano moral.* Rio de Janeiro: Forense, 2003.

A lesão a direitos ou interesses metaindividuais possui altíssimo grau de prejuízo social, pela própria natureza do bem jurídico violado, interesse ou direito extrapatrimonial vinculado à projeção coletiva da dignidade da pessoa humana.

Considerando que no caso de ofensa a direito metaindividual o lesado é uma coletividade ou grupo (em maior ou menor escala) de pessoas, resta prejudicada a primeira das atribuições apontadas anteriormente (mais afeita aos danos individuais), pois a vítima não é identificada, pelo menos *a priori*. Restam, portanto, as atribuições punitivas, persuasivas e socioeducativas.

Na seara do dano coletivo sobressaem as reparações com caráter punitivo e preventivo-pedagógico[375] ou socioeducativo, "pelo simples fato da efetiva violação de interesses metaindividuais socialmente relevantes e juridicamente protegidos"[376].

Acerca da importância dessas modalidades reparatórias, o Tribunal Superior do Trabalho, após algum vacilo, vem reiteradamente decidindo que a violação reiterada da legislação trabalhista dá ensejo à condenação por dano moral coletivo, principalmente considerando a citada vocação voltada à inibição da conduta ilícita e a importância do caráter pedagógico desse instituto. É o que diz o seguinte precedente:

> RECURSO DE REVISTA INTERPOSTO ANTES DA VIGÊNCIA DA LEI N. 13.015/2014 PELO MINISTÉRIO PÚBLICO DO TRABALHO DA 24ª REGIÃO. AÇÃO CIVIL PÚBLICA. INDENIZAÇÃO POR DANO MORAL COLETIVO. DESCUMPRIMENTO REITERADO DA LEGISLAÇÃO TRABALHISTA. A reparação por dano moral coletivo visa a inibição de conduta ilícita da empresa e atua como caráter pedagógico. A ação civil pública buscou reverter o comportamento do banco reclamado, com o fim de coibir a contratação por meio de terceirização ilícita de mão de obra, a prorrogação da jornada de trabalho além das 2 horas legalmente permitidas e do trabalho aos domingos, sem autorização da autoridade competente e fruição irregular do intervalo intrajornada. A ação intentada, assim como a condenação em dano moral coletivo visam prevenir lesão a direitos fundamentais constitucionais, como o valor social do trabalho, que atinge a coletividade como um todo, e possibilita a aplicação de multa a ser revertida ao FAT. Recurso de revista conhecido e provido[377].

Em razão da relevância dos interesses metaindividuais atingidos, bem como pelo fato do dano moral coletivo atingir a própria ordem jurídica, destaca-se o direcionamento eminentemente punitivo desse instituto. Trata-se da prevalência da ideia das *punitive damages* já enfrentada anteriormente. Aliás, a jurisprudência do Tribunal Superior do Trabalho também já atingiu essa linha de raciocínio. Vejamos:

---

(375) "Esse conjunto de fatores externa conduta empresarial com indiscutível potencial de lesividade aos direitos dos trabalhadores, com intensidade para atrair a cominação de indenização, a qual, como bem observa o autor, no âmbito da ação coletiva, tem *função preventiva-pedagógica."* (grifo nosso). RO-726/2001. Tribunal Regional do Trabalho da 10ª Região. 2ª Turma. Rel. Juiz José Ribamar O. Lima Júnior. DJ 7.5.2003.

(376) TEIXEIRA, João Carlos. Dano moral coletivo na relação de emprego. In: NORRISI, Roberto. *Op. cit.*, p. 129

(377) ARR – 515-95.2011.5.24.0021. Tribunal Superior do Trabalho. 6ª Turma. Rel. Min. Aloysio Corrêa da Veiga. DEJT 21.8.2015.

... Além da Constituição e do Código Civil contemplarem a reparação da dor moral em toda a sua extensão, o art.13 da Lei n. 7.347/85 prevê a imposição de indenização por dano coletivo, cujo caráter é estritamente punitivo...[378]

A punição também representa a necessidade de evitar verdadeiro sentimento de desmoralização da ordem jurídica — uma das possíveis consequências da ocorrência de dano coletivo extrapatrimonial, como vislumbrado anteriormente. O caráter preventivo-pedagógico significa a percepção do ofensor para "não mais praticar atos lesivos ao direito de outrem"[379].

Antes de apresentar os vetores que auxiliarão o Poder Judiciário a quantificar, considerando desde logo o já desenvolvido sistema da tarifação da Reforma Trabalhista de 2017, "ou qualquer estudo matemático"[380], inadequado para mensuração de dano extrapatrimonial coletivo, "porque amordaça a distribuição da Justiça"[381], necessário destacar a importância de o titular da demanda metaindividual, aparelhada com pedido de dano moral coletivo, agir norteado pela lógica do bom senso, bem como jungido aos postulados da razoabilidade e proporcionalidade, este tendo como subprincípios a necessidade, adequação e relação custo-benefício[382].

A propósito, a Parte Geral do Código de Processo Civil de 2015, no art. 8º, acolheu expressamente os postulados[383] da proporcionalidade e razoabilidade[384], dispositivo de inquestionável aplicação no processo laboral. Vejamos a redação legal:

Ao aplicar o ordenamento jurídico, o juiz atenderá aos fins sociais e às exigências do bem comum, resguardando e promovendo a dignidade da pessoa humana e observando a proporcionalidade, a razoabilidade, a legalidade, a publicidade e a eficiência.

Voltando aos vetores para quantificação do dano moral coletivo, podem ser apontados os seguintes: a) natureza, gravidade e repercussão social do dano;

---

(378) RR – 1486-50.2011.5.09.0651. Tribunal Superior do Trabalho. 6ª Turma. Rel. Min. Augusto César Leite de Carvalho. DJE 7.8.2015.

(379) MELO, Raimundo Simão de. *Ação civil pública na justiça do trabalho.* 2. ed. São Paulo: LTr, 2004. p. 105. Em sentido contrário, pois se apoia em critério matemático haurido primordialmente no art. 49 do Código Penal (sistema do dia-multa), COSTA, Walmir Oliveira da. *Dano moral nas relações laborais:* competência e mensuração. Curitiba: Juruá, 1999. p. 133.

(380) VENOSA, Silvio de Salvo. *Direito civil:* responsabilidade civil. 2. ed. São Paulo: Atlas, 2002. v. 4, p. 191.

(381) *Idem.*

(382) Sobre a distinção entre razoabilidade e proporcionalidade, bem como aspectos caracterizadores desta, *vide*, com bastante profundidade, GÓES, Gisele Santos Fernandes. *Princípio da proporcionalidade no processo civil.* São Paulo: Saraiva, 2004.

(383) "Os postulados funcionam diferentemente dos princípios e das regras. A uma, porque não se situam no mesmo nível: os princípios e as regras são objeto de aplicação; *os postulados são normas que orientam a aplicação de outras...* A três, porque não se relacionam da mesma forma com outras normas: os princípios e as regras, até porque se situam no mesmo nível do objeto, implicam-se reciprocamente, que do modo preliminarmente complementar (princípios), quer do modo preliminarmente decisivo (regras); *os postulados, justamente porque se situam num metanível, orientam a aplicação dos princípios e das regras* sem conflituosidade necessária com outras normas." ÁVILA, Humberto. *Teoria dos princípios:* da definição à aplicação dos princípios jurídicos, *cit.*, p. 124. (grifos nossos)

(384) Humberto Ávila considera a razoabilidade e a proporcionalidade como postulados normativos específicos. *Id. Ibid.*, p. 153-178.

b) situação econômica do causador do dano; c) proveito alcançado com a conduta antijurídica, e possível reincidência; d) reprovabilidade social da conduta aviada.

Necessário perlustrar a relevância do interesse lesado, gravidade do ilícito perpetrado, bem como a repercussão social do dano, com o fito de alcançar adequada mensuração do dano perpetrado, observando-se as peculiaridades do caso concreto.

A observância dos postulados já mencionados, bem como dos vetores voltados à quantificação justa e proporcional do dano moral coletivo, vem sendo acolhidos pela jurisprudência do Tribunal Superior do Trabalho. Vejamos:

> INDENIZAÇÃO POR DANO MORAL COLETIVO. PARÂMETROS RELEVANTES PARA AFERIÇÃO DO VALOR DA INDENIZAÇÃO. SISTEMA ABERTO. DOSIMETRIA DO *QUANTUM* INDENIZATÓRIO. VILIPÊNDIO DO PRINCÍPIO DA RESTAURAÇÃO JUSTA E PROPORCIONAL. ALTERAÇÃO DO VALOR FIXADO. POSSIBILIDADE. Cabe ao julgador fixar o *quantum* indenizatório com prudência, bom senso e razoabilidade, sem, contudo, deixar de observar os parâmetros relevantes para aferição do valor da indenização por dano moral, sob pena de afronta ao princípio da restauração justa e proporcional.[385]

Exemplificando quanto aos parâmetros ora desenvolvidos:

a.1) quanto à gravidade e repercussão social, diz-se que o lançamento de dejetos tóxicos por parte de uma fábrica num local ermo é completamente distinto, e, portanto, merece valoração diferente, se comparado com o mesmo comportamento agora alcançando diversos braços de rio, atingindo inclusive alguns Estados da Federação Brasileira, ou, se tais dejetos sejam lançados em manancial de água doce de uma dada cidade, posto que este segundo exemplo certamente tem maior potencial ofensivo e repercussão social, se comparado ao primeiro comportamento citado, inobstante ambos, vale deixar observado, sejam irrefragavelmente reprováveis;

a.2) a prática impositiva aos empregados de uma pequena empresa familiar fabril de assinação de recibos em branco possui, por exemplo, relevância, gravidade e repercussão social completamente diferente de um fato, amplamente noticiado nacional e internacionalmente, ocorrido em estabelecimento prisional localizado no município de Abaetetuba, Pará, onde uma adolescente foi mantida por diversas semanas no mesmo cárcere com vários presos homens, vivenciando toda sorte de sevícias.

b) Situação econômica do causador do dano:

Importante valorar a condição econômica do causador do dano, para que na fixação do *quantum* indenizatório[386], os aspectos punitivo e preventivo-pedagógico

(385) RR - 52800-16.2008.5.09.0562. Tribunal Superior do Trabalho. 3ª Turma. Rel. Min. Alberto Luiz Bresciani de Fontan Pereira. DJE 20.5.2011.

(386) Vale ressaltar que um dos critérios para a fixação da multa (astreintes), art. 84 do CDC, também é a "capacidade econômica do demandado", sendo a quantificação não adstrita ao "patrimônio imobilizado" do réu, mas todos os elementos indiciários de sua "verdadeira situação econômica". In: MARINONI, Luiz Guilherme. *Tutela inibitória:* individual e coletiva. 2. ed. São Paulo: Revista dos Tribunais, 2000. p. 176.

sejam eficazes. Distintas posições econômicas merecem tratamento também diferente.

Exemplificando: considere-se que um grande conglomerado econômico (com ramificações internacionais) e uma pequena empresa familiar de fabricação de cerâmica marajoara pratiquem a mesma conduta ilícita, qual seja assediem moralmente[387] seus empregados. Uma condenação de dez mil reais a título de dano moral coletivo poderá representar a inviabilidade econômica desta, enquanto esse mesmo montante seria inexpressivo e irrelevante ao grupo econômico citado.

Esta valoração tem relação direta com a já citada técnica das *punitive damages*, pois considera aspectos distintos da conduta ilícita, visando unicamente punir, tendo em conta a estatura econômica e outras características singulares do ofensor.

Dessa forma, o viés punitivo e o preventivo-pedagógico não são alcançados quando o montante pecuniário se mostrar ínfimo, como no caso da condenação do grupo econômico em dez mil reais.

Por outro lado, essa mesma condenação imposta ao pequeno negócio familiar de produção artesanal de cerâmica marajoara também não alcança as finalidades citadas, porque simplesmente inviabilizaria o curso daquela atividade produtiva.

Nesse eito, o montante da condenação deverá pautar-se, vale a repetição, nos postulados da razoabilidade e proporcionalidade, de sorte que se evite a exorbitância ou a condenação irrisória. Esta não cumpre sua função inibitória; aquela pode inviabilidade a continuidade da atividade econômica.

A jurisprudência do Tribunal Superior do Trabalho vem pautando-se nessa linha. Vejamos:

> DANO MORAL COLETIVO. VALOR ARBITRADO. PRINCÍPIOS DA RAZOABILIDADE E DA PROPORCIONALIDADE. REDUÇÃO. A fixação do valor da indenização por dano moral coletivo deve se pautar nos princípios da razoabilidade e da proporcionalidade, pelo que se deve evitar um valor exorbitante ou irrisório, a ponto de levar a uma situação de inviabilidade no funcionamento regular do ofensor ou a de não cumprir a função inibitória. No caso, o eg. Tribunal Regional manteve a condenação no montante de R$1.000.000,00 (um milhão). Considerando que a indenização deve ter o condão de inibir a reiteração da prática pela reclamada, mas também não a ponto de impossibilitar ou alterar o regular funcionamento do negócio, e considerando o aporte financeiro da reclamada, considera-se razoável o montante de R$500.000,00 (quinhentos mil reais), razão pela qual deve ser reduzido a este valor a indenização por danos morais coletivos. Recurso de revista conhecido e provido[388].

(387) Pode-se conceituar singelamente o assédio moral como sendo a recorrente prática de humilhações, atos vexatórios, constrangimentos ou qualquer sorte de perseguições contra trabalhadores, diretamente pelo empregador ou por prepostos.

(388) RR – 107-86.2010.5.03.0001. Tribunal Superior do Trabalho. 6ª Turma. Rel. Min. Aloysio Côrrea da Veiga. DEJT 22.8.2014.

AGRAVO REGIMENTAL. EMBARGOS INTERPOSTOS NA VIGÊNCIA DA LEI N. 13.015/2014. AÇÃO CIVIL PÚBLICA. INDENIZAÇÃO POR DANO MORAL COLETIVO. MAJORAÇÃO DO *QUANTUM* FIXADO PELO TRIBUNAL REGIONAL. É cediço que a lei não estabelece parâmetros objetivos para a quantificação do valor da indenização por danos morais, devendo o Juízo, no exercício do poder discricionário, ao analisar o caso concreto, ficar atento quanto à proporcionalidade e à razoabilidade. Nessa linha, a tarifação do valor não deve ser tão alta que resulte em enriquecimento sem causa, nem inexpressiva a ponto de não mitigar a dor da vítima ou desestimular o causador da ofensa na reiteração da conduta lesiva. Vale ressaltar que a doutrina e a jurisprudência têm se pautado em determinados critérios para a mensuração do montante indenizatório, a saber, intensidade da culpa e do dano e as condições econômicas e sociais da vítima e do ofensor. Nessa esteira, a Subseção de Dissídios Individuais do c. TST consagra atual entendimento de que somente se justifica a excepcional intervenção do Tribunal Superior do Trabalho no controle do montante indenizatório naqueles casos em que os valores arbitrados pelas instâncias ordinárias se revelarem excessivamente módicos ou extremamente elevados, o que não ficou demonstrado nos autos e, sob tal óptica, sedimenta, em sua função uniformizadora, que a disparidade de quadros fáticos e suas peculiaridades impossibilitam o conhecimento de recurso por divergência jurisprudencial . De todo modo, os arestos colacionados ou consignam premissa fática diversa da delineada no acórdão Turmário, a saber, deque não se comprovou o dano moral coletivo, ou não descrevem o quadro fático no qual se debruçou o julgador para a condenação ao pagamento da indenização por dano moral coletivo ou versam sobre garantia provisória de emprego no contrato de experiência. Agravo regimental conhecido e desprovido.[(389)]

Justifica-se, portanto, a necessidade de se avaliar as peculiaridades do caso concreto com o fito de alcançar montante condenatório adequado à pretensão punitiva-preventiva-pedagógica.

c) Proveito alcançado com a conduta antijurídica e possível reincidência:

Há de se perquirir a vantagem, não necessariamente econômica, alcançada pelo agente por intermédio da conduta ilícita perpetrada, bem como o motivo que animou o agente à prática desse ilícito.

Necessário ser ponderada, também, a reiteração da conduta perpetrada.

Exemplificando: empresa que reiteradamente é autuada pela fiscalização do trabalho por deixar de recolher parcela relativa ao FGTS do trabalhador merece tratamento distinto daquela que, ocasionalmente, deixou de cumprir o mesmo encargo por conta de ocasionais dificuldades econômicas enfrentadas; assim como há de merecer quantificação diferente empresa que, em razão de sérias dificuldades financeiras decorrentes de desfavorável ambiência econômica, atrasa em uma única ocasião pagamento de salários, daquela que rotineiramente, e sem qualquer justificativa, deixa de cumprir com a principal obrigação do empregador, a contraprestação pecuniária.

(389) Tribunal Superior do Trabalho. Subseção I Especializada em Dissídios Individuais. AgR-E-ED-RR - 24800-87.2011.5.21.0005. Rel. Min. Alexandre de Souza Agra Belmonte. DEJT 7.10.2016.

d) Reprovabilidade social da conduta aviada:

Dependendo da repercussão social da conduta ilícita praticada, o grau de repulsa a ela dirigida variará de intensidade, merecendo, via de consequência, valoração também distinta.

Exemplificando: o infame e já citado caso da adolescente seviciada no estabelecimento prisional paraense certamente alcançou repercussão social diferente de um ilícito trabalhista havido em pequeno estabelecimento comercial. A repercussão social daquele teve até alcance internacional, certamente causando sentimento de repulsa que ultrapassou os limites do território brasileiro.

Mais uma vez, por tudo o que já foi até aqui apresentado, reitera-se a inadequação do modelo de tarifação fechada, explicado anteriormente, introduzido pela Reforma Trabalhista de 2017.

Tal modelo se afasta largamente das bases, até aqui construídas, do instituto do dano moral coletivo.

11. Destinação da condenação. Recomposição da lesão perpetrada

Para iniciar o presente item, mostra-se necessário destacar o enquadramento dos direitos difusos, coletivos em sentido estrito e individuais homogêneos como espécie do gênero coletivo em sentido lato, ou transindividuais, ou metaindividuais. Assim caminha a majoritária doutrina e jurisprudência dos tribunais superiores[390], inclusive do Tribunal Superior do Trabalho.

Não se desconhece, todavia, posição doutrinal que rechaça o posicionamento citado, porquanto defende serem os direitos coletivos subjetivamente transindividuais e materialmente indivisíveis, daí porque apenas duas modalidades se enquadrariam nessa característica, "o difuso e o coletivo *stricto sensu*"[391]. A terceira espécie, dos individuais homogêneos, ficaria de fora dessa classificação.

(390) Cf., dentre tantos, DIDIER JR, Fredie; ZANETI JÚNIOR, Hermes. *Curso de direito processual civil:* processo coletivo. Salvador: Jus Podivm, 2007. v. 4, p. 73. A jurisprudência, por intermédio de decisão histórica do STF, verdadeiro *leading case,* também corrobora a posição doutrinal, pois reconheceu que os direitos individuais homogêneos são espécies do gênero interesses coletivos. RE n. 163.231-3-ST, STF Pleno. Relator Ministro Maurício Corrêa. Informativo STF. n. 62. Março de 1997. O TST também ratifica esse posicionamento: "A defesa dos direitos individuais homogêneos, que são aqueles que decorrem de origem comum, pode ser feita a título coletivo, devendo ser registrado que o STF, no RE n. 163.231-SP, considerou que os direitos individuais homogêneos são uma espécie de direito coletivo, porque são relativos a grupos, categorias ou classes de pessoas, que conquanto digam respeito às pessoas isoladamente, não se classificam como direitos individuais para o fim de ser vedada a sua defesa em ação civil pública, porque sua concepção finalística destina-se à proteção desses grupos, categorias ou classe de pessoas". Tribunal Superior do Trabalho. 5ª Turma. RR – 35600-77.2002.5.01.0481. Rela. Mina. Kátia Magalhães Arruda. Data de Publicação. DEJT 11.2.2011.

(391) Dentre outros, ZAVASCKI, Teori Albino. *Processo coletivo:* tutela de direitos coletivos e tutela coletiva de direitos. 2. ed. São Paulo: Ed. Revista dos Tribunais, 2007. p. 41 e MALLET, Estêvão. Considerações sobre a homogeneidade como pressuposto para a tutela coletiva de direitos individuais. *Revista LTr*, São Paulo, ano 74, n. 6, p. 657, jun. 2010.

Como salientado anteriormente, o art. 3º da Lei n. 7.347/1985 dispõe que a ação civil pública poderá ter por objeto condenação em dinheiro, além de obrigações de fazer.

E essa condenação em pecúnia logrará alcançar a violação de direitos difusos e coletivos em sentido estrito, concebidos como direitos transindividuais, podendo ser conjugados com os individuais homogêneos, estes na sua gênese tidos por singulares, contudo instrumentalizados, pela relevância social, como coletivos.

Os direitos individuais homogêneos, malgrado serem classificados como modalidade de coletivos em sentido lato, daí a possibilidade de serem instrumentalizados também em ações coletivos, possuem como característica marcante a condenação em pecúnia ser direcionada a um titular determinado, em razão da possibilidade material de se quantificar singularmente o quinhão de cada beneficiário, daí a hipótese do fundo receptor de condenações não ser aplicado a tais modalidades de direitos.

Assim, em relação aos direitos individuais homogêneos, poderão ser conjugados com os direitos difusos e coletivos em sentido estrito visando a quantificação da condenação na seara coletiva, bem como poderão ser visualizados, individualmente, como aptos a alcançar condenações individuais também em ações coletivas.

Portanto, temos claramente uma relação de total sinergia e dupla influência entre os dois conjuntos distintos que formam os direitos coletivos em sentido *lato*. O primeiro conjunto trata dos direitos materialmente transindividuais. O segundo dos individuais homogêneos, individuais, porém, com tratamento coletivo.

Essa dupla influência significa terem os aspectos específicos que participam da configuração dos direitos transindividuais direta influência na quantificação dos danos divisíveis havidos no conjunto dos direitos individuais homogêneos, assim como também o conjunto destes também influenciarem naqueles.

Mais uma palmar razão para afastar o modelo de tarifação fechado para o dano extrapatrimonial coletivo concebido pela Reforma Trabalhista de 2017.

O direcionamento para o fundo receptor fica relacionado às espécies dos difusos e coletivos em sentido estrito, sendo tais modalidades de direitos com características transindividuais. Significa que não possuem titulares determinadas, logo, inexequível a reparação direta dos integrantes individualizados de dada coletividade ofendida, daí a razão da condenação em pecúnia ser dirigida ao já citado fundo criado por lei, visando a aplicação dos recursos arrecadados na recomposição, na medida do possível, dos bens lesados daquela coletividade.

Diz o art. 13 da Lei n. 7.347/1985:

> Havendo condenação em dinheiro, a indenização pelo dano causado reverterá a um fundo gerido por um Conselho Federal ou por Conselhos Estaduais de que participarão necessariamente o Ministério Público e representantes da comunidade, sendo seus recursos destinados à reconstituição dos bens lesados.

Tal fundo mencionado no dispositivo legal citado encontra-se regulamentado por intermédio do Decreto n. 1.306/1994 e pela Lei n. 9.008/1995, sendo denominado Fundo de Defesa de Direitos Difusos, tendo por finalidade a reparação dos danos perpetrados ao "meio ambiente, ao consumidor, a bens e direitos de valor artístico, estético, histórico turístico, paisagístico, por infração à ordem econômica e a outros interesses difusos e coletivos" (art. 1º).

No campo da proteção aos direitos coletivos em sentido *lato* das crianças e adolescentes, há previsão legal (art. 214, Lei n. 8.069/1990) de criação do Fundo dos Direitos da Criança e do Adolescente (FDCA), destinatário das condenações pecuniárias nessa seara.

No âmbito trabalhista, os valores referentes à condenação pecuniária vêm sendo destinados, ainda, ao Fundo de Amparo ao Trabalhador, FAT, criado pela Lei n. 7.998/1990, tendo por finalidade, dentre outras, custear Programa de Seguro-Desemprego e o financiamento de programas de desenvolvimento econômico (art. 10). Porém tal posição vem sendo cada vez mais flexibilizada, conforme precedente do TST citado anteriormente, inclusive sendo admitido pedido de destinação social (a ser explicado no próximo item) já feito na petição inicial da ação coletiva, posteriormente acolhida pela jurisdição.

Vale destacar que o FAT não se enquadra nas exigências dispostas no citado art. 13 do diploma de regência de ação pública, porquanto não é gerido por Conselho Federal ou Estadual, muito menos tem participação dos Ministérios Públicos em sua gestão, daí a afirmação anterior de construção jurisprudencial e doutrinária visando a adequação desse fundo como entidade receptora de condenações em ações coletivas na seara jurisdicional laboral.

Em razão dessa ausência de enquadramento do FAT com o regramento legal citado, vem se fortalecendo resistência doutrinária quanto ao aparelhamento econômico desse fundo, tanto na seara do processo civil[392] quanto em relação ao processo laboral.

Inobstante tais questionamentos, bem como a ausência de enquadramento legal do FAT como fundo receptor de condenações em sede de ações coletivas, ainda há alguma ressonância no Tribunal Superior do Trabalho dessa posição mais tradicional. Vejamos:

> INDENIZAÇÃO POR DANOS MORAIS COLETIVOS: REVERSÃO AO FUNDO DE AMPARO AO TRABALHADOR (FAT). O C. TST tem entendido pela possibilidade de reversão da indenização por dano moral coletivo ao Fundo de Amparo ao Trabalho (FAT), porquanto a Lei n. 7.347/1985, em seu art. 13, determina que, nas ações civis públicas, o produto da condenação em espécie se "reverterá a um fundo gerido por um Conselho Federal ou por Conselhos Estaduais de que participarão necessariamente o Ministério Público e representantes da comunidade, sendo seus recursos destinados à reconstituição dos bens lesados." No âmbito trabalhista, foi instituído, pela Lei n. 7.998/1990, art. 10, o Fundo de Amparo ao

(392) Sobre esse assunto *vide* LEONEL, Ricardo de Barros. *Manual...*, p. 386.

Trabalhador — FAT —, que visa o "custeio do Programa de Seguro-Desemprego, ao pagamento do abono salarial e ao financiamento de programas de desenvolvimento econômico". Vê-se, portanto, que o objetivo do Fundo em questão é convergente com os defendidos na presente lide, o que justifica a reversão. Portanto, como o Acórdão Regional está de acordo com a notória e atual jurisprudência do TST, inviável o processamento do recurso de revista, seja por violação legal, afronta constitucional ou divergência jurisprudencial, a teor da Súmula n. 333, do egrégio TST e do art. 896, §4º, da CLT. Agravo de Instrumento conhecido e desprovido.[393]

Ainda sobre o FAT e a realidade laboral, há trecho doutrinário bem didático, que merece citação integral:

> Com efeito, não se pode recusar que a sociedade possui um patrimônio moral que, uma vez atingido, enseja, ato contínuo, a sua indenização, mesmo sabendo-se que os indivíduos integrantes da comunidade cujo interesse difuso fora desrespeitado não podem se apresentar como beneficiários do valor devido a título de dano moral, o que desnatura a essência do interesse metaindividual; por isso que, no âmbito da Justiça do Trabalho, toda e qualquer indenização por ofensa a interesse difuso e coletivo, ainda que relacionada ao prejuízo moral, deve ser revertida ao Fundo de Amparo ao Trabalhador — FAT, conforme prevê o art. 11, V, da Lei n. 7.998/90.[394]

As opções legislativas de criações de fundos "destinadas à recomposição dos bens lesados", visando ao acolhimento de condenações pecuniárias em ações coletivas, justificam-se perfeitamente em razão da natureza dos interesses transindividuais, sua indivisibilidade, e a "eventual impossibilidade de tutela específica"[395], em outros termos, a inexecutabilidade de reparação direta aos integrantes individualizados de uma dada coletividade ofendida, até porque tal coletividade não é inicialmente determinada. Como já mencionado, esse argumento aplica-se às modalidades de direitos difusos e coletivos em sentido estrito.

Utilizando-se do raciocínio da processualística, entende-se que o mero aparelhamento econômico desses fundos deverá ser classificado como **tutela ressarcitória pelo equivalente monetário**, isto é, modalidade de tutela que confere ao autor "o equivalente em dinheiro à lesão sofrida"[396].

Esses fundos receptores de pecúnia são classificados pela doutrina como "fundos fluidos", assemelhado ao *fluid recovery* do direito estadunidense, isto é, alude-se à possibilidade deles serem utilizados "com certa flexibilidade, para uma reconsti-

(393) AIRR – 88100-02.2009.5.01.0053. Tribunal Superior do Trabalho. 2ª Turma. Rel. Min. Cláudio Armando Couce de Menezes. DEJT 25.9.2015.

(394) SILVA NETO, Manoel Jorge e. *A responsabilidade civil...*, p.113.

(395) LEONEL, Ricardo de Barros. *Manual de processo coletivo*. São Paulo: Revista dos Tribunais, 2002. p. 386.

(396) MARINONI, Luiz Guilherme; ARENHART, Sérgio Cruz; MITIDIERO, Daniel. *Novo curso de processo civil...*, p. 493.

tuição que não precisa e às vezes nem mesmo pode ser exatamente a reparação do mesmo bem lesado"[397], contudo, sobrevindo condenação em pecúnia, o dinheiro obtido deverá ser "usado em uma finalidade compatível com a causa"[398], o que não impede de serem adotadas práticas (muito pelo contrário, merecem o devido estímulo) eficazes e inteligentes, distintas da condenação pecuniária destinada aos citados fundos.

É exatamente o que aqui se denomina prevalência do originário direcionamento social da condenação, a ser desenvolvido com mais vagar no próximo item.

12. Direcionamento social das indenizações em ação civil pública e em termos de compromisso de ajustamento de conduta. Prevalência da recomposição social

Além do aparelhamento do FAT, conforme apreciado no item anterior, aqui já denominado de **tutela ressarcitória pelo equivalente em dinheiro**, há a possibilidade de outra destinação à condenação, aqui chamado de direcionamento social da condenação em dano moral coletivo nas ações coletivas.

Voltando novamente ao raciocínio meramente processualístico, pode-se afirmar que esse direcionamento social da condenação se aproxima da ideia de **tutela ressarcitória na forma específica**, isto é, tal ressarcimento sendo efetivado não apenas pelo equivalente monetário, mas igualmente com a entrega de uma coisa ou com a prestação de uma atividade que "resulte adequada, em vista da situação concreta, para eliminar (ou minorar) as consequências danosas do fato lesivo"[399].

Esse ressarcimento na forma específica, em vista da situação concreta, pode ser exemplificado como a determinação, na decisão condenatória, de cursos voltados à formação de dirigentes visando à adoção de práticas empresariais voltadas à prevenção do assédio moral organizacional em ação coletiva em que restou reconhecida tal prática, ou a condenação para a realização de cursos técnicos voltados à incrementar a formação da classe trabalhadora, em vista de acidente fatal ocorrido justamente por falta de instrução técnica de empregado.

A prática do direcionamento social vem ocorrendo com cada vez mais frequência em ações civis públicas e termos de ajustamento e compromisso de conduta entabulados pelo Ministério Público do Trabalho.

Sobre esses citados termos de ajuste, diz o parágrafo sexto do art. 5º da Lei n. 7.347/1985 o seguinte: "Os órgãos públicos legitimados poderão tomar dos interessados compromisso de ajustamento de sua conduta às exigências legais, mediante cominações, que terá eficácia de título executivo extrajudicial".

(397) MAZZILLI, Hugo Nigro. *Op. cit.*, p. 271.

(398) *Ibidem*, p. 272.

(399) MARINONI, Luiz Guilherme; ARENHART, Sérgio Cruz; MITIDIERO, Daniel. *Novo curso de processo civil...*, p. 493.

Portanto, trata-se de título executivo extrajudicial que poderá ser aparelhado com obrigações de fazer e não fazer, bem como com obrigações de pagar pertinentes ao reconhecimento, em sede administrativa, da prática de dano moral coletivo.

Conforme já mencionado, na seara trabalhista também há fortes resistências quanto à destinação de pecúnia ao Fundo de Amparo ao Trabalhador, dentre outros motivos estaria a ausência de destinação dos recursos ali aplicados à recomposição dos interesses coletivos lesados, nem mesmo "a utilização dos valores auferidos com finalidades conexas, no interesse da sociedade"[(400)].

Daí porque vem-se construindo, com cada vez mais frequência, na rotina jurisdicional e administrativa dos atores sociais das ações coletivas e também em sede doutrinária, a correta concepção de que a legislação, ao instituir fundo fluido receptor de pecúnia, não afastou a concepção social prioritária da necessidade de recomposição, na medida do possível, mesmo não sendo por intermédio de aparelhamento monetário do fundo, de "parte da vida societária atingida pela lesão"[(401)], por intermédio de direcionamento social dessa condenação que alcance, de alguma maneira, o direito social maculado.

Em outras palavras significa a premência da proteção ou impacto social da aplicação de uma verdadeira política pública dirigida ao meio social laboral vilipendiado, em detrimento de um mero aparelhamento de um fundo legal receptor de condenações.

Em termos processuais, importa dizer a prevalência da **tutela ressarcitória na forma específica** sobre a **tutela pelo equivalente monetário**, aqui significando o mero aparelhamento monetário dos fundos legais receptores.

O direcionamento social terá o condão de alcançar, com maior eficácia, a conexão (nexo temático) entre a destinação da condenação pecuniária com o interesse coletivo lesado, por consequência, satisfazendo plenamente o regramento disposto no já citado art. 13 da lei de regência das ações coletivas.

Aliás, nesse sentido foi o que restou reconhecido no Enunciado n. 12 aprovado na 1ª Jornada de Direito Material e Processual do Trabalho, acontecida em Brasília no Tribunal Superior do Trabalho, cuja redação é seguinte:

> AÇÕES CIVIS PÚBLICAS. TRABALHO ESCRAVO. REVERSÃO DA CONDENAÇÃO ÀS COMUNIDADES LESADAS. Ações civis públicas em que se discute o tema do trabalho escravo. Existência de espaço para que o magistrado reverta os montantes condenatórios às comunidades diretamente lesadas, por via de benfeitorias sociais tais como a construção de escolas, postos de saúde e áreas de lazer. Prática que não malfere o art. 13 da Lei n. 7.347/85, que deve ser interpretado à luz dos princípios constitucionais fundamentais, de modo a viabilizar a promoção de políticas públicas de inclusão dos que estão à margem,

(400) LEONEL, Ricardo de Barros. *Op. cit.*, p. 386.

(401) CARELLI, Rodrigo de Lacerda. Transação na ação civil pública e na execução do termo de compromisso de ajustamento de conduta e reconstituição dos bens lesados. In: *Revista do Ministério Público do Trabalho,* São Paulo, LTr, n. 33, ano 17, p. 126, mar. 2007.

que sejam capazes de romper o círculo vicioso de alienação e opressão que conduz o trabalhador brasileiro a conviver com a mácula do labor degradante. Possibilidade de edificação de uma Justiça do Trabalho ainda mais democrática e despida de dogmas, na qual a responsabilidade para com a construção da sociedade livre, justa e solidária delineada na Constituição seja um compromisso palpável e inarredável.

O enunciado em enfoque apenas equivocou-se na limitação da aplicação do direcionamento social das condenações em sede de ações coletivas apenas em relação ao trabalho análogo à escravidão. Para qualquer condenação em ações coletivas deverá ser utilizada a ideia apresentada nessa orientação.

Seguem abaixo cinco exemplos (três deles retirados da doutrina) de direcionamento social de pecúnia de obrigações de pagar e fazer entabuladas em sede de ação civil pública e termos de compromisso de ajustamento de conduta[(402)]:

1º Caso — PRT 22ª Região — Piauí

Após investigação a um jornal, constatou-se que a empresa jornalística estava publicando anúncios discriminatórios de emprego e estágio. Ajuizou-se, então, ação civil pública, requerendo-se, além da tutela inibitória para a cessação da prática ilícita, indenização no valor de R$ 100.000,00 (cem mil reais). No bojo da ação foi realizada transação imprópria (*sic*), transformando-se a multa pecuniária em publicação, na primeira página do caderno publicitário, de campanha educativa sobre discriminação na contratação de trabalhadores, justamente o bem defendido na ação coletiva.

Assim, ao invés de se aplicar a multa no Fundo de Amparo ao Trabalhador, FAT, que não realizaria nenhuma atividade para impedir a discriminação na contratação de trabalhadores, foi a multa transformada para, efetivamente, criar-se campanha para educação da sociedade, meio certamente mais eficaz para o combate à discriminação.

2º Caso — PRT 9ª Região — Paraná

Na Procuradoria Regional do Paraná foi firmado Termo de Compromisso de Ajustamento de Conduta com empresa de laticínios Batavo, para a garantia de vários direitos trabalhistas, como descansos e jornada. Descumprido o compromisso, foi proposta ação de execução, cobrando multa calculada em R$ 1.000.000,00 (um milhão de reais). Na execução, foi realizada a transformação da quantia devida em publicidade por dois anos nas embalagens dos produtos da executada, além de pagamento ao Fundo da Infância e Adolescência de Carambeí-PR, de uma certa quantia, para o desenvolvimento de programas destinados à erradicação do trabalho da criança e do adolescente.

A campanha publicitária procurou defender bens que, apesar de não estarem diretamente ligados com a lesão, estão entre as metas institucionais do Ministério

(402) Veja-se a profundidade da afirmação. Tem-se o ajustamento de obrigação de pagar ou de fazer, com finalidade conexa à reparação social do dano havido, em sede de termo de ajustamento de conduta.

Público do Trabalho. Assim, cumpre o papel de reconstituir, em termos genéricos, os bens cuja tutela foi entregue ao *parquet* laboral.

3º Caso — PRT 8ª Região

A dificuldade em erradicar o trabalho escravo também impõe soluções corajosas e criativas. Tomemos dois casos de trabalho escravo ocorrido no Pará.

Em um caso, 2 (duas) caminhonetes zero quilômetro (*sic*), que foram entregues uma mesma data na sede da Subdelegacia Regional do Trabalho em Marabá, sendo também destinados aos grupos de fiscalização móvel do Ministério do Trabalho e Emprego.

Em outro, a indenização ao FAT foi substituída pela compra de oito computadores portáteis (*notebooks*), entregues na sede da Subdelegacia Regional do Trabalho de Marabá, sendo destinados aos grupos de fiscalização móvel do Ministério do Trabalho e Emprego.[403]

4º Caso — PRT 8ª Região

Acordo firmado em sede de execução[404] de termo de compromisso de ajustamento de conduta, em que foram pactuadas as seguintes obrigações a serem cumpridas pela empresa executada:

a) Doação de veículo utilitário à Delegacia Regional do Trabalho-PA, no valor estimado de R$ 120.000,00;

b) Doação de veículo de passeio à Polícia Rodoviária Federal, no valor estimado de R$ 40.000,00;

c) A executada obriga-se a investir o valor de R$ 40.000,00 em cursos de formação profissional aos empregados, bem como alfabetização, se houver demanda para tanto.

5º Caso — PRT 8ª Região

Obrigações de fazer e pagar pactuadas em sede de termo de compromisso de ajustamento de conduta[405] firmado com empresa concessionária de energia elétrica. Quanto ao dano moral coletivo, restou pactuado o seguinte, *verbis:*

CLÁUSULA 37ª — DANO MORAL COLETIVO

a) A título de dano moral coletivo, em função do número de acidentes de trabalho já ocorridos, a... pagará a quantia de R$ 1.000.000,00 (um milhão de reais).Deste valor, R$ 500.000,00 (quinhentos mil reais) serão revertidos para cursos e treinamentos de segurança e reciclagem dos gestores e eletricistas

(403) CARELLI, Rodrigo de Lacerda. *Op. cit.*, p. 127-128.

(404) Proc. 309/2007, MM. 4ª Vara do Trabalho de Belém-PA, feito conduzido pelo autor do presente trabalho.

(405) Tal termo foi subscrito pelas Procuradoras do Trabalho Cintia Nazaré P. Leão e Gisele Santos Fernandes Góes.

próprios e terceirizados, com uma parte destinada à aparelhagem do SESMT, sob a aprovação do Ministério Público do Trabalho. Os cursos e treinamentos serão realizados no ano de 2008.

b) Os outros R$ 500.000,00 (quinhentos mil reais) serão revertidos em veículos destinados à DRT, para o aparelhamento da fiscalização do trabalho, na área do meio ambiente do trabalho. Parte dos veículos, no valor de R$ 250.000,00 (duzentos e cinquenta mil reais), será entregue à DRT/PA no mês de setembro de 2007; e a outra parte dos veículos, no valor total de R$ 250.000,00 (duzentos e cinquenta mil reais), será entregue à DRT/PA em abril de 2008.

c) Em caso de não pagamento no prazo, o valor do dano moral coletivo será cobrado por meio de Ação de Execução, acrescido de multa de 30.

Veja-se que no último exemplo citado houve o reconhecimento da ocorrência de dano moral coletivo em sede administrativa (em termo de compromisso de ajustamento de conduta), prescindindo-se, portanto, da via judicial para tanto. Também houve o direcionamento social da obrigação de pagar (não se pode falar em condenação porque ausente a via judicial) a título de dano moral coletivo.

Além desses cinco exemplos dispostos na primeira edição dessa obra, opta-se por transcrever mais dois deles. Um em sede jurisdicional. Outro em termo de compromisso decorrente da atuação ministerial do autor desse estudo.

Quanto ao exemplo jurisdicional, vale deixar registrado que o Tribunal Superior do Trabalho, de certa maneira flexibilizando posição anterior referente à destinação integral da condenação ao FAT, acabou por distribuir a maior parte da montante a entidade pública, de reconhecida atuação social, corroborando a prevalência do direcionamento social dessas condenações, bem como o necessário "nexo temático entre o entre o objeto litigioso gerador da condenação e a política pública que irá alcançar aqueles interesses coletivos lesados"[(406)], exatamente como se vem defendendo até o presente momento. Vejamos:

> Considerando a condenação em dinheiro, bem como o disposto no art. 13 da Lei da Ação Civil Pública (7.347/85), que dispõe que "Havendo condenação em dinheiro, a indenização pelo dano causado reverterá a um fundo gerido por um Conselho Federal ou por Conselhos Estaduais de que participarão necessariamente o Ministério Público e representantes da comunidade, sendo seus recursos destinados à reconstituição dos bens lesados", torna-se necessário estabelecer a destinação da importância, tendo presente, primordialmente, que *a finalidade social da indenização é a reconstituição dos bens lesados*. Determino o envio da importância de R$ 500.000,00 (quinhentos mil reais), 12,5%, ao FAT (Fundo de Amparo ao Trabalhador), instituído pela Lei n. 7.998/90 e destinado ao custeio do programa de seguro-desemprego, ao pagamento do abono salarial (PIS) e ao financiamento de programas de desenvolvimento econômico) e *R$ 3.500.000,00 (três milhões e quinhentos mil reais), 87,5%, à 'Irmandade da Santa Casa de Misericórdia de Santos*, situada na Avenida Dr. Cláudio Luís da Costa, 50, Jabaquara, Santos - SP, CEP: 11.075-900, CNPJ 58.198.524/0001-19 e Inscrição Estadual sob o n. 633.073.527.116, *objetivamente para a aquisição de equipamentos e/ou medicamentos destinados ao tratamento de pessoas portadoras de leucopenia*, e, tendo

(406) COSTA, Marcelo Freire Sampaio. *Dano moral coletivo trabalhista contra ente...*, p. 53.

presente também aqueles trabalhadores da reclamada (Companhia Siderúrgica Paulista — Cosipa), portadores da doença e seus familiares(407) (grifos não constam no original).

Nesse julgado, em razão da finalidade social da indenização ser a busca da "recomposição dos bens lesados", como reconheceu trecho da decisão transcrita, expressivo montante da condenação foi corretamente destinado à Irmandade da Santa Casa de Misericórdia de Santos, entidade com finalidade pública de reconhecida e idônea atuação social, visando a aquisição de equipamentos e medicamentos destinados ao tratamento de pessoas portadoras de leucopenia, precisamente a moléstia adquirida pelos trabalhadores, que justificou a propositura da ação coletiva. Taí, de maneira bem objetiva, a configuração do mencionado nexo temático entre o objeto litigioso gerador da condenação e a política pública que irá alcançar aqueles interesses coletivos lesados.

Vale, ainda, deixar registrado que o precedente citado não afastou por completo a destinação ao Fundo de Amparo ao Trabalhador (12,5% foi destinado ao FAT), apenas priorizou, como vem sendo defendido ao longo desse item, a prevalência da destinação social do valor apurado com a condenação, em consonância com o citado nexo temático entre o objeto do litígio e a destinação social realizada.

Também há outro exemplo de tutela ressarcitória, na forma específica, em que o Tribunal Superior do Trabalho destinou parcela decorrente de condenação em dano moral coletivo, no valor de R$ 30.000,00 (trinta mil reais), para "treinamento de mão de obra, em programas de saúde ocupacional, a serem definidos previamente entre o sindicato e o Ministério Público do Trabalho (MPT)"(408), em razão de acidente laboral ocorrido, daí o nexo temático plenamente configurado entre o abalo sofrido (acidente de trabalho) e a destinação, distinta do FAT, da verba condenatória (melhor formação da mão de obra laboral).

Quanto ao exemplo em sede de Termo de Compromisso de Ajuste de Conduta, trata-se de reconhecimento de expressivo montante, à título de prática de dano moral coletivo, em sede administrativa(409). Nesse ajuste, foram fixadas, resumidamente, as seguintes políticas públicas, todas de inquestionável impacto social:

— realização de investimento publicitário, abrangendo mídia televisiva, jornal impresso e rádio, envolvendo a feitura de peças de propaganda institucional, no montante de R$ 5.000.000,00 (cinco milhões de reais), cuja temática será "Assédio Moral", e com veiculação estimada por dois meses;

— pagamento, a título de reversão social, de dano moral coletivo, no importe de R$ 5.000.000,00 (cinco milhões de reais), por intermédio de doações a instituições sociais, reconhecidamente idôneas, a serem aprovadas ou indicadas pelo Ministério Público do Trabalho.

---

(407) AIRR-3638-16.2010. Tribunal Superior do Trabalho. 5ª Turma. Rel. Min. Emanuel Pereira. DEJT 25.5.2011.

(408) Fonte: Página virtual do Tribunal Superior do Trabalho. Acesso em: 5 out. 2015.

(409) Procedimento administrativo conduzido pelo autor desse estudo.

Nos próximos subitens será discutido: (i) hipótese de pedido exordial, em ação coletiva, de condenação já com destinação social diferente do FAT; (ii) celebração de acordo em sede jurisdicional chancelando destinação social da parcela condenatória; (iii) possibilidade de a jurisdição atribuir destinação social diversa daquela requerida na petição inicial pelo autor da ação coletiva.

Antes de finalizar o presente item, vale citar que o Conselho Nacional do Ministério Público do Trabalho editou a Resolução n. 179-21017 buscando disciplinar alguns parâmetros voltados à subscrição de termo de compromisso de ajustamento de conduta no tocante ao aqui tratado direcionamento social de montante pecuniário que integra essa avença.

Óbvio que, por conta da paridade da atuação judicial e extrajudicial dos Ministérios Públicos[(410)], o regramento estabelecido nessa citada resolução sobre destinação ou direcionamento social de pecúnia em termo de compromisso poderá também ser adotado em ação coletiva.

Voltando à Resolução. Diz o art. 5º, *caput*, §§ 1º e 2º, o seguinte:

> Art. 5º As indenizações pecuniárias referentes a danos a direitos ou interesses difusos e coletivos, quando não for possível a reconstituição específica do bem lesado, e as liquidações de multas deverão ser destinadas a fundos federais, estaduais e municipais que tenham o mesmo escopo do fundo previsto no art. 13 da Lei n. 7.347/1985.
>
> § 1º Nas hipóteses do *caput*, também é admissível a destinação dos referidos recursos a projetos de prevenção ou reparação de danos de bens jurídicos da mesma natureza, ao apoio a entidades cuja finalidade institucional inclua a proteção aos direitos ou interesses difusos, a depósito em contas judiciais ou, ainda, poderão receber destinação específica que tenha a mesma finalidade dos fundos previstos em lei ou esteja em conformidade com a natureza e a dimensão do dano.
>
> § 2º Os valores referentes às medidas compensatórias decorrentes de danos irreversíveis aos direitos ou interesses difusos deverão ser, preferencialmente, revertidos em proveito da região ou pessoas impactadas.

Desses dispositivos transcritos podemos extrair, em resumo, as seguintes diretivas plenamente aplicáveis às ações coletivas do mundo laboral:

i) Deverá ser priorizada a reconstituição específica do bem lesado, chamada por alguns de tutela ressarcitória na forma específica; em outras palavras a prestação de fazer ou entrega de coisa equivalente à danificada (*caput*);

ii) O envio de valores ao fundo constituído conforme regramento disposto no art. 13 da Lei da ACP deverá acontecer na impossibilidade da citada reconstituição específica do bem lesado (*caput*);

iii) Também se admite como possibilidade concomitante em relação à hipótese anterior de destinação de recursos a "projetos de prevenção ou reparação de

(410) Sobre esse assunto veja com mais vagar em COSTA, Marcelo Freire Sampaio. *Curso de processo coletivo do trabalho*. Em consonância com a reforma trabalhista. São Paulo: LTr, 2019.

danos de bens jurídicos de mesma natureza", entidades "cuja finalidade institucional" inclua a proteção de direitos coletivos em sentido amplo, observando sempre a "natureza e a dimensão do dano" (§ 1º);

iv) Fica também estabelecido um critério de prioridade de identidade territorial a essa recomposição social no tocante à região ou coletividade atingida (§ 2º).

Particularmente, concordamos com todos esses parâmetros construídos pelo Conselho Nacional do Ministério Público, especialmente a diretiva que aponta a necessidade de a recomposição obedecer, prioritariamente, a mesma região ou coletividade atingida, aspecto não previsto no citado art. 13 da Lei da ACP, contudo, em total consonância da finalidade da destinação social.

12.1. Pedido condenatória já com destinação social

A hipótese ora ventilada é bastante singela. Trata da possibilidade de ser apresentado o pedido já na exordial de ação coletiva ou nas ações de execuções de termos de ajustamento de conduta, de condenação pecuniária com destinação social vinculada.

Em outros termos mais singelos. Ao invés de ser pedida condenação pecuniária para aparelhar FAT, já se apontar em sede exordial a destinação social do resultado dessa condenação pecuniária, quantificando o valor e a(s) entidade(s) destinatária(s) beneficiada(s), ou, também existe a possibilidade da entidade beneficiária ser apontada em sede de cumprimento do julgado.

Inobstante posição inicial do Tribunal Superior do Trabalho que não acolhia tal possibilidade, mais recentemente há precedente favorável à possibilidade de ser apontada destinação social da condenação desde a petição inicial, com a devida chancela da jurisdição. Vejamos acórdão já, inclusive, transcrito anteriormente:

> INDENIZAÇÃO POR DANOS MORAIS COLETIVOS E ASTREINTES. DESTINAÇÃO DA INDENIZAÇÃO POR DANO MORAL COLETIVO E DAS ASTREINTES RESPECTIVAS. ART. 13 DA LEI N. 7.347/85. O entendimento atual adotado pela jurisprudência desta Corte superior, à luz do art. 13 da Lei n. 7.347/85 e da Lei n. 7.998/90, é no sentido de que os valores decorrentes de indenizações a título de danos morais coletivos devem ser revertidos ao Fundo de Amparo ao Trabalhador — FAT. Certamente, aludida jurisprudência deve também ser estendida aos valores decorrentes das respectivas astreintes fixadas na ação de dano moral coletivo. Contudo, no caso, o Ministério Público do Trabalho pleiteou que a destinação fosse apresentada pelo próprio MPT, em fase de liquidação de sentença, a fundo de direitos difusos ligados à seara laboral ou às instituições ou programas/projetos públicos ou privados, de fins não lucrativos, que tenham objetivos filantrópicos, culturais, educacionais, científicos, de assistência social ou de desenvolvimento e melhoria das condições de trabalho, nos termos do § 6º do art. 5º e do art. 13 da Lei n. 7.347/85, a critério do MPT com concordância do juízo. Desse modo, o presente provimento não seguirá os exatos termos da referida jurisprudência atual desta Corte Superior. Recurso de revista

conhecido e provido parcialmente, para determinar que a destinação dos valores correspondentes à indenização por dano moral coletivo, assim como os relativos às respectivas astreintes, seja realizada nos termos do art. 13 da Lei n. 7.347/85.[411]

Antes dessa decisão transcrita já apresentamos, desde a edição anterior desse estudo, pelo menos quatro argumentos que apontam a possibilidade de o pedido da ação coletiva veicular desde logo destinação social à condenação pecuniária. Vejamos.

O primeiro deles foi desenvolvido desde a primeira edição. Trata da ausência de fundo legal receptor de condenação em pecúnia, constituído nos termos do art. 13 da lei de regência das ações coletivas. A destinação ao FAT decorre de construção jurisprudencial e acadêmica. Logo, não há razão plausível à obrigatoriedade dessa destinação ser necessariamente vinculada ao FAT.

O segundo argumento é processual. O art. 3º da Lei n. 7.347/1985, lei de regência das ações coletivas ("A ação civil poderá ter por objeto a condenação em dinheiro ou o cumprimento de obrigação de fazer ou não fazer") admite pedido de obrigação de pagar genérico, daí a possibilidade desse pleito também alcançar condenação sob a forma de tutela ressarcitória específica, com direcionamento social direto desse montante pecuniário, inclusive já se indicando de logo a(s) entidade(s) beneficiária(s).

No terceiro, mais amplo e também processual, afirma a prevalência da tutela ressarcitória na forma específica sobre a tutela pelo equivalente monetário, esta significando o mero aparelhamento econômico do FAT. Como já afirmado, o direcionamento social terá o condão de alcançar, com maior eficácia, a conexão (nexo temático) entre a destinação da condenação pecuniária e o interesse coletivo lesado.

O quarto, a ser melhor desenvolvido no próximo subitem, trata da possibilidade de o direcionamento social da condenação vir sendo amplamente reconhecido pela jurisprudência laboral, inclusive por intermédio de acordos celebrados no Tribunal Superior do Trabalho, daí porque não haver justificava para tal destinação não ser laçada desde logo na petição inicial, considerando a chancela final dessa prática pela jurisdição.

Poderíamos acrescentar mais um argumento. O art. 6º do CPC de 2015 entabula novo princípio fundamental da cooperação, com ampla aplicação no processo do trabalho. Nele, "todos os sujeitos do processo devem cooperar entre si" para que seja obtida, em tempo razoável, decisão meritória justa e efetiva.

12.2. Celebração de acordo em sede jurisdicional chancelando destinação social da parcela condenatória

Há movimento, cada vez maior, de acordos celebrados em diversas fases jurisdicionais, inclusive perante o Tribunal Superior do Trabalho.

(411) Tribunal Superior do Trabalho. 6ª Turma. RR 363-76.2012.5.23.0009. Min. Rel. Augusto César Leite de Carvalho. Publicação: 4.10.2019.

Nesses acordos, muitas vezes com participação ativa e direta da jurisdição, via de regra se aplica a destinação social do dano moral coletivo condenado.

São diversos os exemplos. Por uma questão espacial, opta-se por citar apenas dois deles, que bem retratam o afirmado nesse item.

O primeiro trata de acordo homologado nos autos de ação civil pública em trâmite na 8ª Vara do Trabalho do Distrito Federal (ACP 00264.2005.008.10.00-2). A causa de pedir dessa ação coletiva envolvia a terceirização ilegal. Dizem as cláusulas desse instrumento o seguinte:

> Cláusula quinta — A título de dano moral coletivo e com o objetivo de recompor o bem jurídico lesado, fica garantido aos trabalhadores substituídos por força do presente acordo e ao público em geral cursos de aprendizagem, qualificação ou requalificação profissional até o montante de R$ 2.000.000,00 (dois milhões de reais), a ser repassado por... às instituições discriminadas no parágrafo primeiro, substituindo-se, assim, a condenação por danos genéricos proferida nestes autos.
>
> Parágrafo primeiro – A implementação dos cursos de que trata esta cláusula será realizada por entidades cadastradas no Ministério do Trabalho e Emprego...

O segundo, mais, recente, espelha acordo firmado no Tribunal Superior do Trabalho, pelo Ministro Cláudio Brandão, no segundo semestre do ano de 2017, no valor de vinte e oito milhões de reais, com integral destinação social, a mais de um projeto, observando a seguinte distribuição:

— onze milhões serão voltados a cursos de graduação a distância para os trabalhadores da empresa e seus dependentes;

— três milhões e meio vão ser destinados para cursos presenciais de graduação aos empregados na cidade de São Paulo ou região metropolitana;

— três milhões e meio vão custear cursos técnicos ou profissionais para pessoas com deficiência, em áreas de formação relacionadas às atividades desenvolvidas na empresa;

— oito milhões serão voltados à aquisição de veículos, pelo antigo Ministério do Trabalho e Emprego, a serem utilizados nas operações e atividades de inspeção, a serem distribuídos por todo o país.

Nesses acordos, já subscritos e em tantos outros que ainda o serão, assim como em tantos outros que poderiam ser aqui transcritos, restou claramente reconhecida a já citada prevalência da tutela ressarcitória na forma específica sobre a tutela pelo equivalente monetário.

12.3. *Possibilidade de a jurisdição atribuir destinação social diversa daquela requerida na petição inicial da ação coletiva, ou, convolação de condenação dirigida a fundo receptor em destinação social*

Há de se perquirir, ainda, a obrigatoriedade do redirecionamento da parcela indenizatória ser necessariamente decorrente de acordo entre as partes, conforme noticiado anteriormente, não havendo possibilidade de atuação jurisdicional nesse sentido de ofício.

Essa atuação de ofício pela jurisdição aconteceria em duas hipóteses, assim exemplificadas:

a) pedido de condenação dirigido a fundo receptor com convolação de ofício, pela jurisdição, para destinação social;

b) pedido, em sede de ação coletiva, firmado pelo Ministério Público do Trabalho, de destinação social de condenação a ser dirigida a hospital público visando combater doença ocupacional detectada em larga escala em determinada empresa demandada, enquanto que o juiz do feito resolve conferir destino social diverso a outra entidade.

Existe corrente doutrinária manifestando-se claramente pela impossibilidade dessas duas hipóteses (convolação jurisdicional de ofício da parcela indenizatória do fundo receptor para destinação social e alteração de ofício, também pelo juízo, de determinada destinação social pedida na peça de ingresso). A única maneira, portanto, de serem admitidas as mudanças citadas nessas duas hipóteses seria por intermédio de acordo entre as partes em juízo, com participação ativa da jurisdição. Vejamos.

O limite da liberdade de atuação jurisdicional no curso da instância ainda é objeto de acirradas cizânias doutrinárias. Essas divergências decorrem da visão "mais ou menos"[(412)] publicista haurida do processo, bem como dos limites a serem impostos ao princípio do dispositivo (*ne procedet iudex ex officio*).

Tradicionalmente, compreende-se que, assim como de regra a ação inicia-se por provocação da parte interessada, os atos instrutórios e os de disposição do conteúdo material da demanda seriam de iniciativa exclusiva[(413)] dos litigantes. Essa visão é claramente privatística do processo, tendo-o como mera "propriedade das partes"[(414)].

A concepção privatística do processo, bem como os rígidos limites impostos ao princípio inquisitivo[(415)], tem assento proeminente na discussão sobre a possibilidade de a jurisdição substituir[(416)] a suposta exclusividade da iniciativa probatória das

(412) LEONEL, Ricardo de Barros. *Op. cit.*, p. 343.

(413) Nesse sentido, dentre tantos, SANTOS, Moacir Amaral. *Primeiras linhas de direito processual civil.* 15. ed.São Paulo: Saraiva, 1992. v. 2, p. 78.

(414) LEONEL, Ricardo de Barros. *Op. cit.*, p. 343.

(415) Reverso do princípio dispositivo, pois atribui maior liberdade de atuação à jurisdição, bem como impõe limites naturais à mera disposição das partes sobre o destino do objeto litigioso.

(416) A teoria chiovendiana da jurisdição — substituir a vontade das partes e atuar a vontade concreta da lei — foi muito bem criticada por Luiz Guilherme Marinoni. Merece transcrição literal: "Essa teoria supunha que o juiz podia solucionar qualquer caso mediante aplicação das normas gerais, uma vez que o ordenamento jurídico seria completo e coerente (...). Se a legislação era completa e coerente, e assim capaz de dar à jurisdição condições de solucionar qualquer caso, o juiz jamais precisaria

partes[(417)]. Não se pretende avançar nessa discussão. Basta ressaltar o sentido publicista[(418)] do processo e o necessário interesse estatal, instrumentalizado na atividade jurisdicional, voltado à efetiva aplicação do direito, e, ainda, a realização da justiça.

Aliás, o caráter público do direito processual, mesmo na solução de lides de índole individual, mostra-se inquestionável, considerando os propósitos naturais de pacificação de conflitos e realização do direito material por intermédio da jurisdição estatal.

Contudo, quando se trata da proteção de interesses coletivos em sentido *lato*, coincidentes com uma coletividade indeterminada ou determinável de pessoas, a índole pública do processo é reforçada, ou até mesmo dobrada[(419)], chegando a ser chamada de "processo de interesse público"[(420)]. Aumenta-se, via de consequência, a possibilidade de ingerência jurisdicional, e, ao mesmo tempo, reduz-se a disposição do objeto litigioso pelos atores envolvidos.

Antes de posicionarmo-nos sobre essa questão, vale lembrar que o art. 765 da CLT, plenamente cabível no processo laboral coletivo, confere à jurisdição "maiores poderes na condução do processo"[(421)]. Além disso, há três dispositivos legais no CPC de 2015 que ajudarão a justificar a posição a ser apresentada. Vejamos:

> Art. 6º Todos os sujeitos do processo devem cooperar entre si para que se obtenha, em tempo razoável, decisão de mérito justa e efetiva.
>
> Art. 9º Não se proferirá decisão contra uma das partes sem que ela seja previamente ouvida.
>
> Parágrafo único. O disposto no *caput* não se aplica:

---

cristalizar uma norma — mediante interpretação da lei de acordo com a Constituição para regular a situação litigiosa. Não precisaria e nem poderia delinear uma norma jurídica segundo os ditames da Constituição porque nessa época não se apresentava a ideia de que a validade da lei é vinculada aos princípios constitucionais e aos direitos fundamentais". In: *Teoria geral do processo:* curso de processo civil. V. 1. São Paulo: Revista dos Tribunais, 2006. p. 90.

(417) Sobre o assunto, confira, com grande aproveitamento, visão moderna a respeito da jurisdição, bem como o equívoco apontado na doutrina tradicional sobre os falsos limites havidos na iniciativa probatória da jurisdição, bem como redimensionamento do princípio dispositivo, BEDAQUE, José Roberto dos Santos. *Poderes instrutórios do juiz.* 2. ed. São Paulo: Malheiros, 1994.

(418) "V – Diante do cada vez maior sentido publicista que se tem atribuído ao processo contemporâneo, o juiz deixou de ser mero espectador inerte da batalha judicial, passando a assumir posição ativa, que lhe permite, dentre outras prerrogativas, determinar a produção de provas, desde que o faça com imparcialidade e resguardando o princípio do contraditório." Superior Tribunal de Justiça. 4ª Turma. REsp n. 192.681/PR. Recurso Especial n. 1998/0078261-3. Rel. Min. Sálvio de Figueiredo Teixeira. DJU 24.3.2003. p. 223.

(419) BUENO, Cassio Scarpinella. Processo civil de interesse público: uma proposta de sistematização. In: SALLES, Carlos Alberto de (Org.). *Processo civil e interesse público:* o processo como instrumento de defesa social. São Paulo: Revista dos Tribunais, 2003. p. 37.

(420) Acerca dessa questão, *vide*, com grande aproveitamento, SALLES, Carlos Alberto de (Org.). *Processo civil e interesse público.* O processo como instrumento de defesa social. São Paulo: Revista dos Tribunais, 2003.

(421) SCHIAVI, Mauro. *Manual de direito processual do trabalho.* De acordo com o novo CPC. 9. ed. São Paulo: LTr, 2015. p. 134.

I – à tutela provisória de urgência;

II – às hipóteses de tutela da evidência previstas no art. 311, incisos II e III;

III – à decisão prevista no art. 701.

Art. 10. O juiz não pode decidir, em grau algum de jurisdição, com base em fundamento a respeito do qual não se tenha dado às partes oportunidade de se manifestar, ainda que se trate de matéria sobre a qual deva decidir de ofício.

O primeiro dispositivo (art. 6º) reconhece o princípio da cooperação, cuja intenção é estabelecer um processo verdadeiramente cooperativo, com inspiração no modelo constitucional de processo, "vocacionado à prestação efetiva da tutela jurisdicional, com ampla participação de todos os sujeitos processuais, do início ao fim da atividade jurisdicional"[(422)].

Os art. 9º e 10º trazem importante inovação quanto à determinada participação das partes no processo, com efetiva possibilidade de se influir na formação da convicção dos julgados, bem como na necessidade de serem evitadas as chamadas decisões surpresa, isto é, mesmo quando competir ao magistrado decidir de ofício, "deverá oportunizar às partes a manifestação prévia sobre a matéria"[(423)].

Nesse eito, considerando os dispositivos legais citados, aplicados amplamente, em razão de subsidiariedade sistemática, no processo laboral, bem como os argumentos até o presente momento apresentados, admite-se a possibilidade de a jurisdição, além das hipóteses de homologação de acordo firmado entre as partes de demanda coletiva, conferir de ofício destinação social do pedido exordial voltado a fundo receptor, bem como também conceda destinação social diversa daquela já pedida da petição inicial, desde que, em primeiro lugar, ouça previamente o autor interessado sobre a destinação pretendida (art. 10 do NCPC), além de demonstrar, com a necessária fundamentação, o efetivo nexo da alteração da destinação social com a causa de pedir da ação coletiva.

12.4. Limitação à destinação do dano moral coletivo imposta pela Medida Provisória n. 905/2019

O Governo Federal editou, em novembro de 2019, a Medida Provisória n. 905 visando a instituição do chamado Contrato de Trabalho Verde e Amarelo, além de outras alterações na legislação trabalhista.

Inobstante a inquestionável inconstitucionalidade dessa Medida Provisória em razão da falta de observância dos requisitos constitucionais da relevância e urgência (art. 62 da Carta Magna de 1988), mostra-se necessário fazer a análise crítica do conteúdo desse maculado diploma legal.

Pois bem.

---

(422) BUENO, Cassio Scarpinella. *Novo Código de Processo Civil Anotado*. São Paulo: Saraiva, 20015. p. 45.

(423) SCHIAVI, Mauro. *Manual de...*, p. 96.

O art. 19 desse dispositivo legal extraordinário cria o "Programa de Habilitação e Reabilitação Física e Profissional, Prevenção e Redução de Acidentes de Trabalho".

O art. 21 desse mesmo texto dispõe o seguinte:

> Sem prejuízo de outros recursos orçamentários a ele destinados, são receitas vinculadas ao Programa de Habilitação e Reabilitação Física e Profissional, Prevenção e Redução de Acidentes de Trabalho o produto da arrecadação de:
>
> I – (*omissis*)
>
> II – valores relativos aos danos morais coletivos decorrentes de acordos judiciais ou de termo de ajustamento de conduta firmado pela União ou pelo Ministério Público do Trabalho.

Fica clara a pretensão de se transformar o produto do que foi arrecadado em decorrência da condenação em dano moral coletivo em "receita vinculada" da União, tendo como único destinatário o citado programa federal criado pela Medida Provisória n. 905/2019 (art. 20).

Óbvio que tal pretensão é um completo despautério, pois ao Ministério Público foi conferida uma relevante e incondicionada missão constitucional de defesa da "ordem jurídica, do regime democrático e dos interesses sociais e individuais indisponíveis", não podendo ter sua atuação funcional-finalística limitada por intermédio de legislação infraconstitucional, neste caso por amalucada Medida Provisória.

Ademais, a tentativa de transformar o produto de arrecadação de dano moral coletivo em "receita vinculada" a determinado programa governamental também colide, frontalmente, diga-se de passagem, com os princípios constitucionais da "independência" e "autonomia funcional" (art. 127, §§ 1º e 2º) dos membros do Ministério Público. Essas mesmas prerrogativas são repetidas na Lei Complementar n. 75 para os membros do Ministério Público da União (arts. 1º e 4º).

Óbvio que não se pode por intermédio de legislação infraconstitucional tentar impor limites à atuação finalística dos membros do Ministério Público do Trabalho, pois tais barreiras somente poderão ser construídas por modificação da própria Constituição de 1988, em razão dos já citados princípios constitucionais. Estes acabam por servir como uma forte capa de proteção às possíveis tentativas de obstaculização, cada vez mais frequentes nos últimos tempos — diga-se de passagem, à atuação ministerial laboral.

Não se pode deixar de salientar, também, que os dispositivos legais citados não possuem vigência imediata, pois dependem, para sua eficácia, de ato do Ministro do Estado da Economia, conforme disposto no art. 53, § 1º, I, da citada Medida Provisória.

Nada obsta que o Governo Federal crie programa voltado à habilitação ou reabilitação de empregados acometidos por acidente de trabalho ou doença ocupacional (pelo contrário, é uma ótima providência), contudo, não pode, pelas razões já citadas, obstar o redirecionamento social do produto da arrecadação do dano moral coletivo, pois estaria se imiscuindo indevidamente na liberdade de atuação finalística dos membros do Ministério Público do Trabalho.

Por fim, caso essa Medida Provisória seja finalmente convertida em lei, o que se tem como pouco provável em razão dos despautérios ali constantes, acredita-se na declaração de inconstitucionalidade dos dispositivos citados, em razão da violação dos também citados princípios constitucionais de proteção à carreira dos integrantes dos Ministérios Públicos.

Caso nenhuma dessas hipóteses ocorra, entendemos pela aplicação da técnica da interpretação conforme à Constituição no sentido da admissão da possibilidade de o membro do Ministério Público do Trabalho consentir com a reversão da condenação do dano moral coletivo para esse programa, obedecendo os limites constitucionais da independência funcional, bem como rente à argumentação aqui já desenvolvida em relação a esse tema.

Contudo, consentir não significa ser obrigado a fazer algo.

13. *Dumping* social e dano moral coletivo

A expressão *dumping*(424) social foi utilizada historicamente para designar práticas de concorrência desleal em nível internacional, constatadas a partir do deliberado rebaixamento do patamar de proteção social de um determinado país, visando a eliminação de concorrência econômica-comercial, comparando-o com a situação de outros países, baseando-se em parâmetros fixados em declarações internacionais de direitos.

De maneira mais direta, pode-se dizer que essa expressão significa uma prática de comércio internacional consistente em venda de algum produto em praça estrangeira por preço sensivelmente inferior aos produtos concorrentes praticados no mercado interno invadido.

Aduz a doutrina que:

> ... *dumping* é frequentemente constatado em operações de empresas que pretendem conquistar novos mercados. Para isto, vendem os seus produtos a um preço extremamente baixo, muitas vezes inferior ao custo de produção. É um expediente utilizado de forma temporária, apenas durante o período em que se aniquila o concorrente. Alcançado esse objetivo, a empresa praticante do *dumping* passa a cobrar um preço mais alto, de modo que possa compensar a perda inicial(425).

(424) Deriva do verbo em inglês "to dump", que pode ser traduzido livremente para desfazer, jogar indesejado algo fora, despejar.

(425) FROTA, Paulo Mont'Alverne. O *dumping* social e a atuação do juiz do trabalho no combate à concorrência empresarial desleal. *Revista LTr*, São Paulo, n. 78, p. 1102, v. 2, fev. 2013.

Trata-se, portanto, de assunto transladado do âmbito de relações comerciais internacionais para o direito do trabalho.

Neste item pretende-se firmar ponto de encontro desse tema com o dano moral coletivo.

Historicamente a proteção ou a exploração das relações laborais tem ligadura direta com a adoção de um sistema econômico capitalista compromissado ou não com a justiça social. Logo, a imbricação das relações econômicas e as laborais são um reflexo natural do evolver da história.

E o modelo capitalista nacional, nos termos da ordem legal assentada pela Carta Constitucional vigente, desde o seu preâmbulo, passando pelo reconhecimento do valor social do trabalho (art. 1º), do reconhecimento dos direitos sociais como fundamentais (art. 6º até o 11 da CF/88), obviamente está vinculado a esse modelo de justiça social.

Aliás, de forma mais direta, a legislação infraconstitucional também aproxima o universo das relações econômicas com as relações laborais. A lei que estrutura o sistema brasileiro de concorrência e define as infrações contra a ordem econômica, delimita como umas das hipóteses de infração à ordem econômica a prática de atos que violem a livre concorrência ou a livre iniciativa (art. 36, I). O rebaixamento deliberado do patamar de proteção laboral (precarização[(426)]) visando atingir indevida vantagem sobre a concorrência (custo laboral menor refletindo nos preços adotadas pelo ente econômico) pode perfeitamente ser subsumido a essa hipótese.

Voltando especificamente ao *dumping* social, pode ser classificado como uma prática "reincidente, reiterada, de descumprimento da legislação trabalhista, como forma de possibilitar a majoração do lucro e de levar vantagem sobre a concorrência, ainda que tal objetivo não seja atingido"[(427)], causando desajuste econômico, bem como sérios prejuízos para os trabalhadores e para a coletividade em geral.

Assim manifestou-se a doutrina:

> a) na esfera trabalhista, o "*dumping* social" é o rebaixamento do nível e da qualidade de vida dos trabalhadores , advindo da prática de conduta socialmente reprovável do empregador, caracterizado pelo desrespeito reiterado e inescusável dos direitos trabalhistas, gerando ao empregador o efeito potencial, atingido, ou não, da obtenção de uma vantagem econômica sobre outros empregadores que cumprem, regularmente, as

---

(426) Os exemplos dessas precarizações são muitos: pejotização, terceirizações, subcontratações fraudulentas, reiteradas ausências de registro de empregados, falta de pagamento de horas extras, demissões coletivas inopinadas, justas causas fabricadas, dispensa sem pagamento de verbas resilitórias, imposição de lides simuladas aos trabalhadores visando a redução do *quantum* devido de verbas resilitórias... Os exemplos são tantos que vão até além de nossa imaginação.

(427) SOUTO MAIOR, Jorge; MOREIRA, Ranulio Mendes; SEVERO, Valdete Souto. *Dumping social nas relações de trabaho.* 2. ed. São Paulo: LTr, 2014. p. 22.

obrigações jurídicas trabalhistas, incentivando, reflexamente, a concorrência desleal"[428].

Portanto, o *dumping* descortina-se pela prática deliberada e inescusável de descumprimento da legislação laboral visando a obtenção de vantagem econômica perante o mercado concorrencial, à custa da exploração do trabalhador.

Note-se que o *dumping* social *se* identifica com o dano moral coletivo, pois ambos representam reiterada violação extrapatrimonial a direitos de uma coletividade, sendo que em relação aquele esse desrespeito aos direitos laborais fundamentais tem um objetivo específico de se obter vantagem ilícita sobre a concorrência mercadológica.

Aliás, alguns exemplos apresentados anteriormente de dano moral coletivo, apesar de não mencionarem a prática do *dumping* social, podem perfeitamente ser classificadas como tal.

Portanto, o *dumping* social pode ser classificado como espécie de dano moral coletivo, ou "uma das manifestações de dano social"[429] — como prefere parte da doutrina, quando tal violação tiver propósito direto de redução ilícita de patamar de direitos trabalhistas com o fito de alcançar indevido privilégio econômico sobre a concorrência mercadológica. Nada mais do que a oferta de menor preço ao mercado à custa da precarização de direitos laborais.

A propósito, esse instituto restou expressamente reconhecido por intermédio do Enunciado de n. 4, extraído da 1ª Jornada de Direito Material e Processual da Justiça do Trabalho, organizada pela ANAMATRA e realizada nos dias 21 a 23 de novembro de 2007, no Tribunal Superior do Trabalho, o qual prescreve:

> *DUMPING* SOCIAL. DANO À SOCIEDADE. INDENIZAÇÃO SUPLEMENTAR. As agressões reincidentes e inescusáveis aos direitos trabalhistas geram um dano à sociedade, pois com tal prática desconsidera-se, propositalmente, a estrutura do Estado Social e do próprio modelo capitalista com a obtenção de vantagem indevida perante a concorrência. A prática, portanto, reflete o conhecido "*dumping* social", motivando a necessária reação do Judiciário Trabalhista para corrigi-la. O dano à sociedade configura ato ilícito, por exercício abusivo do direito, já que extrapola limites econômicos e sociais, nos exatos termos dos arts. 186, 187 e 927 do Código Civil.

A jurisprudência do Tribunal Superior do Trabalho, em julgado bastante recente, corroborou os limites impostos ao instituto em exame, senão vejamos:

> *DUMPING* SOCIAL. 4.1) O instituto do dumping social se inspira em figura do direito comercial, desdobrando-se no campo das relações coletivas de trabalho. Caracteriza-se pelo desrespeito reiterado e inescusável aos direitos trabalhistas, como fato gerador de dano à sociedade, configurando ato ilícito pelo exercício abusivo do direito e desconsiderando-se propositalmente a estrutura do Estado e do próprio modelo capitalista, mediante a obtenção de vantagem indevida perante a concorrência. Acrescente-se que a indenização

(428) SOUTO MAIOR, Jorge; MOREIRA, Ranulio Mendes; SEVERO, Valdete Souto. *Op. cit.*, p. 25.

(429) *Idem.*

decorrente de sua configuração se encontra prevista no Enunciado n. 4, da 1ª Jornada de Direito Material e Processual da Justiça do Trabalho, realizada no âmbito desta Corte[(430)].

Como espécie do gênero dano moral coletivo, o *dumping* social segue exato regramento daquele instituto, tanto no tocante à ambiência nas ações coletivas, com idênticos autores coletivos, mecanismos de quantificação, além dos aspectos relativos à destinação social dessa condenação.

Destarte, o trabalhador, singularmente considerado, não detêm legitimidade para postular indenização em razão de *dumping* social, inobstante a existência de firme posição doutrinária em sentido contrário[(431)], conforme características já apresentadas.

O Tribunal Superior do Trabalho vem rechaçando a possibilidade de ser aviado pedido de indenização por *dumping* social em ação de limites individuais. Vejamos:

> DA CONSTITUIÇÃO FEDERAL, NÃO CONFIGURADA. A supressão do intervalo intrajornada, em que pese sua natureza de garantia mínima relacionada à saúde e segurança do trabalho, assume aspectos simplesmente individuais, restritos ao âmbito do contrato celebrado entre as partes, sem se revestir das dimensões coletivas ou lesivo a um grupo ou coletividade de trabalhadores[(432)].

Seria possível a admissão da linha da coletivação de demandas individuais, extremamente salutar ao incremento do sistema da tutela coletiva, bem como à redução das chamadas ações individuais seriais, veiculadoras de similares questões de direito, se o art. 333 do CPC de 2015, que admitia a conversão de ações singulares em coletivas, caso satisfeitas algumas exigências, não tivesse sido infelizmente vetado.

Assim era a redação do dispositivo vetado:

> Art. 333. Atendidos os pressupostos da relevância social e da dificuldade de formação do litisconsórcio, o juiz, a requerimento do Ministério Público ou da Defensoria Pública, ouvido o autor, poderá converter em coletiva a ação individual que veicule pedido que: I – tenha alcance coletivo, em razão da tutela de bem jurídico difuso ou coletivo, assim entendidos aqueles definidos pelo art. 81, parágrafo único, incisos I e II, da Lei n. 8.078, de 11 de setembro de 1990 (Código de Defesa do Consumidor), e cuja ofensa afete, a um só tempo, as esferas jurídicas do indivíduo e da coletividade; II – tenha por objetivo a solução de conflito de interesse relativo a uma mesma relação jurídica plurilateral, cuja solução, por sua natureza ou por disposição de lei, deva ser necessariamente uniforme, assegurando-se tratamento isonômico para todos os membros do grupo.

A jurisprudência do TST também não vem admitindo condenação de ofício por *dumping* social, em razão de violação do princípio processual dos limites da demanda. Vejamos:

> RECURSO DE REVISTA ANTERIOR À LEI N. 13.015/2014. INDENIZAÇÃO POR DANO SOCIAL. CONDENAÇÃO DE OFÍCIO. IMPOSSIBILIDADE. Embora o *dumping* social

(430) AIRR – 1549-45.2012.5.15.0046. Tribunal Superior do Trabalho. 1ª Turma. Rel. Desembargador Convocado Alexandre Teixeira de Freitas Bastos Cunha. DEJT 2.10.2015.

(431) SOUTO MAIOR, Jorge; MOREIRA, Ranulio Mendes; SEVERO, Valdete Souto. *Op. cit.*, p. 130.

(432) AIRR – 381-82.2013.5.15.0107. Tribunal Superior do Trabalho. 8ª Turma. Rela. Desa. Convocada Jane Granzoto Torres da Silva. DEJT 14.8.2015.

seja prática veementemente condenável, por ferir não só os direitos individuais dos trabalhadores diretamente envolvidos com as empresas litigantes, mas também a sociedade de modo geral, por se configurar em prejuízo social, o julgador deve estar adstrito aos limites da lide estabelecidos na petição inicial apresentada, sob pena de a decisão ser considerada *ultra* ou *extra petita*, em afronta ao princípio da adstrição (arts. 128 e 460 do CPC/1973). Na hipótese dos autos, constata-se da inicial que não houve formulação de pedido de condenação da Reclamada ao pagamento de indenização por "*dumping* social". Neste sentido, a jurisprudência desta Corte tem firmado entendimento no sentido de que o deferimento, de ofício, sem que tenha havido pedido na inicial, da indenização por *dumping* social (ou indenização por dano social) viola os princípios do devido processo legal e do contraditório e ampla defesa (art. 5º, LIV e LV, da CF/88), configurando manifesto julgamento *extra petita* (arts. 128 e 460 do CPC).[433]

Nesse eito, e para concluir, vale deixar destacada a impossibilidade de serem cumulados pedidos de dano moral coletivo genérico em conjunto com dano decorrente de *dumping* social, pois, ambos possuem o mesmo fato gerador, dano extrapatrimonial a interesses transindividuais.

Aliás, a jurisprudência do Tribunal Superior do Trabalho acabou por acompanhar essa posição de impossibilidade de pedidos cumulados de dano moral coletivo e *dumping* social expressada desde a primeira edição desse estudo. Vejamos:

Decisão: por unanimidade, conhecer do recurso de revista quanto aos temas "*DUMPING* SOCIAL. VIOLAÇÃO DE DIREITOS TRABALHISTAS. DANO MORAL COLETIVO. *BIS IN IDEM*.", por divergência jurisprudencial, e no mérito, dar-lhe provimento para excluir da condenação o pagamento da referida indenização; e "DANO MORAL COLETIVO. *QUANTUM* INDENIZATÓRIO", por ofensa ao art. 944 do CC e, no mérito, dar-lhe provimento para reduzir o valor da indenização por dano moral coletivo para R$ 100.000,00 (cem mil reais).[434]

Por fim, vale deixar mais uma vez ressaltado, como visto até aqui, que o instituto em apreço deve ser classificado como espécie de dano moral coletivo, ou uma das manifestações de dano social, quando tal violação tiver propósito direto de redução de patamar ilícito de direitos trabalhistas com o objetivo de alcançar indevido privilégio econômico sobre a concorrência mercadológica.

14. Prescrição e dano moral coletivo

Prescrição é instituto de direito material cuja principal função é a consolidação das relações jurídicas, sancionando aquele que não busca a proteção tempestiva de seu direito.

Também poderá premiar pela aquisição de propriedade mobiliária ou imobiliária em razão de prolongado uso pacífico. Esta modalidade é conhecida como prescrição aquisitiva.

---

(433) Tribunal Superior do Trabalho. 2ª Turma. RR 1735-92.2013.5.15.0156. Relª. Minª. Maria Helena Mallmann. DJ 27.09.2019.

(434) RR – 11302-58.2014.5.18.0018. Tribunal Superior do Trabalho. 4ª Turma. Rel. Min. Guilherme Augusto Caputo. Julgado 26.6.2019 (acórdão ainda não publicado). Acesso página virtual do TST em 15.8.2019.

O nosso interesse aqui volta-se apenas à chamada prescrição extintiva. Nesta há reconhecimento daquela venha parêmia de que o direito não deverá socorrer aos que dormem...

A prescrição é regida pelo princípio da *actio nata*, pelo qual se entende que o marco inicial da contagem se dá quando o titular do direito violado toma conhecimento do fato e da extensão de suas consequências.

Significa a perda da pretensão ou da exigibilidade judicial de um direito pela inércia após certo lapso temporal.

Violado um direito, nascerá ao titular o direito de vindicá-lo, observando determinado prazo legal (art. 189 do Código Civil).

Está associada também classicamente à violação de direitos patrimoniais.

Já bem sabido e sedimentado que a regras de prescrição estabelecidas pelo Código Civil aplicam-se à prescrição no mundo do trabalho.

O prazo prescricional geral trabalhista para trabalhadores urbanos e rurais, devidamente unificado pela Emenda Constitucional n. 28.2000, tem a seguinte redação no art. 7º, XXIX, *"a"*, do Texto Constitucional de 1988, verbis:

> XXIX – ação, quanto aos créditos resultantes das relações de trabalho, com prazo prescricional de cinco anos para os trabalhadores urbanos e rurais, até o limite de dois anos após a extinção do contrato de trabalho;

O velho art. 11 da CLT que vinha se contrapondo ao texto constitucional acabou sendo compatibilizado, com dez anos de atraso (em 1998), ao texto carta maior, por intermédio da Lei n. 9.658.

A jurisprudência criou distinção entre o que restou chamado de prescrição total e prescrição parcial.

Tratando-se de demanda que envolvesse pedido de prestação sucessiva (a se repetir no tempo) decorrente de alteração do pactuado, a prescrição seria total. Já quando o direito à parcela sucessiva também estivesse assegurado por preceito de lei, a prescrição seria sempre parcial. Exatamente conforme disposto na Súmula n. 294 do TST.

Portanto, quanto à parcela sem previsão legal expressa, a *actio nata* é deflagrada no instante da lesão e da consequente pretensão surgida, sendo hipótese de prescrição total, portanto consumando-se no prazo quinquenal subsequente.

Já em relação à parcela prevista também em texto de lei, a *actio nata* se renova a cada violação desse direito, tornando-se desse modo a prescrição sempre parcial.

Essa distinção entre prescrição parcial e total era apenas uma construção jurisprudencial, porém passou ter previsão legal por intermédio da Lei n. 13.467.2017, que acabou por inserir o parágrafo segundo no art. 11 da CLT, cuja redação é a seguinte:

> § 2º Tratando-se de pretensão que envolva pedido de prestações sucessivas decorrente de alteração ou descumprimento do pactuado, a prescrição é total, exceto quando o direito à parcela esteja também assegurado por preceito de lei.

A prescrição envolvendo pedido de danos morais foi objeto de ampla controvérsia judicial desde a edição da Constituição de 1988 em razão do conflito de prazos envolvendo o Código Civil de 2002 e a Carta Maior.

Em 2010, a SDI do Tribunal Superior do Tribunal, no acórdão paradigma TST-E-ED-RR-51700-59.2000.5.02.0446, criou regra estabelecendo que deverão prevalecer prazos prescricionais civilistas no tocante a fatos ocorridos antes de 31 de dezembro de 2004 (data de publicação da Emenda Constitucional n. 45, que reconheceu a competência da Justiça do Trabalho para julgar pedidos de indenização por dano moral decorrente da relação de trabalho, art. 114, VI), e, a partir da EC n. 45/2004 a regra prescricional geral trabalhista fixada na Carta Maior (art. 7, XXIX)

Especificamente em relação ao dano moral coletivo, há de ser adicionado argumento específico envolvendo as ações coletivas, qual seja, a necessária prevalência do específico microssistema legal atinente a essa modalidade de direitos transindividuais.

O STJ vem adotando entendimento da aplicação do prazo prescricional de cinco anos previsto no art. 21 da Lei da Ação Popular para as ações coletivas, não importando a modalidade de direito metaindividual defendido.

O argumento, processualmente correto, gira em torno da ideia da prevalência e do livre trânsito de dispositivos legais no microssistema da tutela coletiva, daí a incidência do prazo legal prescricional quinquenal da ação popular para todo e qualquer pedido veiculado em ações coletivas.

Vejamos o precedente jurisprudencial:

> AGRAVO REGIMENTAL NOS EMBARGOS DE DIVERGÊNCIA EM RECURSO ESPECIAL. PROCESSUAL CIVIL. SIMILITUDE FÁTICO-JURÍDICA E DISSÍDIO JURISPRUDENCIAL. CARACTERIZAÇÃO. AÇÃO CIVIL PÚBLICA, AÇÃO POPULAR E CÓDIGO DE DEFESA DO CONSUMIDOR. MICROSSISTEMA LEGAL. PROTEÇÃO COLETIVA DO CONSUMIDOR. PRAZO PRESCRICIONAL. LEI N. 7.347/85. CDC. OMISSÃO. APLICAÇÃO ANALÓGICA DA LEI N. 4.717/65. PRESCRIÇÃO QUINQUENAL. AGRAVO DESPROVIDO.
>
> 1. Acham-se caracterizadas a similitude fático-jurídica e a divergência jurisprudencial entre os arestos confrontados, pois ambos, buscando colmatar a lacuna existente na Lei n. 7.347/85, no que concerne ao prazo prescricional aplicável às ações civis públicas que visam à proteção coletiva de consumidores, alcançaram resultados distintos.
>
> 2. O aresto embargado considera que, diante da lacuna existente, tanto na Lei da Ação Civil Pública quanto no Código de Defesa do Consumidor, deve-se aplicar o prazo prescricional de dez anos disposto no art. 205 do Código Civil.

3. O aresto paradigma (REsp n. 1.070.896/SC, Relator Ministro LUIS FELIPE SALOMÃO) reputa que, em face do lapso existente na Lei da Ação Civil Pública, deve-se aplicar o prazo quinquenal previsto no art. 21 da Lei da Ação Popular (Lei n. 4.717/65), tendo em vista formarem um microssistema legal, juntamente com o Código de Defesa do Consumidor.

4. Deve prevalecer o entendimento esposado no aresto paradigma, pois esta Corte tem decidido que a Ação Civil Pública, a Ação Popular e o Código de Defesa do Consumidor compõem um microssistema de tutela dos direitos difusos, motivo pelo qual a supressão das lacunas legais deve ser buscada, inicialmente, dentro do próprio microssistema.

5. A ausência de previsão do prazo prescricional para a propositura da Ação Civil Pública, tanto no CDC quanto na Lei n. 7.347/85, torna imperiosa a aplicação do prazo quinquenal previsto no art. 21 da Lei da Ação Popular (Lei n. 4.717/65).[435] (grifo não consta do original)

O TST vem acompanhando tal posição. Vejamos:

RECURSO DE REVISTA INTERPOSTO PELO MINISTÉRIO PÚBLICO DO TRABALHO ANTES DA VIGÊNCIA DA LEI N. 13.015/2014. AÇÃO CIVIL PÚBLICA. DANO MORAL COLETIVO. PRESCRITIBILIDADE. Os direitos difusos e coletivos dos trabalhadores se submetem à prescrição quinquenal prevista no art. 21 da Lei n. 4.717/65 (Lei de Ação Popular), aplicável analogicamente à Ação Civil Pública. Precedentes do STJ. Como no caso o Ministério Público do Trabalho teve ciência dos fatos alegados em 27.6.2002, ajuizando, porém, a presente Ação Civil Pública somente em 2.10.2007, quando já escoado o aludido prazo prescricional, reputo adequada a declaração de extinção do efeito pelo eg. TRT, com resolução do mérito, na forma do art. 487, II, do NCPC. Recurso de revista conhecido e desprovido.[436]

Em decisão mais recente também foi seguida a mesma toada. Vejamos:

PRESCRIÇÃO. AÇÃO CIVIL PÚBLICA. DANO MORAL COLETIVO. FIXAÇÃO DO PRAZO PRESCRICIONAL DE 5 ANOS PREVISTO NA LEI DA AÇÃO POPULAR (4.717/65). O e. TRT consignou que diante da natureza dos direitos tutelados, a ação civil pública possui caráter de imprescritibilidade. Em que pesem tais considerações, certo é que esta Corte, na esteira do entendimento firmado pelo Superior Tribunal de Justiça, no que refere à existência de prazo prescricional para fins de proposição de ação civil pública, firmou entendimento sobre a adoção do prazo prescricional de 5 anos para a ação civil pública. Precedentes. Prejudicada a análise dos temas remanescentes. Recurso de revista conhecido e provido[437].

Especificamente em relação ao dano moral coletivo, o Tribunal Superior do Trabalho, em decisão também moderna, seguiu a mesma tendência, inclusive fazendo o necessário corte de regramentos legais distintos envolvendo o dano moral coletivo e o dano moral individual. Vejamos:

2. PRESCRIÇÃO. AÇÃO CIVIL PÚBLICA. TUTELA INIBITÓRIA E DANO MORAL COLETIVO. DANO MORAL INDIVIDUAL. 2.1. O sistema de tutela jurisdicional dos direitos

(435) Superior Tribunal de Justiça. Segunda Seção. AgRg nos EREsp n. 995.995/DF. Rel. Min. Raul Araújo. DJ 9.4.2015.

(436) Tribunal Superior do Trabalho. 6ª Turma. RR 94700-18.2007.5.05.0661. Rel. Min. Aloysio Corrêa da Veiga. DEJT 19.12.2016.

(437) Tribunal Superior do Trabalho. 5ª Turma. RR 353-89.2015.5.12.0055. Rel. Min. Breno Medeiros. DJ. 21.11.2018.

transindividuais encontra amparo no microssistema processual de tutela coletiva, dentro do qual está a ação civil pública, instituída pela Lei n. 7.347/85, o Código de Defesa do Consumidor e a ação popular prevista na Lei n. 4.717/65. 2.2. Na falta de disposição expressa na Lei n. 7.347/85, para as pretensões de tutela inibitória e de indenização por dano moral individual, incide o prazo prescricional de cinco anos, previsto no art. 21 da Lei n. 4.717/65 para a ação civil pública. Precedentes do TST e do STJ. 2.3. Para o caso de pedido de indenização por dano moral individual, entretanto, há de ser observada a regra posta no art. 7º, XXIX, da Constituição Federal, no sentido de que, decorridos mais de dois anos entre o fim dos contratos de trabalho firmados entre os empregados lesados e a empresa e o ajuizamento da presente demanda, incide a prescrição bienal. Recurso de revista conhecido e parcialmente provido[(438)].

Portanto, todas as modalidades de direitos coletivos em sentido amplo, inclusive o dano moral coletivo, estão sujeitos ao prazo quinquenal da ação popular.

Inobstante os prejuízos que poderão atingir os direitos metaindividuais laborais, a aplicação nas ações coletivas laborais do prazo de cinco anos de prescrição disposto expressamente na lei de regência da ação popular tem correta justificação processual.

(438) Tribunal Superior do Trabalho. 3ª Turma. ARR 10606-41.2015.5.15.0092. Rel. Min. Alberto Luiz Bresciani de Fontan Pereira. DJ 26.4.2019.

Capítulo 5

TEORIA GERAL DO PROCESSO LABORAL COLETIVO

1. À guisa de introito

Inobstante o presente trabalho não seja voltado à tutela processual, o instituto do dano moral coletivo viceja em ações coletivas, daí a necessidade de serem apresentados breves aspectos dessa modalidade procedimental para melhor compreensão do instituto objeto desse estudo.

Pretende-se, no item destacado, em brevíssimas pinceladas, pois não é objetivo do presente realizar amplo estudo processual da tutela coletiva(439), organizar cenário legislativo no qual essa modalidade jurisdicional, ou novo ramo do direito processual como defendido por alguns(440), encontra-se assentada, apresentar aspectos relacionados às peculiaridades legais do sistema das tutelas(441) coletivas, bem como os titulares dos instrumentos processuais aptos à instrumentalizar jurisdicionalmente tais pleitos.

As demandas de índole coletiva vêm ganhando cada vez mais importância por diversos motivos, dentre eles, consoante reiteradamente salientado pela doutrina, o sensível desafogamento dos tribunais pátrios, inquestionavelmente abarrotados de processos, alguns literalmente empilhados e paralisados por décadas, por conta da economia da atividade processual havida, pois possibilitam sensível redução de demandas (atomizadas) versando sobre pleitos individuais.

---

(439) Para se aprofundar no estudo do processo coletivo do trabalho cf. COSTA, Marcelo Freire Sampaio. *Curso de processo coletivo do trabalho*. Em consonância com a reforma trabalhista, *cit.*

(440) Neste sentido manifestou-se Gregório Assagra de Almeida: "é o ramo do direito processual que possui natureza de direito processual-constitucional-social, cujo conjunto de normas e princípios a ele pertinente visa a disciplinar a ação coletiva, o processo coletivo, a jurisdição coletiva, a defesa no processo coletivo e a coisa julgada coletiva". In: *Direito processual coletivo brasileiro:* um novo ramo do direito processual. São Paulo: Saraiva, 2003. p. 22. *Vide*, ainda, do mesmo autor e na mesma linha, *Codificação do direito processual coletivo.* Belo Horizonte: Del Rey, 2007.

(441) "... é correto dizer que o direito brasileiro possui legislação que, adequadamente interpretada, pode prestar uma série de tutelas — e não uma só, como alguém poderia supor ao ouvir falar em tutela coletiva." MARINONI, Luiz Guilherme. *Técnica processual e tutela de direitos.* São Paulo: Revista dos Tribunais, 2004. p. 102-103.

Certas contendas de índole coletiva conseguem a proeza de abarcar centenas e, talvez, milhares de possíveis situações potencialmente convertidas em demandas jurisdicionais singulares.

Ademais, em benefício da segurança jurídica, são reduzidas as possibilidades de acontecerem decisões contraditórias, espalhadas entre os diversos juízos das demandas individuais, tão recorrentes no direito quanto inquietantes aos leigos, algumas vezes gerando pesadelos até nos próprios operadores do direito.

2. A técnica da ponderação e o processo coletivo do trabalho

A técnica da ponderação e o processo coletivo são temas de estreita vinculação, inobstante a doutrina ainda não tenha percebido tal ligação, daí optar-se por apresentar neste capítulo breves pinceladas sobre esse assunto.

Essa técnica, consoante defendido com mais profundidade em estudo anterior[(442)], serve principalmente para auxiliar na resolução dos chamados casos difíceis (*hard cases*) ou duvidosos[(443)] e se realiza justamente quando existem boas razões argumentativas para ambas as partes do litígio. E o processo coletivo laboral deve ser considerado como caso difícil, pois foge muito da temática indenizatória corriqueira das ações individuais. Será frequente a aplicação da ponderação nessas ações.

E esse mecanismo usualmente também será aplicado para, primeiro, ser reconhecido ou não a procedência do dano moral coletivo, e, segundo, para a realização da quantificação desse dano.

Ao contrário do conhecido mecanismo de subsunção clássico que exige apenas o encaixar dos fatos à possível norma aplicável ao caso, a ponderação exige maior participação argumentativa do intérprete, pois a solução do conflito não se mostra pronta. Há de se construir argumentos para se alcançar a decisão.

Essa técnica pode ser classificada como mecanismo de solução de conflitos normativos, de valores, princípios e regras, envolvendo usualmente casos difíceis ou duvidosos — exatamente como o processo coletivo laboral com pedido de dano moral coletivo, não solucionáveis pelas formas hermenêuticas tradicionais positivistas, isto é, pela estrutura geral da simplificada e mecânica técnica clássica da subsunção.

Aliás, o TST vem com cada vez mais frequência aplicando a técnica da ponderação em caso de configuração de conflito de princípios. Vejamos um exemplo:

---

(442) COSTA, Marcelo Freire Sampaio. *Execução provisória laboral satisfativa*. São Paulo: LTr. 2013.

(443) Lenio Luiz Streck realiza crítica a essa nomenclatura que merece transcrição literal: "Distinguir casos simples de casos difíceis significa cindir o que não pode ser cindido: o compreender, com o qual sempre operamos, que é condição de possibilidade para a interpretação (portanto, da atribuição de sentido do que seja um caso simples ou um caso complexo). Afinal, como saber se estamos em face de um caso simples ou de um caso difícil? Já não seria um caso difícil decidir se um caso é fácil ou difícil?...". In: STRECK, Lenio Luiz. *Verdade e consenso:* constituição, hermenêutica e teorias discursivas..., p. 199.

B) AGRAVO DE INSTRUMENTO DO MINISTÉRIO PÚBLICO DO TRABALHO. RECURSO DE REVISTA. PROCESSO ANTERIOR À VIGÊNCIA DA LEI N. 13.467/2017. AÇÃO CIVIL PÚBLICA. MINISTÉRIO PÚBLICO DO TRABALHO. OBRIGAÇÃO DE NÃO FAZER: ABSTER-SE DA EXIGÊNCIA DE CONSULTA A CERTIDÕES DE ANTECEDENTES CRIMINAIS, PARA A CONTRATAÇÃO DO SEGURO DE TRANSPORTE DE CARGA, A BENEFICIAR OS MOTORISTAS DAS EMPRESAS TRANSPORTADORAS COM QUEM CONTRATA. PEDIDO INDEFERIDO. AUSÊNCIA DE PRÁTICA DISCRIMINATÓRIA. A Constituição da República consagra o princípio do amplo acesso a informações (art. 5º, XIV: "é assegurado a todos o acesso à informação...", CF), especialmente em se tratando de informações oficiais, prolatadas pelo Poder Público (art. 5º, XXXIII, e art. 5º, XXXIV, "*b*", CF). Por outro lado, também consagra a Constituição o princípio da proteção à privacidade (art. 5º, X, da CF) e o princípio da não discriminação (art. 3º, I e IV; art. 5º, *caput*; art. 7º, XXX, CF). Nessa contraposição de princípios constitucionais, a jurisprudência tem conferido efetividade ao princípio do amplo acesso a informações públicas oficiais nos casos em que sejam essenciais, imprescindíveis semelhantes informações para o regular e seguro exercício da atividade profissional, tal como ocorre com o trabalho de vigilância armada — regulado pela Lei n. 7.102 de 1982, art. 16, VI — e o trabalho doméstico, regulado pela Lei n. 5.859/72 (art. 2º, II). **Em tais casos delimitados, a ponderação de valores e princípios acentua o amplo acesso a informações, ao invés de seu contraponto principiológico também constitucional. Contudo, não se mostrando imprescindíveis e essenciais semelhantes informações, prevalecem os princípios constitucionais da proteção à privacidade e da não discriminação.**(444) (grifo não consta no original)

Carlos Roberto Husek define ponderação como "instrumento para aplicação dos princípios (uma técnica de decisão judicial). Ponderar significa uma difícil e complexa atividade mental de sentimentos em torno do que é razoável, visando a alcançar com essa razoabilidade o objetivo que se propôs a norma"(445).

Conceito similar também é constatado em Ana Paula de Barcellos. Vejamos: "De forma muito geral, a ponderação pode ser descrita como uma técnica de decisão própria para casos difíceis, em relação aos quais o raciocínio tradicional da subsunção não é adequado"(446).

Podem-se apontar quatro pressupostos(447) à ocorrência da técnica da ponderação: i) existência de pluralidade de direitos, igualmente válidos; ii) impossibilidade do exercício simultâneo e completo desses direitos; iii) presença de enunciados normativos (normas-regras, normas-princípios e valores), válidos e *a priori* colidentes;

---

(444) Tribunal Superior do Trabalho. 3ª Turma. AIRR 172400-13.2009.5.02.0070. Rel. Min. Mauricio Godinho Delgado. Publicação: 9.3.2018.

(445) HUSEK, Carlos Roberto. Ideias para uma interpretação do Art. 114 da Constituição Federal. In: COUTINHO, Grijalbo e FAVA, Marcos Neves (Orgs.). *Justiça do trabalho: competência ampliada.* São Paulo: LTr, 2005. p. 51.

(446) BARCELLOS, Ana Paula de. Alguns parâmetros normativos para a ponderação constitucional. In: BARROSO, Luís Roberto (Org.). *A nova interpretação constitucional:* ponderação, direitos fundamentais e relações privadas. 3. ed. Rio de Janeiro: Renovar, 2008. p. 55.

(447) Argumento inspirado em SEQUEIRA, Elza Vaz. *Dos pressupostos da colisão de direitos no direito civil.* Lisboa: Universidade Católica, 2004. p. 15-17 e, também, em trabalho anterior sobre esse assunto. COSTA, Marcelo Freire Sampaio Costa. *Eficácia dos direitos fundamentais nas relações entre particulares:* juízo de ponderação no processo do trabalho, *cit.*, p. 43.

iv) necessidade de solução de casos difíceis ou duvidosos, como, por exemplo, as ações coletivas trabalhistas.

No sítio da técnica ponderativa há razões opostas que, individualmente tomadas, constituem bons argumentos para decisões completamente diferentes. Como se houvesse duas boas estradas para se alcançar idêntico destino final. A escolha de uma delas precisa ser muito bem justificada.

Defende-se que a ponderação não pode mais ser considerada apenas método privativo de princípios(448), mas verdadeira técnica de decisão jurídica autônoma(449), aplicada também em ambientes diversos daqueles relacionados aos conflitos principiológicos(450), tais como a ocorrência de colisão entre quaisquer hipóteses normativas, inclusive regras. Neste caso a solução também será atribuir um peso maior a determinada regra colidente com outra.

Assim, sendo um caso difícil ou duvidoso em que o raciocínio da mera subsunção não se apresenta correto por conta da exigência de fundamentação das decisões jurisdicionais (art. 93, IX, da CF/88), além da obrigatoriedade em nosso sistema da adequada, útil e célere entrega da prestação jurisdicional (art. 5º, XXXV), exigirá a aplicação da ponderação para alcançar a resposta mais bem justificada pelo julgador.

Especificamente no processo coletivo laboral deve-se aplicar parâmetro específico e preferencial a incidir nos conflitos laborais coletivos, qual seja, **a proteção dos direitos fundamentais coletivos(451) dos hipossuficientes**.

Esse parâmetro não é nenhuma novidade. Trata-se de mero consectário do conhecido princípio protetivo da parte mais vulnerável do direito do trabalho(452). Este, nas palavras de Plá Rodriguez, serve justamente para "estabelecer um parâmetro preferencial ao trabalhador"(453).

Também reflete a importância do princípio da dignidade da pessoa humana (art, 1º, III, da Constituição de 1988), "verdadeiro superprincípio constitucional"(454), "estruturante, constitutivo e indicativo das ideias diretivas básicas de toda a ordem

(448) Conforme defendido em trabalho anterior, COSTA, Marcelo Freire Sampaio Costa. *Eficácia dos direitos fundamentais nas relações entre particulares:* juízo de ponderação no processo do trabalho, cit.

(449) No mesmo sentido ÁVILA, Humberto. *Teoria dos princípios:* da definição à aplicação dos princípios jurídicos, *cit.*, p. 44.

(450) Essa posição vinculadora da ponderação unicamente aos conflitos principiológicos sobeja no Tribunal Superior do Trabalho. Dentre dezenas de precedentes, temos o Proc. TST-RR-5500-35.2007.5.08.0008. 7ª Turma. Rela. Mina. Kátia Magalhães Arruda. DEJT. 10.12.2010 e Proc. TST-RR-24700-97.2005.5.09.0322. 8ª Turma. Rela. Mina. Dora Maria da Costa. DEJT. 24.11.2010.

(451) Posteriormente será apresentado o conceito de interesses coletivos, bem como as espécies desse gênero.

(452) Cf., no mesmo sentido, SOUTO MAIOR, Jorge Luiz. *Curso de direito do trabalho.* Teoria geral do direito do trabalho, *cit.*, p. 701.

(453) PLÁ RODRIGUEZ, Américo. *Princípios de direito do trabalho.* Tradução de Wagner D. Giglio. São Paulo: LTr, 1996. p. 28.

(454) PIOVESAN, Flávia; VIEIRA, Renato Stanziola. A força normativa dos princípios constitucionais fundamentais: a dignidade da pessoa humana. In: PIOVESAN, Flávia (Org.). *Temas de direitos humanos.* 2. ed. São Paulo: Max Limonad, 2003. p. 393.

constitucional"[455], como expressão de um movimento de superação do eixo de prevalência do valor patrimonial[456], típico da visão individualista-liberal, para a consagração da primazia dos valores existenciais à tutela da pessoa humana[457]. Em suma, na batalha, inclusive jurisdicional, entre o patrimônio e a dignidade do ser humano, vence esta última — sempre.

Portanto, nas "batalhas" coletivas laborais em que haja embate entre os interesses econômicos dos grupos patronais em detrimento da classe laboral (patrimônio *versus* dignidade da pessoa humana), deverão prevalecer os valores ínsitos à tutela daquela coletividade de seres humanos.

A defesa desse critério preferencial não acarreta, obviamente, a automática procedência de todos os pedidos (inclusive de dano moral coletivo) havidos em ação coletiva laboral, mas apenas significa a necessidade de o intérprete, ante a difícil contenda posta, construir sua fundamentação levando em consideração tal baliza preferencial (prevalência do valor humano), o que certamente ajudará na construção da argumentação voltada à solução do conflito jurisdicional.

Esse assunto tem forte relação com o instituto do dano moral coletivo, considerando que este instituto será sempre veiculado em ações coletivas trabalhistas em que se exigirá a aplicação da técnica aqui apresentada. Logo, a ponderação também passará por esse pedido.

3. Dos direitos que ultrapassam a esfera da individualidade. Breve panorama histórico pátrio

A emergência de conflitos que ultrapassam a esfera do indivíduo não se trata de fenômeno recente, nem muito menos exclusivo de países ditos de economia avançada[458]; apenas é um reflexo natural da evolução e consequente massificação das relações sociais[459] — consectário da chamada vida contemporânea.

---

(455) FACHIN, Edson. *Estatuto do patrimônio mínimo*. 2. ed. Rio de Janeiro: Renovar, 2006. p. 179.

(456) "A pessoa, e não o patrimônio, é o centro do sistema jurídico, de modo que se possibilite a mais ampla tutela da pessoa, em uma perspectiva solidarista que se afasta do individualismo que condena o homem à abstração". *Ibidem*, p. 48.

(457) TEPEDINO, Gustavo. *Direitos humanos e relações privadas:* temas de direito civil. Rio de Janeiro: Renovar, 1999. p. 04.

(458) Vejamos trecho doutrina de Ada Pellegrini Grinover em que tal ideia é desenvolvida com precisão: "É que, passando a examinar os conflitos emergentes, percebe-se que eles também defluem da transformação da sociedade, de individualista que era, em sociedade de massa. E se é verdade que tais conflitos são próprios da civilização pós-industrial, desenvolvidos sobretudo em países de economia avançada, não se pode desconhecer especial importância de que sua solução se reveste nos países em desenvolvimento, por significar não apenas a institucionalização de novas formas de participação na administração da Justiça e de gestão racional dos interesses públicos e privados, mas por assumir também relevante papel promocional de conscientização política. É como se a exigência de solução de novos conflitos tivesse duas almas: uma, adequada às sociedades mais avançadas; outra, mais necessária ainda aos países em desenvolvimento". In: GRINOVER, Ada Pellegrini. *Novas tendências do direito processual de acordo com a Constituição de 1988*. Rio de Janeiro: Forense Universitária, 1990. p. 50.

(459) "O surgimento da sociedade de massas, pelo contrário, indica apenas que os vários grupos sociais foram absorvidos por uma sociedade única, tal como as unidades familiares antes deles; com o

O meio ambiente, o patrimônio histórico material e imaterial, a proteção da moralidade administrativa, as relações de consumo, o trabalho exercido por uma coletividade e tantos outros direitos desbordantes do indivíduo que acompanham, como dito, a progressiva e natural marcha da sociedade, são chamados metaindividuais, coletivos em sentido lato ou transindividuais[(460)], estando situados em uma zona limítrofe entre as esferas do interesse público e do privado[(461)]. Esses interesses ou direitos são instrumentalizados pelas chamadas ações coletivas ou ações de classe (*class actions*)[(462)].

A doutrina aponta como origem moderna das ações coletivas o chamado *Bill of Peace*, da *Chancery Court* britânica, do sec. XVII, que passou a permitir "as ações representativas (*representative actions*), nas quais um ou alguns dos membros do grupo pudessem representar em juízo o interesse de todos os demais similarmente situados"[(463)], desde que demonstrasse ser o "adequado representante"[(464)] desses interesses, como se todos os integrantes de grupo estivessem presentes e com participação ativa no processo.

Apesar desse antecedente remoto do direito inglês, parece ser inegável afirmar que a consolidação das ações coletivas ocorreu nos Estados Unidos da América do Norte[(465)].

O modelo pátrio é bastante diferente da realidade das *class actions* britânica e estadunidense. Há vários aspectos ressaltando as diferenças desses paradigmas. Talvez a mais impactante seja a característica de as *class actions*, além de poderem ser manejadas por qualquer pessoa física desde que defenda seu próprio interesse e

---

surgimento da sociedade de massas o domínio do social atingiu finalmente, após séculos de desenvolvimento, o ponto em que abrange e controla, igualmente e com igual força, todos os membros de uma determinada comunidade". In: ARENDT, Hannah. *A condição humana*. Tradução: Roberto Raposo. 11. ed. Rio de Janeiro: Forense Universitária, 2010. p. 50

(460) Não se fará distinção, ao longo desse trabalho, das expressões "coletivo", "metaindividual" ou "transindividual", porque todas significarão a transcendência da titularidade individual das pretensões referidas, conforme ampla doutrina, como, por exemplo, MAZZILLI, Hugo Nigro. *A defesa dos interesses difusos em juízo*. 11. ed. São Paulo: Saraiva, 1999. p. 39 e VENTURI, Elton. *Processo civil coletivo*: a tutela jurisdicional dos direitos difusos, coletivos e individuais homogêneos. São Paulo: Malheiros, 2007. p. 43.

(461) Nesse sentido, MAZZILLI, Hugo Nigro. *A defesa dos interesses difusos em juízo*. 11. ed. São Paulo: Saraiva, 1999. p. 40.

(462) Há interessante trabalho de José Rogério Cruz e Tucci construindo breve, porém relevante, panorama acerca da *class actions* surgidas no direito Inglês. In: TUCCI, José Rogério Cruz. Class action *e mandado de segurança coletivo*. São Paulo: Saraiva, 1990.

(463) GIDI, Antonio. *A class action como instrumento de tutela coletiva dos direitos:* as ações coletivas em uma perspectiva comparada. São Paulo: Revista dos Tribunais, 2007. p. 42

(464) GRINOVER, Ada Pellegrini. *Novas tendências do direito processual de acordo com a Constituição de 1988, cit.*, p. 138.

(465) No mesmo sentido, ALVIM, Arruda. Ação civil pública — sua evolução normativa significou crescimento em prol da proteção às situações coletivas. In: MILARÉ, Edis (Org.). *A ação civil pública após 20 anos:* efetividade e desafios. São Paulo: Ed. Revista dos Tribunais, 2005. p. 75.

represente adequadamente a coletividade dos empenhados[466], terem a prerrogativa de substituir a tutela individual, sendo a coisa julgada coletiva desse modelo apta a impedir a "propositura de ações individuais por parte dos membros do grupo (salvo eventual possibilidade de autoexclusão"[467]).

No cenário pátrio o indivíduo não pode apresentar ação coletiva e a coisa julgada coletiva não pode prejudicar os direitos individuais dos membros do grupo, pois aqui terá extensão *erga omnes* ou *ultra partes*, efeitos (*secundum eventum litis*) aplicados apenas para beneficiar (*in utilibus*) eventuais titulares na "interface com as ações individuais"[468] (§ 3º art. 103, e art. 104, ambos da Lei n. 8.078/1990[469]). Em simples palavras, no sistema nacional ordinariamente os pedidos veiculados em demandas individuais não são prejudicados pela improcedência de similares pleitos em ações coletivas, nem muito menos os pedidos destas impedem a veiculação daquelas.

Quando se trata de tutela de interesse transindividual (transcende a esfera privada do indivíduo, não pertencendo a uma só pessoa), têm como característica essencial a ordinária ausência de coincidência entre o autor da demanda jurisdicional e o titular do direito material. Os interesses metaindividuais são "dessubstantivados"[470].

Na verdade, o importante será a relevância social do interesse buscado e o fato de ser o legitimado o adequado representante dos direitos em causa, pois essas ações, como visto, são classificadas como representativas, porque há uma parcela do grupo, ou até mesmo um indivíduo singularmente (no caso das *class actions*), conduzindo singularmente a pretensão dos demais membros daquele universo.

No cenário pátrio, a par da importância conferida a esses valores transindividuais, não havia "instrumentos processuais adequados"[471] à defesa desses interesses em juízo, impossibilitando-os de se tornarem "verdadeiramente operativos"[472]. A Lei da Ação Popular (n. 4.717/65) foi o primeiro diploma normativo voltado à proteção

(466) "O individualismo presente na cultura americana só admitiria que alguém representasse os interesses de outrem se, fazendo isso, estivesse também protegendo seus próprios interesses. A confiança na atuação do representante é ainda mais sólida quando, somente protegendo os interesses de todos os membros do grupo, o indivíduo conseguir satisfazer os seus próprios interesses. Isso é considerado um instituto egoístico 'natural' ao homem". In: GIDI, Antonio. *A* class action *como instrumento de tutela coletiva dos direitos:* as ações coletivas em uma perspectiva comparada, *cit.*, p. 94.

(467) *Ibidem*, p. 73.

(468) MANCUSO, Rodolfo de Camargo. *Jurisdição coletiva e coisa julgada*: teoria geral das ações coletivas. 2. ed. São Paulo: Ed. Revista dos Tribunais, 2007. p. 74.

(469) Sobre esse assunto *vide*, com mais minudência, DIDIER JR, Fredie; ZANETI JÚNIOR, Hermes. *Curso de direito processual civil:* processo coletivo. Salvador: Jus Podivm, 2007. v. 4, p. 342-347.

(470) MANCUSO, Rodolfo de Camargo. *Jurisdição coletiva e coisa julgada...*, p. 106.

(471) VIGLIAR, José Marcelo Menezes. *Tutela jurisdicional coletiva.* 3. ed. São Paulo: Atlas, 2001. p. 19.

(472) MOREIRA, José Carlos Barbosa. A proteção jurídica dos interesses coletivos. In: ______ *Temas de direito processual civil.* 3. série. São Paulo: Saraiva, 1984. p. 176.

dos direitos que desbordam a esfera da individualidade, neste caso o patrimônio público, material e imaterial (artístico, estético, histórico ou turístico)[(473)], do Estado.

A Lei n. 7.347/1985, de regência da ação civil pública, apesar de não ter sido a primeira a apresentar disciplina voltada à defesa de interesses metaindividuais, foi a partir desta que a tutela coletiva ganhou real sistematização. Representou marco na implementação do processo coletivo.

Merece destacada relevância a edição da Carta Constitucional de 1988 porque, a par de consagrar conquistas jurídicas, sociais e políticas inquestionáveis, além de estampar "um projeto de Estado de bem-estar social"[(474)], também representou o caminho da consolidação da tutela coletiva. Os objetivos da República Federativa do Brasil (art. 3º, I) o valor da solidariedade, (isto é, a consciência racional da existência de interesse sociais em comum), o reconhecimento da tutela jurídica coletiva na teoria dos direitos e garantias fundamentais (Título II, Capítulo I), além da consagração expressa do cabimento de ação civil pública à defesa do meio ambiente, patrimônio público e social e de outros interesses difusos e coletivos (art. 129, III), ratificam tal posição.

O ápice da tutela coletiva foi alcançado com a edição da Lei n. 8.078/1990, o Código de Defesa do Consumidor. O art. 81, parágrafo único e incisos, classifica as modalidades de direitos coletivos em sentido lato.

O CDC também, ao alterar a redação do art. 21[(475)] da Lei da Ação Civil Pública, acabou por criar verdadeiro microssistema processual para as ações coletivas, formado pela reunião de vários diplomas, a começar pelo Texto Maior, passando pelas Leis da ACP e CDC, além de todos os diplomas legislativos inerentes ao direito coletivo, tornando-se o CPC residual ao processo civil coletivo; e, quanto ao processo coletivo do trabalho, tem-se o CPC e a CLT como residuais.

Os direitos metaindividuais já foram classificados no início desse trabalho, considerando a utilidade desses conceitos para a compreensão do instituto do dano moral coletivo, objeto principal do presente estudo.

Por ora, basta deixar novamente delimitado que os direitos difusos, coletivos em sentido estrito e individuais homogêneos são espécie do gênero coletivo em sentido lato[(476)], ou transindividuais, ou metaindividuais (art. 82 do CDC).

(473) A proteção ao patrimônio imaterial aconteceu posteriormente com a edição da Lei n. 6.513/1977, que alterou o parágrafo primeiro do art. 1º da lei de regência da ação popular, nos seguintes termos: "Consideram-se patrimônio público para os fins referidos neste artigo, os bens e direitos de valor econômico, artístico, estético, histórico ou turístico".

(474) Desenvolve essa ideia com mais profundidade DELGADO, Mauricio Godinho. Efetividade da justiça nas relações individuais e coletivas de trabalho. *Revista LTr*, São Paulo, ano 74, n. 6, p. 650, jun. 2010.

(475) Art. 21. Aplicam-se à defesa dos direitos e interesses difusos, coletivos e individuais, no que for cabível, os dispositivos do Título III da lei que instituiu o Código de Defesa do Consumidor

(476) Nesse mesmo sentido assentaram, dentre tantos, DIDIER JR., Fredie; ZANETI JÚNIOR, Hermes, *cit.*, p. 73; MANCUSO, Rodolfo de Camargo. *Op. cit.*, p. 33.

A jurisprudência do Tribunal Superior do Trabalho também ratifica esse posicionamento, senão vejamos:

> "A defesa dos direitos individuais homogêneos, que são aqueles que decorrem de origem comum, pode ser feita a título coletivo, devendo ser registrado que o STF, no RE n. 163.231-SP, considerou que os direitos individuais homogêneos são uma espécie de direito coletivo, porque são relativos a grupos, categorias ou classes de pessoas, que conquanto digam respeito às pessoas isoladamente, não se classificam como direitos individuais para o fim de ser vedada a sua defesa em ação civil pública, porque sua concepção finalística destina-se à proteção desses grupos, categorias ou classe de pessoas"[(477)]

No próximo item serão apresentados os efeitos práticos ao processo coletivo laboral dessa distinção.

4. Efeitos práticos da distinção entre essas três modalidades de direitos

Inobstante o esforço do Código de Defesa do Consumidor em distinguir direitos difusos e coletivos em sentido estrito, tal separação não tem nenhuma eficácia prática, continua importe apenas no plano acadêmico[(478)], pois ambos são transindividuais e o trâmite processual não mudará se for difuso ao invés de coletivo em sentido estrito.

Esse mesmo argumento não pode ser utilizado para os direitos individuais homogêneos, por pelo menos três motivos:

1. A questão da legitimidade do Ministério Público em relação aos individuais homogêneos terá tratamento distinto, em relação aos difusos e coletivos em sentido estrito, conforme será apresentado oportunamente;

2. A liquidação e execução dos individuais homogêneos é completamente diferente em relação aos transindividuais citados, pois naqueles haverão substituídos beneficiários com quinhões específicos, a depender da situação fática de cada um, e nos difusos e coletivos em sentido estrito a coletiva ou comunidade será beneficiada igualitariamente;

3. Nos direitos individuais homogêneos é admissível o ingresso, como assistente litisconsorcial, de qualquer beneficiário direto, o que não se admite nos difusos e coletivos[(479)].

4. Nos direitos individuais homogêneos o pedido de dano moral poderá ter índole individual, com quinhão de indenização revertido diretamente para cada substituído.

5. Poderá haver cumulação de pedido de dano moral individual e coletivo numa mesma ação coletiva.

---

(477) RR – 35600-77.2002.5.01.0481. Tribunal Superior do Trabalho. 5ª Turma. Rela. Mina. Kátia Magalhães Arruda. DEJT 11.2.2011.

(478) ZAVASCKI, Teori Albino. *Processo coletivo:* tutela de direitos coletivos e tutela coletiva de direitos. 2. ed. São Paulo: Revista dos Tribunais, 2007.

(479) NEVES, Daniel Amorim Assumpção. *Manual de processo coletivo*, *cit.*, p. 127.

5. A jurisdição coletiva laboral

Na processualística civil, a doutrina qualifica de jurisdição civil coletiva(480) o método integrado de acesso coletivo à justiça, com a reunião de normas constitucionais (art. 5º, XXXV, 129, III, por exemplo), Lei n. 7.347/1985 (Lei da Ação Civil Pública), a parte processual da Lei n. 8.078/1990 (Código de Defesa do Consumidor), e, subsidiariamente, a incidência do livro processual civil(481). Portanto, são dois ramos compondo a ordem processual civil: 1 – a tutela jurisdicional individual regida pelo CPC; 2 – a tutela jurisdicional coletiva regida pelos diplomas legais já citados, com aplicação subsidiária da lei processual civil.

Trata-se de microssistema, composto por conjunto de leis processuais diferenciadas (portanto, é espécie de tutela jurisdicional diferenciada), distintas das aplicáveis no âmbito da tutela jurisdicional individual. Institutos clássicos do processo civil, como legitimidade competência, conexão, continência, coisa julgado, e outros, recebem nesse ambiente tratamento diferenciado. Esse mesmo raciocínio é aplicado ao processo do trabalho.

No processo do trabalho é possível apontar três subsistemas, distintos e trifurcados, componentes da jurisdição trabalhista. Vejamos:

1. O primeiro é utilizado nos conflitos individuais clássicos (ações individuais ou plúrimas), sendo o processamento de tais litígios regulados pelo texto celetista, e, por subsidiariedade pelo Código de Processo Civil.

2. O segundo é chamado pela doutrina de jurisdição trabalhista normativa, pois voltado aos dissídios coletivos, em que se busca, por intermédio do Poder Normativo da Justiça do Trabalho, a criação de novas condições de trabalho por meio de cláusulas gerais aplicáveis às categorias econômicas e profissionais.

3. O terceiro é chamado por alguns de jurisdição trabalhista metaindividual, sendo operacionalizado pela *aplicação* sistemática das normas da Carta Maior, leis do Ministério Público da União (Lei Complementar n. 75/1993) e dos Estados, Lei da Ação Civil Pública, parte processual do Código de Defesa do Consumidor, e, subsidiariamente, o Código de Processo Civil e o Texto Celetista, nesta ordem.

---

(480) Nesse sentido, dentre tantos outros, ABELHA, Marcelo. *Ação civil pública e meio ambiente*. 2. ed. Rio de Janeiro: Forense Universitária. 2004. p. 33. Celso Pacheco Fiorillo também utiliza a expressão "jurisdição civil coletiva", contudo, restringe, equivocadamente, a composição desse novel sistema a dois diplomas legais: o CDC e a Lei da ACP, esquecendo a participação do texto celetista, na composição da jurisdição coletiva laboral. In: FIORILLO, Celso Pacheco. *Curso de direito ambiental*. 5. ed. São Paulo: Saraiva, 2005. p. 312.

(481) Em obediência a essa mesma sistemática, tem-se, dentre tantos outros, VENTURI, Elton. *Execução da tutela coletiva*. São Paulo: Malheiros, 2000. p. 41.

A CLT foi concebida para resolver conflitos individuais clássicas e dissídios coletivos, daí a razão da aplicação restrita[(482)] para solução dessa modalidade de conflitos coletivos. Portanto, esse texto será invocado apenas quando houver necessidade de adaptação da jurisdição coletiva às peculiaridades do rito processual trabalhista ordinário (regras de rito), cuja tônica é a busca da simplicidade, prevalência da oralidade sobre a forma escrita e concentração de atos praticados em audiência.

6. Perspectiva para o cenário legislativo da tutela coletiva

Há quatro anteprojetos de Código de Processo Civil Coletivo publicados no Brasil nos últimos anos. Não há a intenção de comentá-los, *de per si*, no presente item. O objetivo singelo é apenas situá-los cronologicamente, senão vejamos.

O primeiro deles foi o Código de Processo Civil Coletivo de autoria de *Antonio Gidi*[(483)]. O próprio autor esclarece que tal projeto foi iniciado em 1993 e terminado em 2002[(484)].

O segundo foi o Código Modelo de Processos Coletivos do Instituto Ibero-Americano de Direito Processual (*Anteproyecto de Código Modelo*[(485)] *de Procesos Colectivos para Iberoamérica*[(486)]), cuja proposta de formulação foi apresentada inicialmente por Antonio Gidi em seminário internacional de processo realizado em Roma — no ano de 2002. Foram designados como relatores *Ada Pellegrini Grinover*, *Kazuo Watanabe* e *Antonio Gidi*, aprovado nas Jornadas do Instituto Ibero-Americano de Direito Processual, na Venezuela, em outubro de 2004[(487)].

O terceiro foi o Código Brasileiro de Processos Coletivos da Universidade de São Paulo, cuja elaboração foi capitaneada por Ada Pellegrini Grinover (conhecido como Anteprojeto USP).

---

(482) Em sentido próximo MELO, Raimundo Simão de. *Ação civil pública na Justiça do Trabalho*. 3. ed. São Paulo: LTr, 2008. p. 42.

(483) GIDI, Antônio. Código de Processo Civil Coletivo: um modelo para países de direito escrito, cit.

(484) Id. *Rumo a um Código de Processo Coletivo*: a codificação das ações coletivas no Brasil. Rio de Janeiro: Forense, 2008. p. 1.

(485) Tais códigos-modelos servem como espécie de inspiração para reformas legislativas de países com culturas jurídicas próximas.

(486) "Consta da exposição de motivos que o modelo foi inspirado no que já existe nos países da comunidade ibero-americana, com a complementação, o aperfeiçoamento e a harmonização das regras existentes, de forma a se formular uma proposta que fosse útil a todos. Consta, ainda, que, apesar de terem sido analisadas a sistemática norte-americana das *class actions* e a brasileira das ações coletivas, o Código-Modelo constitui-se em um modelo de sistema original que se afasta daqueles para se adequar à realidade dos diversos países ibero-americanos." ALMEIDA, Gregório Assagra de. *Codificação do direito...*, p. 86.

(487) A finalidade, segundo uma das coautoras desse diploma, será "servir não só como repositório de princípios, mas também como modelo concreto para inspirar as reformas, de modo a tornar mais homogênea a defesa dos interesses e direitos transindividuais em países de cultura jurídica comum". GRINOVER, Ada Pellegrini. Rumo a um Código Brasileiro de Processos Coletivos. In: MILARÉ, Edis (Org.). *A ação civil pública após 20 anos:* efetividade e desafios. São Paulo: Ed. Revista dos Tribunais, 2005. p. 14.

O quarto foi o Código Brasileiro de Processos Coletivos da UERJ/UNESA, comandado por Aluísio Gonçalves de Castro Mendes (conhecido por Anteprojeto UERJ/UNESA).

Vale citar a rejeição parlamentar do Projeto de Lei n. 5.139/2009, encaminhado pelo Poder Executivo ao Congresso Nacional, cuja ideia inicial era a elaboração de Código de Processo Civil Coletivo, e depois sofreu readaptação para disciplinar a "ação civil pública para a tutela de interesses difusos, coletivos ou individuais homogêneos".

Por fim, destaca-se projeto de lei, elaborado no seio do Tribunal Superior do Trabalho, visando a reforma da execução trabalhista. Neste, há singular artigo propondo o cumprimento em "ações autônomas, individuais ou plúrimas", de "condenações genéricas impostas em sentenças coletivas de direitos individuais homogêneos"(488). Portanto, um único dispositivo para dispor sobre o processo coletivo laboral.

7. Da ação civil pública, ação civil coletiva ou simplesmente ação coletiva. Questão de nomenclatura

Esse item objetiva apreciar a questão da utilização, indistinta ou não, das nomenclaturas "ação civil pública", "ação civil coletiva"(489) ou ação coletiva.

Para tanto se começa com breve incursão histórica na gênese da Lei da Ação Civil Pública. Esse diploma foi concebido originariamente à proteção de direitos difusos e coletivos elencados, em *numerus clausus*, no art. 1º.

Posteriormente a Lei n. 8.078/1990 (Código de Defesa do Consumidor) alargou a proteção a esses bens que antes eram exemplificados, pois inseriu mais um inciso (norma de encerramento), no artigo primeiro da Lei da Ação Civil Pública, dispondo acerca da proteção a "qualquer outro interesse difuso e coletivo".

Além disso, o CDC reconheceu expressamente, como já citado, nova categoria chamada de direitos individuais homogêneos, firmou sistema de integração entre a Lei da ACP e o CDC (art. 21 da Lei da ACP e art. 90 do CDC), nomeou como ações coletivas ("de que trata este Código" — art. 87), bem como criou a figura da ação civil coletiva à defesa de direitos individuais homogêneos (art. 91).

---

(488) Veja-se a íntegra da hipótese normativa: "Art. 887-A. As condenações genéricas impostas em sentenças coletivas de direitos individuais homogêneos serão cumpridas em ações autônomas, individuais ou plúrimas; § 1º O juiz definirá o número de integrantes de cada grupo, os quais devem demonstrar a adequação de seu caso concreto ao conteúdo da sentença; § 2º A controvérsia de natureza jurídica comum às ações autônomas será decidida em um só feito, com o sobrestamento dos demais. O julgamento definitivo será estendido a todas as partes alcançadas pela sentença condenatória.

(489) Deixa-se de desenvolver, por já ser demais conhecida, e também pelo fato de a expressão ação civil pública ter sido consagrada nos diversos diplomas legais que tratam desse assunto, a crítica antes feita por parte da doutrina acerca da ação adjetivada como pública. Acerca do assunto *vide* MANCUSO, Rodolfo de Camargo. *Ação civil pública*. 9. ed. São Paulo: Ed. Revista dos Tribunais, 2004. p. 18.

A Lei Complementar n. 75/1993, que organiza o Ministério Público da União, alimenta essa divergência ao dispor, no art. 6º, inciso XII, que a ação civil coletiva servirá à tutela de interesses individuais homogêneos.

A questão ainda em voga diz sobre a possível utilização, de forma ampliada, da ação civil pública para a defesa também de direitos individuais homogêneos, considerando a criação legal de uma medida jurisdicional específica (ação civil coletiva) para essa modalidade de interesses.

No processo civil há linha doutrinal sustentando distinção bem clara entre a ação civil coletiva e ação civil pública. Esta seria "procedimento moldado à natureza dos direitos e interesses a que se destina tutelar: direitos transindividuais (difusos e coletivos)"(490). Já aquela serviria para a tutela dos direitos individuais homogêneos(491). Essa construção reflete a moldura legal citada antes.

Outra corrente discrepa da posição anterior, pois afirma a possibilidade de aviamento de ação coletiva para aventar pretensão deduzida em juízo "qualificável como difusa, coletiva ou individual homogênea"(492), pois não teria razão fragmentar direitos passíveis de concentração em única via jurisdicional.

Há uma linha minoritária que firmou distinção inovadora, pois reconhece que a ação civil pública pode abarcar os interesses difusos, coletivos em sentido estrito e individuais homogêneos desde que movida pelo Ministério Público. "Mas se tiver sido proposta por qualquer outro legitimado, mas correto denominá-la de ação coletiva"(493).

No processo do trabalho essa discussão também se faz presente.

Existe parcela da doutrina sustentando a distinção entre a defesa de direitos coletivos por intermédio de ação civil pública, e ação civil coletiva para a defesa de direitos individuais, via de consequência "seria imprópria a utilização de ação civil pública para a defesa de direitos individuais homogêneos"(494).

A posição que vem cada vez mais ganhando seguidores afirma ser correta chamar de ação coletiva(495) aquela apta a abranger a adequada defesa de direitos difusos, coletivos e individuais homogêneos, conforme solução encontrada pelo art. 87 do Código de Defesa do Consumidor.

Salienta-se, ainda, conforme dicção do art. 83 do Código de Defesa do Consumidor, a admissibilidade "para a defesa dos direitos e interesses protegidos por

(490) ZAVASCKI, Teori Albino. *Processo coletivo...*, p. 68.

(491) *Ibidem*, p. 166.

(492) VENTURI, Elton. *Processo civil coletivo:* a tutela jurisdicional dos direitos difusos, coletivos e individuais homogêneos, *cit.*, p. 231.

(493) MAZZILLI, Hugo Nigro. *Op. cit.*, p. 52.

(494) MARTINS FILHO, Ives Gandra da Silva. *Processo coletivo do trabalho.* São Paulo: LTr, 2003. p. 251.

(495) Dentre outros, *vide* FAVA, Marcos Neves. Ações coletivas no processo do trabalho. In: CHAVES, Luciano Athayde (Org.). *Curso de processo do trabalho.* São Paulo: LTr, 2009. p. 741.

este Código (interesses coletivos em sentido lato)", de toda e qualquer espécie de "ações capazes de propiciar a adequada e efetiva tutela" vindicada.

Alías, a Lei n. 7.913/1989 admitiu expressamente a tutela por intermédio de ação civil pública de direitos individuais homogêneos (apesar dessa nomenclatura somente ter surgido com o CDC) de grupo de investidores eventualmente lesados do mercado mobiliário.

A jurisprudência do Tribunal Superior do Trabalho vem tendendo a abraçar a tutela dos direitos difusos, coletivos e individuais homogêneos unicamente por intermédio de ação civil pública ou simplesmente ação coletiva. Vejamos:

> RECURSO DE REVISTA. AÇÃO CIVIL PÚBLICA. DIREITOS DIFUSOS, COLETIVOS E INDIVIDUAIS HOMOGÊNEOS. LEGITIMIDADE DO MINISTÉRIO PÚBLICO DO TRABALHO. TUTELA INIBITÓRIA. ADIMPLEMENTO DA LEGISLAÇÃO TRABALHISTA. O Ministério Público do Trabalho detém legitimidade para pleitear em ação civil pública tutela inibitória na defesa de direitos difusos, coletivos e individuais homogêneos, especialmente quando relacionados à dignidade da pessoa humana e aos valores sociais do trabalho (1º, III e IV, CF), nos exatos limites dos arts. 127 e 129, III e IX, da Constituição Federal, 6º, VII, alíneas *"a"* e *"d"* e 84 da Lei Complementar n. 75/93, 1º, IV, e 3º da Lei n. 7.347/85. Está qualificado o *-Parquet-* mesmo que se busque o adimplemento de elementares direitos trabalhistas — aqui residente a valia de sua atuação. Recurso de revista conhecido e provido[496].

> DIREITOS INDIVIDUAIS HOMOGÊNEOS. PAGAMENTO DE SALÁRIO ATÉ O QUINTO DIA ÚTIL DO MÊS SUBSEQUENTE, FÉRIAS, ABONO E VERBAS RESCISÓRIAS. 1. Diante de uma interpretação sistemática dos arts. 6º, VII, *"d"*, e 83, III, da Lei Complementar n. 75/1993, 127 e 129, III, da Constituição Federal, depreende-se que o Ministério Público detém legitimidade para ajuizar Ação Civil Pública, buscando defender interesses individuais indisponíveis, homogêneos, sociais, difusos e coletivos. 2. O STF e esta Corte possuem o entendimento pacífico de que ao Ministério Público do Trabalho é conferida legitimidade para o ajuizamento de Ação Civil Pública para a defesa de direitos individuais homogêneos dos trabalhadores. 3. No caso dos autos, verifica-se que a pretensão do *"Parquet"* tem como finalidade o pagamento de salário até o quinto dia útil do mês subsequente, férias, abono pecuniário (art. 143 da CLT) até dois dias antes do início do período do gozo e verbas rescisórias nos prazos estabelecidos nas alíneas *"a"* e *"c"* do art. 477 da CLT, direito assegurado legal e constitucionalmente. 4. Patente, portanto, a legitimidade do Ministério Público do Trabalho para o ajuizamento de Ação Civil Pública, porquanto se trata de direito social, que está sendo desrespeitado pela ora Embargada. Recurso de Embargos conhecido e provido.[497]

Essa posição jurisprudencial está correta. O motivo é muito simples. Não há razão para fragmentar tais pretensões. Podem ser concentradas em única via jurisdicional, ainda que após a fase de conhecimento tais pretensões devam ganhar caminhos diversos em sede executiva.

---

(496) RR – 3225000-05.2006.5.11.0008. Tribunal Superior do Trabalho. 3ª Turma. Rel. Min. Alberto Luiz Bresciani de Fontan Pereira. DEJT 3.9.2010.

(497) E-RR 734212-30.2001.5.23.5555. Tribunal Superior do Trabalho. Subseção I Especializada em Dissídios Individuais. Rela. Mina. Maria de Assis Calsing. DJET 18.6.2010.

Esse assunto está diretamente relacionado ao dano moral coletivo, pois a conjugação dos direitos difusos, coletivos em sentido estrito e individuais homogêneos, também significa a possibilidade da associação de pedidos de dano moral coletivo e dano moral individual, em uma mesma ação coletiva.

8. Legitimidade em ações coletivas e a posição diferenciada dos Ministérios Públicos

O presente será dividido em dois itens. Na primeira parte serão apresentados aspectos gerais sobre o tema. Na segunda, especificamente sobre a legitimidade em sede de ações coletivas e posição dos Ministérios Públicos nessas modalidades de demandas.

8.1. Espécies de legitimidade

A legitimidade para agir (*legitimatio ad causam*) é espécie de condição da ação prevista no art. 17 do CPC de 2015 ("Para postular em juízo é necessário ter interesse e legitimidade"), cuja apreciação antecede a análise de mérito.

A doutrina conceitua tal condição da ação como a titularidade ativa e passiva da ação. É a situação prevista em lei que permite a um determinado sujeito propor demanda judicial (autor) e a outro sujeito de resistir a tal pretensão (réu)[(498)].

Na legitimação ordinária, regra geral do Código de Processo Civil, a legitimação ativa é do titular do interesse veiculado na pretensão, e a passiva corresponde ao interesse de quem se opõe a essa pretensão. A característica dessa modalidade é a coincidência da titularidade processual com a da relação jurídica de direito material afirmada.

Na chamada legitimação extraordinária, ao contrário, admite-se, se houver autorização legal, pessoas figurando no processo em nome próprio, mas na defesa de direito alheio. Neste caso não há coincidência entre o que atua no processo e o titular da relação jurídica material. Exatamente como prevê o art. 18º do CPC de 2015 ("Ninguém poderá pleitear direito alheio em nome próprio, salvo quando autorizado pelo ordenamento jurídico").

Portanto, nessa modalidade, a parte que reside em juízo não é a mesma que se diz titular do direito material vindicado no processo. Esta é a substituída; a que figura no processo é a substituta, pois defende interesses alheios (dos substituídos) em nome próprio.

Inobstante a existência de divergência doutrinária[(499)], é superior a corrente que entende tratar-se a substituição processual e a legitimação extraordinária do mesmo fenômeno[(500)].

---

(498) Lição clássica de SANTOS, Moacir Amaral. *Primeiras linhas de direito processual civil.* vol. I. 5. ed. São Paulo: Saraiva, 1977. p. 146.

(499) Cf. discussão mais amplamente em ASSIS, Araken de. Substituição processual. *Revista Dialética de direito processual.* São Paulo, v. 9, p. 16, dez. 2003.

(500) No mesmo sentido SANTOS, Ronaldo Lima dos. *Sindicatos e ações coletivas.* São Paulo: LTr, 2003. p. 282, dentre tantos outros.

A substituição processual, por se caracterizar como a defesa em nome próprio (substituto) de determinado direito de terceiro ou de grupo determinado (um ou um grupo de substituídos), está diretamente vinculada aos direitos individuais homogêneos. Estes são caracterizados pela divisibilidade, por receberem tratamento processual coletivo em razão de relevância social casuisticamente demonstrada, e, principalmente, por serem levados a juízo por alguém, com autorização legal, visando à defesa de direitos definidos de um grupo determinado.

No período anterior à Constituição, o processo laboral aplicava o instituto da substituição processual com bastante frequência em pelo menos duas situações:

1. Ação trabalhista com pedido de adicional de periculosidade ou insalubridade em favor de grupo determinado de associados – defesa de direitos individuais homogêneos (art. 195, § 2º, CLT).

2. Ação de cumprimento voltado a pagamento de salários fixados em sentença normativa de grupo determinado de associados — defesa de direitos individuais homogêneos (art. 872, parágrafo único, CLT).

Com a vigência da Carta Magna, a substituição processual foi amplamente autorizada no art. 8º, III, que assegura ao sindicato o direito de defender, judicial e administrativamente, os direitos e interesses individuais ou coletivos da categoria.

Nos dois exemplos clássicos citados e no dispositivo constitucional em apreço, a substituição ou legitimação extraordinária para direitos individuais homogêneos será autônoma e concorrente.

Autônoma porque a parte que demandar em juízo atua com independência em relação ao titular do direito material.

Concorrente porque tanto o substituto como o substituído poderão instaurar o processo, separados ou em conjunto (litisconsórcio), inclusive podendo o substituído assumir posteriormente a condição de parte. Essa concorrência passou a ser prevista expressamente o novo Código de Processo Civil (Parágrafo único, art. 18). Vejamos:

> Havendo substituição processual, o substituído poderá intervir como assistente litisconsorcial.

A jurisprudência do Tribunal Superior do Trabalho vem reconhecendo amplamente a incidência da substituição processual ou legitimação extraordinária sindical voltada à defesa de direitos individuais homogêneos, senão vejamos:

> AGRAVO DE INSTRUMENTO EM RECURSO DE REVISTA. LEGITIMIDADE ATIVA. SINDICATO. SUBSTITUIÇÃO PROCESSUAL. FORNECIMENTO DE LAUDO TÉCNICO SOBRE CONDIÇÕES DO AMBIENTE DE TRABALHO. A decisão do Regional de reconhecer a legitimidade do sindicato para postular, como substituto processual, o fornecimento do Laudo Técnico de Condições Ambientais do Trabalho pela empresa reclamada está em consonância com a jurisprudência desta Corte, após pronunciamento do STF a respeito do art. 8º, III, da CF, por se tratar de ação que visa a tutela de direitos e interesses individuais

homogêneos, provenientes de causa comum, que atinge o universo dos trabalhadores substituídos. Agravo de instrumento conhecido e não provido.[501]

Ao contrário dos direitos individuais homogêneos, quando se trata de tutela de interesse transindividual (transcende a esfera privada do indivíduo, não pertencendo a uma só pessoa), abrangendo a categoria dos direitos difusos e coletivos em sentido estrito, têm-se como características essenciais a ausência de coincidência entre o autor da demanda jurisdicional e o titular do direito material vindicado, bem como a legitimação desse demandante não estar vinculada a esse direito material, exatamente o oposto da legitimação ordinária apreciada no início deste tópico.

Portanto, a legitimação ativa dos direitos difusos e coletivos em sentido estrito é nomeada pela majoritária doutrina como legitimação autônoma[502]. Trata-se de nomenclatura diversa porque nesta não se podem identificar os titulares individuais do direito, nem muito menos separar estes direitos em cotas, pois, repita-se, não se conhecem individualmente os titulares e os direitos são classificados como indivisíveis. Logo não poderá ser enquadrado nem como legitimação ordinária, nem muito menos extraordinária[503].

A questão da nomenclatura tem importância apenas acadêmica para a delimitação dos contornos do instituto da legitimidade.

O mais importante é a jurisprudência não fechar as portas das ações coletivas em razão de mera divergência sobre o nome correto.

O próximo item trabalhará os legitimados ativos e a posição dos Ministérios Públicos nas ações coletivas.

8.2. Dos legitimados ativos nas ações coletivas. Posição diferenciada dos Ministério Públicos

Nos regimes de tutela coletiva de diversos países, as soluções encontradas para a questão da legitimação ativa podem ser resumidas em três espécies de legitimados ativos: o cidadão (pessoa física), órgãos públicos e associações.

No Brasil o cidadão apenas desfruta de legitimidade ativa para propositura de ação popular, ao contrário do direito norte americano em que a pessoa física dispõe de amplos poderes para ajuizamento de ações coletivas, desde que também seja parte da controvérsia coletiva (*real part in interest*[504]).

(501) TST-AIRR-94540-03.2008.5.04.0332. Tribunal Superior do Trabalho. 8ª Turma. Rela. Mina. Dora Maria da Costa. Publicado. DJET 12.5.2010.

(502) O conceito dessa modalidade de legitimação ativa saiu originariamente da pena de NERY JUNIOR, Nelson. *Princípios do processo civil...*, p. 117.

(503) Enquadra tal legitimação como extraordinária, dentre outros, MAZZILLI, Hugo Nigro. *Op. cit.*, p. 46.

(504) Sobre o assunto, *vide* com grande proveito, GIDI, Antonio. *A class action...*, p. 90.

A legitimidade ativa para ação civil pública na sistemática pátria está dividida basicamente entre três grupos: Ministério Público, Estado em seu amplo sentido e as associações.

Pois bem.

O regime central em termos de legitimação para as ações coletivas está disposto no art. 5º da Lei da Ação Civil Pública (Lei n. 7.347/1985) e no art. 82 do conhecido Código de Defesa do Consumidor (Lei n. 8.078/1990).

Diz o *caput* do art. 5º da Lei da ACP: "Têm legitimidade para propor a ação principal e a ação cautelar: I – o Ministério Público; II – a Defensoria Pública; III – a União, os Estados, o Distrito Federal e os Municípios; IV – a autarquia, empresa pública, fundação ou sociedade de economia mista; V – a associação (...)".

Sendo a legitimação ofertada a vários entes, caracteriza-se como concorrente. Tendo em conta a possibilidade de qualquer dos entes citados atuarem em juízo sem necessariamente contar com a participação de outro habilitado, o que não afasta a hipótese de atuarem em litisconsórcio facultativo, conforme previsão do § 5º do art. 5º da Lei da ACP, diz-se também ser disjuntiva[(505)].

Vale lembrar que as "propostas de anteprojeto de Código Brasileiro de Processos Coletivos, seguindo a trilha do Código Modelo"[(506)] Ibero-americano, ampliaram sensivelmente o rol de legitimados à propositura de demandas coletivas, pois incluem a pessoa física dentre eles, desde que a jurisdição (controle *ope judicis*) reconheça a "representatividade adequada" destes.

A legitimidade para agir, inobstante a prerrogativa constitucional do acesso irrestrito de todos à jurisdição, impõe a existência "de um vínculo entre os sujeitos da demanda e a situação jurídica afirmada, que lhes autorize gerir o processo em que esta será discutida"[(507)]. Exige-se, dessa feita, vínculo de pertinência entre a posição processual havida nos autos e a situação de direito material legitimadora desse *status* afirmado.

No que pertine ao aqui chamado controle judicial da legitimação coletiva no direito brasileiro, possível apontar a existência de pelo menos três correntes antagônicas sobre o tema enfocado, com posições divergentes acerca da incidência ou não do chamado critério de representação adequada[(508)] *(adequacy of representation)*[(509)],

(505) Dentre outros, cf. MAZZILLI, Hugo Nigro. *Op. cit.*, p. 159.

(506) MENDES, Aluisio Gonçalves de Castro. *O anteprojeto...*, p. 23.

(507) DIDIER JÚNIOR, Fredie. *Pressupostos processuais e condições da ação:* o juízo de admissibilidade do processo. São Paulo: Saraiva, 2005. p. 228.

(508) "Os requisitos da representatividade adequada são verdadeiros pressupostos processuais, não se confundindo com condições da ação (legitimidade, interesse processual e possibilidade jurídica)." MAZZILLI, Hugo Nigro. *Op. cit.*, p. 151.

(509) A questão da representatividade adequada encontra previsão legal em sede de controle concentrado de constitucionalidade. Basta ver o disposto no parágrafo segundo do art. 7º da Lei n. 9.868/1999,

significando vínculo de pertinência entre os fins institucionais dos legitimados à propositura de demandas coletivas com o objeto litigioso destas. Será sustentado como mais correta uma das linhas de pensamento doutrinal em seguida apontadas.

A primeira corrente(510) sustenta a desnecessidade da verificação do pressuposto da pertinência temática aos legitimados por lei para aviarem demandas em defesa de interesses metaindividuais. Bastaria, então, a constatação pela jurisdição do singular texto legal em que consta o rol dos legitimados (controle meramente *ope legis*). Caso a jurisdição coletiva seja provocada por um deles, cairia por terra o joeiramento prévio decorrente da verificação em cada caso concreto da representação adequada e preenchimento positivo da pertinência temática.

Para afirmar a incorreção de tal corrente de pensamento, não chega a ser necessário citar diversos exemplos de pretensões coletivas dantescas como o faz corriqueiramente e de maneira adequada a mais autorizada doutrina quando trata de tal assunto; cite-se apenas um: associação de aposentados de um dado município questionando índice de majoração de proventos de servidores públicos federais além de pretender a inconstitucionalidade incidental do referido diploma legal. Basta dizer acerca da óbvia impossibilidade hermenêutica de interpretar texto legal de maneira singular e, pior, acriticamente, pois, como lição das mais comezinhas de mediação exegética, "interpretar uma norma é interpretar o sistema inteiro, pois qualquer exegese comete, direta ou obliquamente, uma aplicação da totalidade do direito, para além de sua dimensão textual"(511).

Inaceitável, por consequência, inferir que bastaria a simples verificação do juízo, em dado caso concreto, se determinado ente se encontra inscrito no rol dos legitimados ao aviamento de demandas coletivas, para reconhecer a legitimidade deste em suscitar toda e qualquer sorte (de objeto litigioso) de pretensão nessa seara, sendo tal possibilidade, como dito, advinda da leitura isolada de dispositivo legal.

A segunda, que difere completamente da anterior, entende pela aplicação em toda e qualquer demanda coletiva, não importando quem esteja compondo o polo ativo, do joeiramento prévio decorrente da apreciação preliminar da representação adequada, cujo critério principal para o preenchimento desta é a incidência da pertinência temática, caracterizando-se como a necessária adequação entre as características e os fins institucionais do ente integrante do polo ativo da demanda com o objeto litigioso ventilado. Tal esquadrinhamento dar-se-ia em dois momentos distintos. Primeiro seria verificada a existência de "autorização legal para que

---

que admite, em situações excepcionais, o ingresso de terceiros (processualização da figura do *amicus curiae)* no feito, desde que reste comprovada a adequação do liame havido entre os fins institucionais da entidade interveniente em comparação com o objeto da demanda firmada em sede de controle concentrado. Assim já decidiu monocraticamente o eminente Ministro Celso de Mello nos autos da ADIN n. 2321-7/DF.

(510) Tendo como defensores, dentre outros: NERY JÚNIOR, Nelson. *Código...*, p. 1.427; ALMEIDA, Gregório Assagra de. *Codificação do direito processual coletivo*. Belo Horizonte: Del Rey, 2007.

(511) FREITAS, Juarez. *A interpretação sistemática do direito*. 4. ed. São Paulo: Malheiros, 2004. p. 75.

determinado ente possa conduzir o processo coletivo. A seguir faz-se o controle *in concreto* da adequação da legitimidade"[512].

E, finalmente, a linha de pensamento que se entende como a mais correta, distinta das anteriores, adota postura intermediária no que diz acerca da perquirição da chamada representação adequada. Tal corrente não afasta o necessário joeiramento em cada caso concreto decorrente da verificação da efetiva pertinência temática a ser vislumbrada à vista do confronto dos fins institucionais dos legitimados ativos e o objeto litigioso ventilada nas ações coletivas aviadas, havendo apenas uma exceção acerca desse controle *in concreto* — o Ministério Público.

Antes de desenvolver a citada posição intermediária[513], não se vai gastar mais tinta desenvolvendo questão, já tão batida pela doutrina pátria, relativa às profundas mudanças acontecidas no Ministério Público após edição da Carta Maior. Primordialmente deixou essa instituição de ser mero apêndice (e em diversas ocasiões passadas apenas um joguete) do Poder Executivo, tornando-se "um órgão extrapoderes para controle dos poderes clássicos"[514].

O legislador constitucional, a par da conhecida lição hermenêutica pertinente ao perigo dos textos legais firmarem conceitos, andou bem ao definir o Ministério Público como "instituição permanente, essencial à função jurisdicional do Estado, incumbindo-lhe a defesa da ordem jurídica, do regime democrático e dos interesses sociais e individuais indisponíveis" (art. 127).

Assim, o Ministério Público, desgarrado dos outros poderes clássicos (aliás, quanto mais desgarrado melhor!), como dito, foi alçado à condição de ente voltado à promoção dos direitos humanos fundamentais, sendo vedada qualquer sorte de limitação infraconstitucional à missão constitucional a ele cometida. Essa moldura legal servirá, consoante se pretende demonstrar, à defesa da linha a seguir apresentada.

Nessa toada, não há de se falar em exame prévio da adequação da legitimidade quando o Ministério Público compuser polo ativo de demanda coletiva, pois, do perfil constitucional a ele atribuído, aflora a própria legitimidade ativa universal, não havendo de se falar em controle jurisdicional da chamada representação adequada. Tal representação, *a priori*, e por imposição constitucional, já se encontra preenchida.

Há, então, no tocante ao Ministério Público, e por força da moldura constitucional colada neste, verdadeira "presunção de legitimidade *ad causam* ativa pela afirmação de direito coletivo tutelável"[515], significando, via de consequência, apenas

(512) DIDIER JÚNIOR, Fredie. O controle jurisdicional da legitimação coletiva e as ações passivas. In: MAZZEI, Rodrigo; NOLASCO, Rita (Orgs.). *Processo civil coletivo*. São Paulo: Quartier Latin, 2005. p. 96-105.

(513) Defendida, dentre outros, por CASTILHO, Ricardo. *Acesso à justiça:* tutela coletiva de direitos pelo Ministério Público — uma nova visão. São Paulo: Atlas, 2006. p. 79.

(514) MARTINS FILHO, Ives Gandra da Silva. *Manual esquemático de direito e processo do trabalho*. 3. ed. São Paulo: Saraiva, 1992. p. 62.

(515) ALMEIDA, Gregório Assagra de. *Direito processual coletivo brasileiro..., cit.*, p. 65.

ser suficiente a mera "afirmação de direito ou interesse coletivo para presumir a legitimidade ativa"[516] desse ente. Claro que essa presunção de legitimidade não se encontra jungida à efetiva procedência da pretensão aviada.

Tanto é verdade a dita legitimidade universal do MP que os diplomas legais pertinentes à jurisdição coletiva dispõem expressamente (art. 9º da Lei da Ação Popular e parágrafo terceiro do art. 5º da Lei da ACP) a possibilidade da assunção da contenda, preferencialmente pelo *parquet*, quando o demandante originário desistir, abandonar ou for considerado ilegítimo[517].

Tal perquirição não é feita porque existe a irrefragável presunção da legitimidade universal do MP em razão do modelo constitucional e infraconstitucional em que se encontra calcado, conforme, como dito anteriormente, vem sendo defendida por parte da doutrina[518].

---

(516) ALMEIDA, Gregório Assagra de. *Direito processual coletivo brasileiro..., cit.*, p. 65.

(517) Disposições semelhantes encontram-se assentadas no anteprojeto do IBDP. Diz o parágrafo terceiro do art. 20 que o MP, caso demonstrada a ausência de representação adequada dos outros entes legitimados, poderá assumir, "querendo, a titularidade da ação". Já o parágrafo oitavo do mesmo artigo salienta a possibilidade de o juízo notificar o MP para, caso entender conveniente, que assuma a titularidade de demanda proposta em caso de "vício de legitimação, desistência infundada ou abandono de ação" do autor originário.

(518) Assim é a posição sustentada por José Marcelo Menezes Vigliar: "Quanto ao Ministério Público, não há grandes problemas, lembrando que ele constitui, diante de sua destinação institucional, o substituto processual por excelência, inclusive dos demais colegitimados integrantes dos mencionados róis; a representatividade decorre da sua própria razão de existir (art. 127, *caput*, Constituição Federal). No que tange à sua legitimidade para defesa em juízo dos interesses transindividuais, embora não haja pacificação em sede doutrinária e ainda exista alguma titubeação na jurisprudência, pouco há a ser considerado e, via de regra, as questões cingem-se à defesa dos interesses individuais homogêneos". In: *Tutela jurisdicional coletiva.* 3. ed. São Paulo: Atlas, 2001. p. 146.

Conclusão

O presente estudo teve por objeto a análise do dano moral coletivo, com apresentação de bases interdisciplinares, mas com prioridade no estudo na seara material e processual do trabalho, inclusive esta última edição atualizou esse instituto considerando mudanças havidas em razão da aqui chamada Reforma Trabalhista de 2017.

Inicialmente, discorreu-se acerca da importância do estudo empreendido em razão do novo epicentro do ordenamento jurídico pátrio ser a Carta Constitucional, tendo a dignidade da pessoa humana papel de (super) princípio reitor e fundante.

Também buscou-se demonstrar que a dignidade da pessoa humana, além da noção kantiana clássica vinculada à individualidade, possui uma projeção social ou coletiva, consubstanciada em um dever geral de respeito à pessoa singular e à comunidade indiscriminada dos seres humanos. E quando tal projeção é violada, de forma individual ou coletiva, há dano moral.

Foram apresentados três vetores (tripé justificador) que legitimam a configuração de dano moral coletivo ou social:

a) dimensão ou projeção coletiva da dignidade da pessoa humana;

b) ampliação do conceito de dano moral coletivo envolvendo não apenas a dor psíquica;

c) coletivização dos direitos ou interesses por intermédio do reconhecimento legislativo dos direitos coletivos em sentido *lato*.

Conceituou-se dano moral coletivo como a violação da projeção coletiva da dignidade da pessoa humana, consubstanciada em direitos extrapatrimoniais relevantemente coletivos, abrangendo as modalidades difusos, coletivos em sentido estrito e individuais homogêneos, cuja consequência será a intolerável violação da ordem jurídica.

Todos os sentimentos de repulsa e indignação social decorrentes desse dano coletivo, assim como no dano de natureza singular, também são mera consequência dessa grave violação à projeção coletiva do princípio da dignidade da pessoa humana, consubstanciado no intolerável vilipêndio à ordem jurídica.

Buscou-se demonstrar, no tocante à forma de reparação de lesões de índole coletiva, que no campo civil há previsão da criação de fundos destinados ao recebimento de condenação havidas em demandas coletivas, tais como o FDCA — Fundo dos Direitos da Criança e do Adolescente, previsto no art. 214, da Lei n. 8.069/1990.

Já na seara trabalhista, os tribunais laborais convencionaram direcionar as condenações havidas em demandas coletivas ao FAT, mas tal prática precisa ser repensada, considerando a necessidade de ser priorizada a destinação social dessa condenação.

Defendeu-se, com ênfase, tal necessidade de se conferir outra destinação à condenação em sede coletiva diferente do endereçamento aos citados fundos, desde que se priorize a recomposição, na medida do possível, da ambiência societária atingida pela lesão. Tal redirecionamento poderá ser realizado no âmbito jurisdicional ou até mesmo em termos de compromisso de ajustamento de conduta firmados perante o Ministério Público.

Por fim, foi ressaltada a importância, cada vez maior, das demandas coletivas no cenário jurisdicional, além do papel proeminente do Ministério Público, em razão da moldura institucional atribuída pela Carta Constitucional de 1988, de legítimo defensor dos direitos fundamentais. Nesse cenário, não há que se falar em exame prévio da adequação da legitimidade (representação adequada) quando este compuser polo ativo de demanda coletiva, pois tal representação, *a priori*, por imposição constitucional, já se encontra preenchida.

Referências Bibliográficas

ABELHA, Marcelo. *Ação civil pública e meio ambiente.* 2. ed. Rio de Janeiro: Forense Universitária, 2004.

AGRA, Walber de Moura. *A reconstrução da legitimidade do Supremo Tribunal Federal.* Rio de Janeiro: Forense, 2005.

______. ALEXY, Robert. *Conceito de validade do direito.* São Paulo: WMF Martins Fontes, 2009.

______. *Teoria de los derechos fundamentales.* Madri: Centro de Estúdios Constitucionales, 1997.

ALMEIDA, Gregório Assagra de. *Codificação do direito processual coletivo.* Belo Horizonte: Del Rey, 2007.

______. *Direito material coletivo:* superação da summa divisio Direito Público e Direito Privado por uma nova summa divisio constitucionalizada, cit., p. 351.

______. *Direito processual coletivo brasileiro:* um novo ramo do direito processual. São Paulo: Saraiva, 2003.

ALVIM, Arruda. Ação civil pública — sua evolução normativa significou crescimento em prol da proteção às situações coletivas. In: *MILARÉ*, Edis (Org.). *A ação civil pública após 20 anos:* efetividade e desafios. São Paulo: Ed. Revista dos Tribunais, 2005.

AMARAL, Francisco. A descodificação do direito civil brasileiro. In: *Revista do Tribunal Regional Federal da 1ª Região,* Brasília, out./dez. 1996.

ANDRADE, J. C. Vieira de. *Os direitos fundamentais na Constituição portuguesa de 1976.* Coimbra: Almedina, 1987.

ARENDT, Hannah. *A condição humana.* Tradução de Roberto Raposo. 11. ed. Rio de Janeiro: Forense Universitária, 2010. p. 50

ASSIS, Araken de. Substituição processual. *Revista Dialética de direito processual,* São Paulo, v. 9, dez. 2003.

ÁVILA, Humberto. *Teoria dos princípios:* da definição à aplicação dos princípios jurídicos. 11. ed. São Paulo: Malheiros, 2011.

AZEVEDO, Antônio Junqueira. Por uma nova categoria de dano na responsabilidade civil. *In: RTDC,* vol. 19, jul./set. 2004.

BALDI, César Augusto (Org.). *Direitos humanos na sociedade cosmopolita.* Rio de Janeiro: Renovar, 2004.

BARBOSA MOREIRA, José Carlos. Tutela jurisdicional dos interesses coletivos ou difusos. In: ______ *Temas de direito processual civil:* 3. série. São Paulo: Saraiva, 1984.

BARCELLOS, Ana Paula de. *A eficácia jurídica dos princípios constitucionais:* o princípio da dignidade da pessoa humana. Rio de Janeiro: Renovar, 2002.

______. Alguns parâmetros normativos para a ponderação constitucional. In: BARROSO, Luís Roberto (Org.). *A nova interpretação constitucional:* ponderação, direitos fundamentais e relações privadas. 3. ed. Rio de Janeiro: Renovar, 2008.

BARROSO, Luís Roberto. *Interpretação e aplicação da Constituição.* 2. ed. São Paulo: Saraiva, 1998.

______. *O direito constitucional e a efetividade de suas normas:* limites e possibilidades da Constituição brasileira. 6. ed. Rio de Janeiro: Renovar, 2002.

BEDAQUE, José Roberto dos Santos. *Poderes instrutórios do juiz.* 2. ed. São Paulo: Malheiros, 1994.

BEGEL, Jean-Louis. *Teoria geral do direito.* São Paulo: Martins Fontes, 2001.

BESSA, Leonardo Roscoe. Dano moral coletivo. In: *Revista de Direito do Consumidor,* São Paulo, RT, n. 59, jul./set. 2006.

BEZERRA LEITE, Carlos Henrique. *Ação civil pública:* nova jurisdição trabalhista metaindividual e legitimação do Ministério Público. São Paulo: LTr, 2001.

______. *Ministério Público do Trabalho.* 2. ed. São Paulo: LTr, 2004.

BITTAR, Carlos Alberto. *Os direitos da personalidade.* 3. ed. Rio de Janeiro: Forense, 1995.

______. *Reparação civil por danos morais.* São Paulo: RT, 1993.

BITTAR FILHO, Carlos Alberto. Dano moral coletivo no atual contexto jurídico brasileiro. In: *Revista de Direito do Consumidor,* São Paulo, RT, n. 12. out./dez. 1994.

BONAVIDES, Paulo. *A Constituição aberta.* Belo Horizonte: Del Rey, 1993.

______. *Curso de direito constitucional.* 5. ed. São Paulo: Malheiros, 2000.

______. *Do Estado liberal ao Estado social.* 6. ed. São Paulo: Malheiros, 1996.

BRITO FILHO, José Cláudio Monteiro de. *Direitos humanos.* São Paulo: LTR, 2015. p. 25.

______. *Discriminação no trabalho.* São Paulo: LTr, 2002.

______. Trabalho com redução do homem à condição análoga à de escravo e dignidade da pessoa humana. In: *Revista do Ministério Público do Trabalho na Paraíba,* João Pessoa, n. 1, jun. 2005.

BUENO, Cassio Scarpinella. *Novo Código de Processo Civil Anotado.* São Paulo: Saraiva, 20015.

CAHALI, Yussef Said. *Dano moral.* 2. ed. São Paulo: RT, 2000.

CANOTILHO, José Joaquim Gomes. *Direito constitucional.* 5. ed. Coimbra: Almedina, 1992.

______. *Estudos sobre direito fundamental.* Coimbra: Coimbra Editora, 2004.

CAPPELLETTI, Mauro. O acesso dos consumidores à justiça. In: *Revista de Processo* (REPRO), São Paulo, n. 62, abr./jun. 1991.

CAPPELLETTI, Mauro; BRYANT, Garth. *Acesso à justiça.* Trad. Ellen Gracie Northfleet. Porto Alegre: Sérgio Antônio Fabris, 2002.

CARBONELL, Miguel (Org.). *Neoconstitucionalismo.* Madri: Trotta, 2003.

CARVALHO, Madeleine B. M. *et al. Trabalho escravo nas fazendas do Pará e Amapá.* Belém: Graphitte Editores, 1999.

CASS, Sustein. The right of animals. In: *The University of Chicago Law Review,* v. 70, 2003.

CASTILHO, Ricardo. *Acesso à jusiça:* tutela coletiva de direitos pelo Ministério Público — uma nova visão. São Paulo: Atllas, 2006.

CAVALIERI FILHO, Sérgio. *Programa de responsabilidade civil*. 7. ed. São Paulo: Atlas, 2007.

CHAVES, Antônio. *Tratado de direito civil*. São Paulo: RT, 1985. v. 3.

CHAVES, Luciano Athayde. *A recente reforma no processo comum:* reflexos no direito judiciário do trabalho. São Paulo: LTr, 2006.

CLEVE, Clemerson. *A fiscalização abstrata da constitucionalidade no direito brasileiro*. São Paulo: RT, 1995.

COMPARATO, Fábio Konder. *A afirmação histórica dos direitos humanos*. São Paulo: Saraiva, 1999.

______. Ensaio sobre o juízo de constitucionalidade de políticas públicas. In: *Revista dos Tribunais,* São Paulo, RT, v. 737, ano 86, mar. 1997.

COMPIANI, María Fabiana. Responsabilidad por danos colectivos. In: *Revista de Direito do Consumidor,* São Paulo, RT, n. 36, out./dez. 2000.

______. *Los danos morales colectivos y su resarcimiento dinerario.*Buenos Aires: LL Buenos Aires, 1997.

COSTA, Marcelo Freire Sampaio. Atentado e a proibição de o réu falar nos autos — leitura constitucional necessária. In: *Revista Dialética de Direito Processual,* São Paulo, n. 22, jan. 2005.

______. A autonomia do direito coletivo do trabalho. In: *Revista de Direito do Trabalho Gênesis,* Curitiba, Gênesis, n. 129, set. 2003.

______. *Curso de processo coletivo do trabalho*. Em consonância com a reforma trabalhista. São Paulo: LTr, 2019.

______. Dano moral coletivo trabalhista contra ente de direito público. *In: Revista LTr,* São Paulo, n. 1, vol. 77, jan. 2013.

______. *Eficácia dos direitos fundamentais nas relações entre particulares:* juízo de ponderação no processo do trabalho. São Paulo: LTr. 2013.

______. *Execução provisória satisfativa nas ações coletivas trabalhistas*. São Paulo: LTr. 2012.

______. *Reflexos da reforma do CPC no processo do trabalho*. São Paulo: Método, 2007.

______. Tutela antecipada. In: *Revista de Direito do Trabalho,* Brasília, Consulex, n. 8, 1999.

______. Tutela antecipada: aspectos da teoria geral. In: *Revista Meio Jurídico,* Brasília, ano 4, n. 40, 2000.

______. Aspectos da teoria geral da tutela antecipada: como modificar radicalmente o atual estágio de acúmulo de processos nos tribunais. In: *Revista de Direito do Trabalho,* Brasília, Conslex, n. 12, dez. 2000.

COSTA, Walmir Oliveira da. *Dano moral nas relações laborais:* competência e mensuração. Curitiba: Juruá, 1999.

COURTIS, Christian (Org.). *Desde otra mirada:* textos de teoría crítica del derecho. Buenos Aires: Eudeba, 2001.

COUTINHO, Grijalbo Fernandes. *Nova competência da justiça do trabalho*. São Paulo: LTr, 2006.

CUNHA, Eduardo Maia Tenório da. Responsabilidade civil trabalhista e a doutrina dos *punitive damages* na justiça do direito brasileiro. *In: Revista LTr,* São Paulo: LTr, n. 05, vol. 78, maio 20014.

DALLEGRAVE NETO, José Afonso. *Responsabilidade civil no direito do trabalho*. 2. ed. São Paulo: LTr, 2007.

DALLEGRAVE NETO, José Afonso; GHUNTER, Luiz Eduardo (Orgs.). *O impacto do novo Código Civil sobre o direito do trabalho*. São Paulo: LTr, 2003.

DANTAS, David Diniz. *Interpretação constitucional no pós-positivismo:* teoria e casos práticos. 2. ed. São Paulo: Madras, 2005.

DANTAS, Ivo. *O valor da Constituição:* do controle de constitucionalidade como garantia da supralegalidade constitucional. Rio de Janeiro: Renovar, 1996.

DELGADO, Mauricio Godinho. Efetividade da justiça nas relações individuais e coletivas de trabalho. *In: Revista LTr*, São Paulo, ano 74, n. 6, jun. 2010.

DIAS, Jean Carlos. *O controle judicial de políticas públicas*. São Paulo: Método, 2007.

DIAS, José de Aguiar. *Da responsabilidade civil*. 6. ed. Rio de Janeiro: Forense, 1995.

DÍAZ, Elíaz. Estado de derecho y sociedad democrática. In: *Cuadernos para el Diálogo*, Madri, 1973.

DIDIER JÚNIOR, Fredie. O controle jurisdicional da legitimação coletiva e as ações passivas. In: MAZZEI, Rodrigo; NOLASCO, Rita (Orgs.). *Processo civil coletivo*. São Paulo: Quartier Latin, 2005.

______. *Pressupostos processuais e condições da ação:* o juízo de admissibilidade do processo. São Paulo: Saraiva, 2005.

______. O controle jurisdicional da legitimação coletiva e as ações passivas. In: MAZZEI, Rodrigo; NOLASCO, Rita (Orgs.). *Processo civil coletivo*. São Paulo: Quartier Latin, 2005.

DIDIER JÚNIOR, Fredie; ZANETI JÚNIOR, Hermes. *Direitos coletivos* lato sensu: difusos, coletivos e individuais homogêneos. Salvador: JusPodivm, 2007. v. 4.

DIMOULIS, Dimitri. *Positivismo jurídico*. São Paulo: Método, 2006.

DINIZ, Maria Helena. *Curso de direito civil*. São Paulo: Saraiva, 1996. v. 7.

______. *Curso de direito civil brasileiro: responsabilidade civil*. 4. ed. São Paulo: Saraiva, 1993. v. 7.

DUARTE, Écio Oto Ramos; POZZOLO, Susanna. *Neoconstitucionalismo e positivismo jurídico:* as faces da teoria de direito em tempos de interpretação moral da Constituição. São Paulo: Landy, 2006.

DWORKIN, Ronald. *Levando os direitos a sério*. São Paulo: Martins Fontes, 2002.

FACHIN, Luiz Edson. *Estatuto jurídico do patrimônio mínimo:* à luz do novo Código Civil brasileiro e da Constituição Federal. 2. ed. Rio de Janeiro: Renovar, 2006.

______. *Repensando os fundamentos do direito civil brasileiro contemporâneo*. Rio de Janeiro: Renovar, 2000.

FARIAS, Cristiano Chaves de. *Leituras complementares de direito civil:* o direito civil-constitucional em concreto. Salvador: JusPodivm, 2007.

FARIAS, Cristiano Chaves de; ROSENVALD, Nelson. *Direito civil:* teoria geral. 4. ed. Rio de Janeiro: Lumen Juris, 2006.

FARIAS, José Fernando de Castro. *Origem da solidariedade*. Rio de Janeiro: Renovar, 1998.

FAVA, Marcos Neves. *Ação civil pública trabalhista*. São Paulo: LTr, 2005.

FIORILLO, Celso Pacheco. *Curso de direito ambiental.* 5. ed. São Paulo: Saraiva, 2005.

FLORINDO, Valdir. *Dano moral e o direito do trabalho.* 4. ed. São Paulo: LTr, 2002.

FREIRE JÚNIOR, Américo Bedê. *O controle judicial de políticas públicas.* São Paulo: RT, 2005.

FREITAS, Juarez. *A interpretação sistemática do direito.* 4. ed. São Paulo: Malheiros, 2004.

FROTA, Paulo Mont'Alverne. O *dumping* social e a atuação do juiz do trabalho no combate à concorrência empresarial desleal. *Revista LTr*, São Paulo, n. 78, v. 2, fev. 2013.

GAGLIANO, Pablo Stolze; PAMPLONA FILHO, Rodolfo. *Novo curso de direito civil:* parte geral.5. ed. São Paulo: Saraiva, 2004. v. 1.

______. *Novo curso de direito civil:* responsabilidade civil. 4. ed. São Paulo: Saraiva, 2006. v. 3.

GALDÓS, Jorge Mario. Dano moral colectivo, danos punitivos y legitimación procesal activa. In: *Revista de Derecho de Danos - Dano Moral,* Santa Fé, Rubinzal Culzoni, Dir. Mosset Sturraspe Lorenzetti, n. 6, 1999.

GIDI, Antonio. *A class action como instrumento de tutela coletiva dos direitos:* as ações coletivas em uma perspectiva comparada. São Paulo: Ed. Revista dos Tribunais, 2007.

______. *Rumo a um Código de Processo Coletivo:* a codificação das ações coletivas no Brasil. Rio de Janeiro: Forense, 2008.

GIORDANI, José Acir Lessa. *A responsabilidade civil objetiva genérica.* 2. ed. Rio de Janeiro: Lumen Juris, 2007.

GÓES, Gisele Santos Fernandes. Meio ambiente de trabalho (MAT) e seus mecanismos de tutela: ênfase no dano moral coletivo. (Artigo, ainda inédito, cujos originais foram gentilmente cedidos pela autora.)

______. *Princípio da proporcionalidade no processo civil.* São Paulo: Saraiva, 2004.

GOMES, Orlando. *Obrigações.* 8. ed. Rio de Janeiro: Forense, 1992.

______. Tendências modernas na teoria da responsabilidade civil. In: *Estudos em homenagem ao Professor Silvio Rodrigues.* São Paulo: Saraiva, 1980.

GONZÁLES, Matilde Zavala de. *Los danos morales colectivos y su resarcimiento dinerario.* Buenos Aires: LL Buenos Aires, 1997.

GOSDAL, Thereza Cristina. *Dignidade do trabalhador:* um conceito construído sob o paradigma do trabalho decente e da honra. São Paulo: LTr, 2007.

GRAU, Eros Roberto. *Ensaio e discurso sobre a interpretação/aplicação do direito.* 2. ed. São Paulo: Malheiros, 2003.

GRINOVER, Ada Pellegrini. *Novas tendências do direito processual de acordo com a Constituição de 1988.* Rio de Janeiro: Forense Universitária, 1990.

GRINOVER, Ada; MENDES, Aluisio Gonçalves de Castro; WATANABE, Kazuo. *Direito processual coletivo e o anteprojeto de Código Brasileiro de Processos Coletivos.* São Paulo: RT, 2007.

GRINOVER, Ada; WATANABE, Kazuo; MULLENIX, Linda. *Os processos coletivos nos países de civil law e common law*: uma análise do direito comparado. São Paulo: Ed. Revista dos Tribunais, 2008.

HESSE, Konrad. *A força normativa da Constituição.* Trad. Gilmar Ferreira Mendes. Porto Alegre: Sérgio Antônio Fabris, 1991.

HIRONAKA, Giselda Maria Fernandes Novaes. *Responsabilidade pressuposta.* Belo Horizonte: Del Rey, 2005.

HOBSBAWN, Eric. *A era dos extremos*. 2. ed. São Paulo: Cia. das Letras, 1996. JACINTHO, Jussara Maria Moreno. *Dignidade humana. Princípio constitucional*. Curitiba: Juruá, 2006.

HUSEK, Carlos Roberto. Ideias para uma interpretação do art. 114 da Constituição Federal. In: COUTINHO, Grijalbo; FAVA, Marcos Neves (Orgs.). *Justiça do trabalho: competência ampliada*. São Paulo: LTr, 2005.

KAMEL, Ali. *Sobre o Islã:* a afinidade entre muçulmanos, judeus e cristãos e as origens do terrorismo. Rio de Janeiro: Nova Fronteira, 2007.

KANT, Immanuel. Fundamentação da metafísica dos costumes. In: Coleção *Os Pensadores*. Trad. Paulo Quintela. São Paulo: Abril Cultural, 1980. v. 2.

KELSEN, Hans. *Teoria pura do direito*. Trad. João Batista Machado. 7. ed. São Paulo: Martins Fontes, 2006.

LEITE, José Rubens Morato. *Dano ambiental:* do individual ao coletivo extrapatrimonial. São Paulo: RT, 2000.

LEONEL, Ricardo de Barros. *Manual de processo coletivo*. São Paulo: RT, 2002.

LOPES, Alpiniano do Prado. Ausência de concurso público e dano moral coletivo. In: *Revista do Ministério Público do Trabalho*, Brasília, v. 17, ano 17, n. 33, mar. 2007.

LOUREIRO, João Carlos Gonçalves. O direito à identidade genética do ser humano. In: *Boletim da Faculdade de Direito da Universidade de Coimbra*, 2000.

LOURENÇO, Paula Meira. *A função punitiva da responsabilidade civil*. Coimbra: Coimbra Editora, 2006.

LUNO, Antonio Enrique Pérez. *Derechos humanos, estado de derecho y constitución*. Madri: Tecnos, 1999.

MALLET, Estêvão. Considerações sobre a homogeneidade como pressuposto para a tutela coletiva de direitos individuais. *Revista LTr*, São Paulo, ano 74, n. 6, jun. 2010.

MANUS, Pedro Paulo Teixeira. *Negociação coletiva e contrato individual de trabalho*. São Paulo: Atlas, 2001.

MANCUSO, Rodolfo de Camargo. *Ação civil pública:* em defesa do meio ambiente, do patrimônio cultural e dos consumidores. 9. ed. São Paulo: RT, 2004.

______. *Ação popular.* 3. ed. São Paulo: RT, 1998.

______. *Interesses difusos:* conceito e legitimação para agir. 4. ed. São Paulo: RT, 1997.

______. *Jurisdição coletiva e coisa julgada*: teoria geral das ações coletivas.

MARINONI, Luiz Guilherme; ARENHART, Sérgio Cruz; MITIDIERO, Daniel. *Novo curso de processo civil:* tutela dos direitos mediante procedimento comum. São Paulo: Revista dos Tribunais, 2015. vol. II.

MARINONI, Luiz Guilherme. *Técnica processual e tutela de direitos*. São Paulo: RT, 2004.

______. *Teoria geral do processo:* curso de processo civil. São Paulo: RT, 2006. v. 1.

______. *Tutela específica*. 2. ed. São Paulo: RT, 2002.

______. *Tutela inibitória:* individual e coletiva. 2. ed. São Paulo: RT, 2000.

MARTINS FILHO, Ives Gandra da Silva. *Manual esquemático de direito e processo do trabalho*. 3. ed. São Paulo: Saraiva, 1992.

MARTINS FILHO, Ives Gandra da Silva. *Processo coletivo do trabalho*. São Paulo: LTr, 2003.

______. MARTINS, Sergio Pinto. *Dano moral decorrente do contrato de trabalho*. São Paulo: Atlas, 2007. p. 88.

MAZZEI, Rodrigo; NOLASCO, Rita (Orgs.). *Processo civil coletivo*. São Paulo: Quartier Latin, 2005.

MAZZILLI, Hugo Nigro. *A defesa dos interesses difusos em juízo*. São Paulo: Saraiva, 1999.

MELO, Raimundo Simão de. *Ação civil pública na justiça do trabalho*. 2. ed. São Paulo: LTr, 2004.

______. *Direito ambiental do trabalho e a saúde do trabalhador*. São Paulo: LTr, 2004.

MENDES, Aluisio Gonçalves de Castro. O anteprojeto de Código Brasileiro de Processos Coletivos: visão geral e pontos sensíveis. In: GRINOVER, Ada; MENDES, Aluisio Gonçalves de Castro; WATANABE, Kazuo (Orgs.). *Direito processual coletivo e o anteprojeto de Código Brasileiro de Processos Coletivos*. São Paulo: Revista dos Tribunais, 2007.

MILARÉ, Édis (Org.). *A ação civil pública após 20 anos:* efetividade e desafios. São Paulo: RT, 2005.

MIRANDA, Jorge. *Manual de direito constitucional*. 3. ed. Coimbra: Coimbra Editora, 1988. v.4.

______. *Manual de direito constitucional*. Tomo I, 5. ed. Coimbra: Coimbra Editora, 2003.

MIRANDOLA, Giovanni Pico della. *Discurso sobre a dignidade do homem*. Lisboa: Edições 70, 1986.

MONTEIRO, Washington de Barros. *Curso de direito civil*. 7. ed. São Paulo: Saraiva, 1993.

MORAES, Guilherme Braga Pena de. *Dos direitos fundamentais:* contribuição para uma teoria. São Paulo: LTr, 1997.

MORAES, Maria Celina Bodin de. *Danos à pessoa humana:* uma leitura civil-constitucional dos danos morais. Rio de Janeiro: Renovar, 2003.

______. O princípio da solidariedade. In: PEIXINHO, Manoel Messias; GUERRA, Isabela Franco; NASCIMENTO FILHO, Firly (Orgs.). *Os princípios na Constituição de 1988*. Rio de Janeiro: Lumen Juris, 2001.

______. *Princípios do direito civil contemporâneo*. Rio de Janeiro: Renovar, 2006.

MORAES FILHO, Evaristo de. *Introdução ao direito do trabalho*. 7. ed. São Paulo: LTr, 1995.

MOREIRA, José Carlos Barbosa. Ações coletivas na Constituição de 1988. In: *Revista de Processo*, São Paulo, RT, n. 61, 1991.

______. *Tutela jurisdicional dos interesses coletivos ou difusos:* temas de direito processual civil. 3. série. São Paulo: Saraiva, 1984.

______. *Temas de direito processual*. 8. série. São Paulo: Saraiva, 2004.

______. Ação popular no direito brasileiro como instrumento de tutela jurisdicional dos chamados interesses difusos. In: *Revista de Processo*, São Paulo, RT, n. 28, out./dez. 1982.

NASCIMENTO, Amauri Mascaro. *Conflitos coletivos de trabalho*. São Paulo: Saraiva, 1978.

NATALINO, Irti. *La edad de la descodificación*. Barcelona: Bosch, 1992.

NERY JÚNIOR, Nelson; NERY, Rosa Maria Andrade. *Código de Processo Civil comentado*. 4. ed. São Paulo: RT, 1999.

NERY JÚNIOR, Nelson; FERAZ, Antonio Augusto Mello de Camargo; MILARÉ, Édis. *Ação civil pública e a tutela jurisdicional dos interesses difusos*. São Paulo: Saraiva, 1984.

NORRIS, Roberto (Org.). *Temas polêmicos de direito eprocesso do trabalho.* São Paulo: LTr, 2000.

OLIVEIRA, Paulo Eduardo V. *O dano pessoal no direito do trabalho.* São Paulo: LTr, 2002.

PAMPLONA FILHO, Rodolfo. A torre de babel das novas adjetivações do dano. *Revista LTr,* São Paulo: LTr, n. 05, vol. 78, maio de 20014

______. *O dano moral na relação de emprego.* 3. ed. São Paulo: LTr, 2002.

______. *Ação popular.* 3. ed. São Paulo: RT, 1998.

PEIXINHO, Manoel Messias; GUERRA, Isabela Franco; NASCIMENTO FILHO, Firly. *Os princípios na Constituição de 1988.* Rio de Janeiro: Lumen Juris, 2001.

PEREIRA, Caio Mario da Silva. *Instituições de direito civil.* Rio de Janeiro: Forense, 1993.

______. *Responsabilidade civil.* 7. ed. Rio de Janeiro: Forense, 1996.

PEREIRA, Marco Antônio Marcondes. *Dano moral contra a coletividade:* ocorrências na ordem urbanística. Disponível em: <www.mp.sp.gov.br> Acesso em: jan. 2008.

PEREIRA, Ricardo José Macedo de Britto. *Ação civil pública no processo do trabalho.* Salvador: *Juspodivm,* 2014.

PERLINGIERI, Pietro. *Perfis do direito civil:* introdução ao direito civil constitucional.Trad. Maria Cristina De Cicco. 3. ed. Rio de Janeiro: Renovar, 2002.

PIOVESAN, Flávia; VIEIRA, Renato Stanziola. A força normativa dos princípios constitucionais fundamentais: a dignidade da pessoa humana. In: PIOVESAN, Flávia (Org.). *Temas de direitos humanos.* 2. ed. São Paulo: Max Limonad, 2003. p. 393.

______. *Temas de direitos humanos.* 2. ed. São Paulo: Max Limonad, 2003.

PLÁ RODRIGUEZ, Américo. *Princípios de direito do trabalho.* Tradução: Wagner D. Giglio. São Paulo: LTr, 1996.

RABENHORST, Eduardo Ramalho. *Dignidade e moralidade democrática.* Brasília: Brasília Jurídica, 2001.

RAMOS, André de Carvalho. A ação civil pública e o dano moral coletivo. In: *Revista de Direito do Consumidor,* São Paulo, RT, n. 25, jan./mar. 1998.

REIS, Clayton. *Os novos rumos da indenização do dano moral.* Rio de Janeiro: Forense, 2003.

REVISTA DO TRIBUNAL DO TRABALHO DA 8ª REGIÃO, V 40, n. 79, jul./dez. 2007.

RIBEIRO JÚNIOR, José Hortêncio; CORDEIRO, Juliana Vignoli; FAVA, Marcos Neves; CAIXETA, Sebastião Vieira (Orgs.). *Ação coletiva na visão de juízes e procuradores do trabalho.* São Paulo: LTr, 2006.

ROCHA, Carmem Lúcia Antunes. O princípio da dignidade da pessoa humana e a exclusão social. In: *Revista de Interesse Público,* n. 4, 1999.

______. *O direito à vida digna.* Belo Horizonte: Fórum, 2004.

ROCHAS, Luciano Velasque. *Ações coletivas:* o problema da legitimidade para agir. Rio de Janeiro: Forense, 2007.

RODRIGUEIRO, Daniela A. *Dano moral ambiental.* São Paulo: Juarez de Oliveira, 2004.

RODRIGUES, Marcelo Abelha. *Ação civil pública e meio ambiente.* Rio de Janeiro: Forense Universitária, 2003.

RODRIGUES, Silvio. *Direito civil. Responsabilidade civil.* 19. ed. São Paulo: Saraiva, 2003. v. IV.

ROMITA, Arion Sayão. Dano moral coletivo. *In: Revista IOB Trabalhista e Previdenciária*, Porto Alegre, IOB THOMSON, n. 216, junho 2007.

SALDANHA, Nelson. *O jardim e a praça:* ensaio sobre o lado privado e o lado público da vida social e histórica. Porto Alegre: Sérgio Antônio Fabris, 1986.

SALLES, Carlos Alberto de (Org.). *Processo civil e interesse público:* o processo como instrumento de defesa social. São Paulo: RT, 2003.

SANDEL, Michael. *Justiça – o que é fazer a coisa certa* (trad. Heloísa Matias e Maria Alice Máximo). Rio de Janeiro: Civilização Brasileira, 2011.

SANTOS, Enoque Ribeiro dos. A natureza objetiva do dano moral coletivo no Direito do Trabalho. *In: Revista Síntese Trabalhista e Previdenciária*, São Paulo, IOB THOMPSON, n. 272, fevereiro 2012.

______. Contribuição à quantificação objetiva do dano moral coletivo. *In: Revista Síntese Trabalhista e Previdenciária*, São Paulo, IOB THOMPSON, n. 307, p. 59, janeiro 2015.

______. *Civil*. São Paulo: LTr, 2007.

SANTOS, Moacir Amaral. *Primeiras linhas de direito processual civil*. 5. ed. São Paulo: Saraiva, 1977. v. 1.

______. *Primeiras linhas de direito processual civil*. 15. ed. São Paulo: Saraiva, 1992. v. 2.

SANTOS, Ronaldo Lima dos. *Sindicatos e ações coletivas*. São Paulo: LTr, 2003.

SARLET, Ingo Wolfgang (Org.). *Dimensões da dignidade:* ensaios de filosofia do direito e direito constitucional. Porto Alegre: Livraria do Advogado, 2005.

______. *A eficácia dos direitos fundamentais*. 5. ed. Porto Alegre: Livraria do Advogado, 2005.

______. Alegre: Livraria do Advogado, 2004.

SARMENTO, Daniel. *A ponderação de interesses na Constituição Federal*. Rio de Janeiro: Lumen Juris, 2000.

______. *Direitos fundamentais e relações privadas*. 2. ed. Rio de Janeiro: Lumen Juris, 2006.

______. *Interesses públicos* versus *interesses privados:* desconstruindo o princípio da supremacia do interesse público. Rio de Janeiro: Lumen Juris, 2005.

SEQUEIRA, Elza Vaz. *Dos pressupostos da colisão de direitos no direito civil*. Lisboa: Universidade Católica, 2004.

SCHIAVI, Mauro. *Ações de reparação por danos morais decorrentes da relação de trabalho*. 4. ed. São Paulo: LTr, 2011.

______. Aspectos polêmicos e atuais do dano moral coletivo decorrente da relação de trabalho. *Revista LTr*, São Paulo: LTr, n. 07, vol. 72, junho de 2008.

______. *Manual de direito processual do trabalho*. De acordo com o novo CPC. 9. ed. São Paulo: LTr, 2015. p. 134.

______. *Provas no processo do trabalho*. São Paulo: LTr, 2010.

SEVERO, Sérgio. *Os danos extrapatrimoniais*. São Paulo: Saraiva, 1996.

SILVA, José Afonso da. A dignidade da pessoa humana como valor supremo da democracia. In: *Revista de Direito Administrativo*, São Paulo, v. 212, 1998.

SILVA, Wilson Melo da. *Responsabilidade sem culpa*. 2. ed. São Paulo: Saraiva, 1974.

SILVA NETO, Manoel Jorge e. *Proteção constitucional dos interesses trabalhistas:* difusos, coletivos e individuais homogêneos. São Paulo: LTr, 2001.

SOUTO MAIOR, Jorge Luiz. *Curso de direito do trabalho*. Teoria geral do direito do trabalho. São Paulo: LTr, 2014.

______; MOREIRA, Ranulio Mendes; SEVERO, Valdete Souto. *Dumping social nas relações de trabaho*. 2. ed. São Paulo: LTr, 2014.

______. O dano social e a sua reparação. In: *Revista LTr*, São Paulo, v. 71, n. 11, nov. 2007.

SOUZA NETO, Cláudio Pereira de *et al*. (Org.). *Teoria da Constituição:* estudos sobre o lugar da política no direito constitucional. Rio de Janeiro: Lumen Juris, 2003.

STIGLITZ, Gabriel A. Dano moral individual e colectivo: médio ambiente, consumidor y danosidad colectiva. In: *Revista de Direito do Consumidor*, São Paulo, RT, n. 19, jul./set. 1996.

STOCO, Rui. *Tratado de responsabilidade civil*. São Paulo: RT, 2001. p. 97.

STRECK, Lenio Luiz. *A jurisdição constitucional e hermenêutica*. 2. ed. Rio de Janeiro: Forense, 2004.

______. *Verdade e consenso:* constituição, hermenêutica e teorias discursivas. Rio de Janeiro: Lumen Juris, 2006.

STRECK, Lenio Luiz; MORAIS, J. L. Bolzan de. *Ciência política e teoria geral do Estado*. Porto Alegre: Livraria do Advogado, 2000.

STRECK, Lenio Luiz; ROCHA, Leonel Severo (Orgs.). *Constituição, sistemas sociais e hermenêutica*. Porto Alegre: Livraria do Advogado, 2005.

TEIXEIRA FILHO, Manoel Antonio. *A prova no processo do trabalho*. 9. ed. São Paulo: LTr, 2010.

______. *Breves comentários à reforma do poder judiciário*. São Paulo: LTr, 2006.

TEPEDINO, Gustavo (Org.). *A parte geral do novo Código Civil*. 2. ed. Rio de Janeiro: Renovar, 2003.

______. *Direitos humanos e relações privadas:* temas de direito civil. Rio de Janeiro: Renovar, 1999. p. 04.

______. *Temas de direito civil*. Rio de Janeiro: Renovar, 1999.

______. *Temas de direito civil*. Tomo II. Rio de Janeiro: Renovar, 2006.

TUCCI, José Rogério Cruz. *Class action e mandado de segurança coletivo*. São Paulo: Saraiva, 1990.

TURA, Marco Antônio Ribeiro. O lugar dos princípios em uma concepção do direito como sistema. In: *Revista de Informação Legislativa*, Brasília, Senado Federal, v. 41, n. 163, jul./set. 2004.

VARELA, João de Matos Antunes. *Das obrigações em geral*. 2. ed. Coimbra: Almeidina, 2008. v. 1.

VENOSA, Silvio de Salvo. *Direito civil:* responsabilidade civil. 2. ed. São Paulo: Atlas, 2002. v. 4.

VENTURI, Elton. *Execução da tutela coletiva*. São Paulo: Malheiros Ed., 2000. p. 41.

______. *Processo civil coletivo*: a tutela jurisdicional dos direitos difusos, coletivos e individuais homogêneos. São Paulo: Malheiros, 2007.

VIANNA, Luiz Werneck *et al*. *A judicialização da política e das relações sociais no Brasil*. Rio de Janeiro: Revan, 1999.

VIEIRA, Patrícia Ribeiro Serra. *A responsabilidade civil objetiva no direito de danos*. Rio de Janeiro: Forense, 2005.

VIGLIAR, José Marcelo Menezes. *Tutela jurisdicional coletiva*. 3. ed. São Paulo: Atlas, 2001.

VILHENA, Paulo Emílio Ribeiro de. Ação civil pública e tutela do trabalhador. In: *Revista do Tribunal Superior do Trabalho,* São Paulo, Síntese, v. 66, n. 1, jan./mar. 2000.

WATANABE, Kazuo. *Código Brasileiro de Defesa do Consumidor:* comentado pelos autores do anteprojeto. Rio de Janeiro: Forense, 1998.

ZAVASCKI, Teori Albino. Defesa de direitos coletivos e defesa coletiva de direitos. In: *Revista Informação Legislativa,* Brasília, Senado Federal, v. 32, n. 127, jul./set. 1995.

______. *Processo coletivo:* tutela de direitos coletivos e tutela coletiva de direitos. 2. ed. São Paulo: RT, 2007.